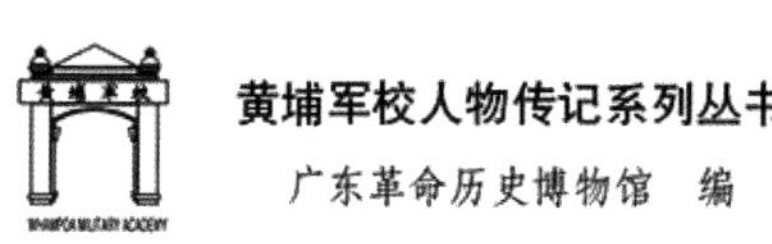

黄埔军校人物传记系列丛书

广东革命历史博物馆　编

气壮山河

中国远征军中的黄埔生将领

刘育钢　著

SPM
南方出版传媒
广东人民出版社
·广州·

图书在版编目（CIP）数据

气壮山河：中国远征军中的黄埔将领/刘育钢著. —广州：广东人民出版社，2016.9

ISBN 978-7-218-11117-9

Ⅰ. ①气…　Ⅱ. ①刘…　Ⅲ. ①黄埔军校—国民党军—远征军—将军—生平事迹　Ⅳ. ①K825.2=6

中国版本图书馆 CIP 数据核字（2016）第 185114 号

QIZHUANGSHANHE: ZHONGGUO YUANZHENGJUN ZHONG DE HUANGPU JIANGLING

气壮山河：中国远征军中的黄埔将领

刘育钢 著

出 版 人：曾　莹

责任编辑：陈其伟　李展鹏
装帧设计：彭　力
责任技编：周　杰　易志华

出版发行：广东人民出版社
地　　址：广州市大沙头四马路 10 号（邮政编码：510102）
电　　话：（020）83798714（总编室）
传　　真：（020）83780199
网　　址：http://www.gdpph.com
印　　刷：广东信源彩色印务有限公司
开　　本：787mm×1092mm　1/16
印　　张：21.75　　**字　数：**260 千
版　　次：2016 年 9 月第 1 版　2016 年 9 月第 1 次印刷
定　　价：38.00 元

如发现印装质量问题，影响阅读，请与出版社（020-83795749）**联系调换。**
售书热线：（020）83793157　83795240

《黄埔军校人物传记系列丛书》编委会

序

对黄埔军校的有关研究从军校建校之初就已萌始，不过作为一门“显学”走入公众视野，还是主要集中在改革开放后的新时期内，尤其是黄埔军校同学会（总会）及各地黄埔军校同学会成立后，对黄埔军校的专门研究及资料性积累工作进入了一个百花齐放的新局面。与此同时，1984 年 6 月黄埔军校旧址纪念馆成立，对黄埔军校文物资料的收集和整理工作也就此展开，研究成果相继呈现。正是这一起步阶段打下的良好基础，为我们当下更深入地进行黄埔军校相关研究和宣传工作提供了便利。经过数十年的发展，黄埔军校研究成果已经蔚然大观，不一而足。黄埔军校已不再是作为一个特殊的时代产物局促在狭隘的历史角落里，而是化为一个承载了更多历史内涵和民族精神的历史象征，传世流芳。其包罗万象的丰满身躯，日益受到学界及社会各界的关注和认同，探究与认知的兴趣与日俱增。

关于黄埔军校的研究地位，各界尚未达成一致意见，但基本认同通过对黄埔军校的研究能放大还原许多历史事件的细节，既有益于微观史学的研究，也裨益于大历史观研究的范畴。黄埔军校存续的历程正处于中华民族风云交汇、多灾多难的历史时期中，其跌宕起伏的变迁史既随着近代中国变革的洪流而动，也在这一洪流中发挥了自己独特的作用。管中窥豹，一叶知秋，各方家都能在某些历史时期内和历史事件中找到黄埔军校的印记，尤其是那些受过军校教育和生活洗礼的万千师生的身影。

“时势造英雄”，英雄也会创造出属于自己的时代。从黄埔军校走出去的万千师生以其鲜活而富有朝气的新形象、新勇气，在大革命、民族解放战争等斗争风暴中砥砺前行，展现出符合时代发展要求的优秀中华儿女的风采。在黄埔军校生中，人民解放军中获少将以上军衔的有近40人，其中上将以上有徐向前、林彪、陈赓、许光达、罗瑞卿、周士第、陈明仁、杨至成、宋时轮、张宗逊、陈伯钧、郭天民等；国民党军方面，任兵团司令以上职务的有60余人，其中最著名的有胡宗南、杜聿明、宋希濂、关麟徵、黄杰、桂永清、郑洞国、邱清泉、王耀武、胡琏、廖耀湘等。这些优秀师生代表终使“将帅摇篮”得以功成名就，万千军校师生也以他们为楷模，与母校共荣辱，与祖国同患难，与民族齐抗争，他们每个人都像一枚枚在革命与斗争的烈火中重生的顽石，共同镶嵌在了黄埔军校的荣耀之门上。回顾他们的人生，或褒或贬，无关成就高低，只是风采不同，他们有着一个共同的身份认同——“我是一名黄埔军人”。因此，我们有必要通过对这一人物群体进行专门研究，去寻找他们在不同历史时期、不同历史事件、不同社会领域中所承担的重要角色和走过的历史足迹，在寻找群体印记与个人记忆的过程中，去展现他们共性与个性并存的黄埔人生，见证他们火与血的人生传奇。

这套《黄埔军校人物传记系列丛书》正是在这种理念感召下，由广州市市长陈建华提议立项的，我馆抽调业务骨干成立工作小组负责具体工作，聘请黄埔军校研究专家对丛书的选题、审稿等进行指导。2014 年 6 月，在黄埔军校建校九十周年庆典之际，我馆通过与广东人民出版社签订《〈黄埔军校人物传记系列丛书〉出版意向协议书》，正式启动了此套传记丛书的出版工作。

值此丛书出版之际，我谨代表广东革命历史博物馆，希冀借助这一套丛书的出版，能使黄埔军校研究在某些方面突破既有的樊篱，进入到更广阔的研究空间和历史视野中，也希望能通过丛书的出版在专业研究者和社会大众之间搭建起一个“认识黄埔、铭记黄埔”的分享平台，共同感恩历史，关爱当下，继往开来，期待丛书作者们能“记一方之言，激千秋之爱憎”，“鉴人明事”，深入发掘黄埔军校的那些人和那些事，不仅从更丰富的层面上展现黄埔群英风采，也从更具个性化的角度凸显黄埔精神，使读者从中获得对黄埔军校更深刻、更强烈的感知。

广东革命历史博物馆馆长　杨琪

目　录

前　言

中国远征军是世界反法西斯战争和中国人民抗日战争中，中国政府为践行中美英等盟国共同抗击日本侵略军的协定而组织的出击缅甸和滇西的军事武装。中国远征军因入缅作战失利分别撤退回国和到印度。1943 年 2 月退至滇西的远征军以及新增的第 11 集团军、第 20 集团军，重组中国远征军司令长官部。1942 年 7 月，撤至印度的远征军经扩充编组为中国驻印（度）军，有的则称中国远征军驻印军。约定俗成，滇西的中国远征军与印缅的中国驻印军，地分两处，相对独立，指挥机构各不相属。但是，两者同出一源，中国驻印军是中国远征军衍生出来的，与中国远征军执行同样的任务，因而人们统称它们为中国远征军。

中国远征军为了保卫祖国和世界反法西斯的人类和平事业，远征缅甸，或与英美盟军协力作战，或孤军奋战，在盟军的支援下，基本全歼了日军精锐的第 18 师团、第 56 师团，重创日军第 2 师团、第 33 师团，并歼灭日军第 49 师团、第 53 师团、第 55 师团各一部，前后毙伤日军 10 多万人，狠狠打击了日军的凶焰，牵制了日军在缅甸方面军的预备队和滇西的部队，为收复缅甸及配合盟军在太平洋战场作战，做出了重要贡献。中国远征军的战斗不仅是中国人民抗日战争的重要组成部分，也是世界反法西斯战争的组成部分，它对取得世界反法西斯战争的胜利起到一定的作用。

中国远征军的将领以黄埔军校毕业生为主。据不完全统计，他们在中国远征军各部队团以上干部中约占有2/3。截至1942年年初组成中国远征军，黄埔军校养成教育的正期学生已毕业了17期，约34300人，他们大多在军队中服役，早期的毕业生经过多年的奋斗在中国远征军组成时已升迁至较高的军职，是国民革命军的领导骨干，也成为中国远征军的领导骨干。中国远征军的黄埔生将领秉承黄埔校训，发扬“黄埔精神”，忠诚爱国，反对侵略，顽强抗击日本侵略者，在战场上骁勇善战，组织和指挥中国远征军抗击和消灭日军，为战争的胜利做出了别人无法取代的贡献，功在国家民族和人类和平事业。

本书以中国远征军中的黄埔生将领为主轴和纽带，以中国远征军历史活动为脉络，结合穿插，再现中国远征军中的黄埔生将领在这段历史中的精彩人生和爱国英雄业绩。不管他们之前表现和后来结局如何，他们在中国远征军中表现的顽强的战斗意志和爱国主义精神将与所有中国远征军将士一起被中国人民以及世界爱好和平的人们所赞颂、所铭记！

第一章　浴血缅南，中国远征军彰显中国军人本色

践盟约，中国远征军枕戈待旦

1941 年下半年，国际法西斯势力无比猖狂。1941 年 6 月 22 日，德国法西斯突然袭击苏联，苏德战争爆发；1941 年 12 月 7 日，日本法西斯偷袭夏威夷珍珠港美军海军基地，日美战争爆发。战争之初，德日法西斯显得比较强势，占据了上风。

此时，中国人民的抗日战争正处于相持阶段，而国际反法西斯战争形势严峻，国际友好国家及人民对华援助今不如昔。也就是在这历史紧要关头，中国国民政府组织中国远征军入缅作战。

1939 年冬，日军在广西钦州防城登陆，侵占了南宁，截断了中国通向越南海防的国际交通线，中国失去了一条非常重要的对外的国际交通运输线，滇缅公路成为中国唯一的国际交通运输线。

缅甸位于中南半岛西部，东北与中国相邻，东南与老挝、泰国交界，西北同印度接壤，西南濒临孟加拉湾和安达

曼海。南北最长距离为1920千米，东西最大宽度为960千米，面积约67万平方千米。英国于1824年、1852年和1885年三次侵略缅甸，使缅甸沦为其殖民地。

滇缅公路，是中国为适应抗战需要而开辟的一条重要国际交通干线，它东起昆明，西至缅甸境内的腊戍，与仰光至曼德勒铁路线联结。这条线路于1938年初开始修筑。来自滇西28个县的20万民众在“抗日救国”口号的感召下，自带口粮和工具，披晨曦踏朝露，风里来雨里去，劈石凿岩，披荆斩棘，历时10个月，在高山峡谷激流险滩上，沿滇西、缅北990千米的山野，用双手和血汗修筑了滇缅公路。其间因爆破、坠岩、坠江、土石塌压、恶性痢疾而死去的民工不计其数。滇缅公路于1938年年底通车，中国抗战又有了一条输血管。

日本知道滇缅公路这条交通线对中国人民抗日战争的重要性，在发动太平洋战争前，为了切断滇缅公路，曾采取了多种政治、外交措施对英国施压，迫使英国关闭滇缅公路。

1940年9月，日军侵略越南，加紧了侵略东南亚的步伐，英国殖民地缅甸、马来亚、新加坡危在旦夕。正是在这种形势下，傲慢的大英帝国才不得不放下架子，与中国建立军事同盟。1941年12月23日，中、美、英三方在重庆召开联合军事会议。蒋介石在会上向英国印缅军总司令韦维尔表示：“中英两国不可有一国失败，因此如果贵国需要，我国可派遣8万人入缅作战。”然而，韦维尔既希望中国出兵帮他打仗，又怕“请神容易送神难”，害怕中国染指英国殖民地缅甸，就借口运输不便予以拒绝。

其实，根据中国西南边境的国防需要和中英军事合作洽谈议定，中国方面早已在云南做好了准备，首先出动的是甘丽初的第6军。“珍珠港事件”的第四天，蒋介石对远征军下达动员令，命令第6军第93师开往中缅边境的车里，第6军第49师以一个加强团开往畹町归英缅军总司令胡敦指挥，准备开往缅甸景东。12月16日，蒋介石又命令第5军、第6军向所部官兵做入缅作战的动员。驻防于贵州安顺的第5军全部移师，12月下旬到达云南保山。1942年2月上旬，第6军已集中于芒市、遮放、龙陵一带，等候英方派车接送入缅。

1942年1月19日，日军攻占泰国缅甸边境位于缅甸一侧的土瓦。31日，日军打败英印军第16步兵旅，占领了毛淡棉。这时，英军才感到火烧眉毛，着急起来，于2月3日向中国求援，请求中国军队入缅。至2月16日仰光情况危急时，英方一贯的绅士风度荡然无存，方寸全乱，更是迭次请求中国军队迅速入缅，协助英军作战。

日军越过泰缅边境向缅甸首府仰光发动进攻

与此同时，中国成立中国远征军第一路司令长官部（原定第二路在越南方面，后因形势变化取消），司令长官原为卫立煌。卫立煌在华北山西战场与中共八路军的友好往来和协同作战犯了蒋介石的忌，正被蒋“审查”，其职先由杜聿明代理，1942 年 4 月 3 日后由罗卓英正式担任。

中国远征军先后入缅参战的主要部队有：

第 5 军：军长杜聿明。辖第 96 师（第 286、287、288 团），师长余韶；第 200 师（第 598、599、600 团），师长戴安澜；新编第 22 师（第 64、65、66 团），师长廖耀湘；新兵训练处（亦称游击支队），司令黄翔；汽车兵团、骑兵团、工兵团、炮兵团、装甲兵团。

第 6 军：军长甘丽初。辖第 49 师（第 143、146、147 团），师长彭璧生；第 93 师（第 277、278、279 团），师长吕国铨；暂编第 55 师（第 1、2、3 团），师长陈勉吾。

第 66 军：军长张轸。辖新编第 28 师（第 82、83、84 团），师长刘伯龙；新编第 29 师（第 85、86、87 团），师长马维骥；新编第 38 师（第 112、113、114 团），师长孙立人。

黄埔军校 1924 年春创办，第一期正期学生于当年 5 月 5 日入学受训，至 1942 年年初组成中国远征军时，已毕业了正期学生 17 期，约有 34300 人，他们大多在国共两党的军队中服役，国民党作为执政党，军校又是以它的名义创办的，因而黄埔生自然以在国民党军队中服役者居多。根据目前能搜寻到的资料，中国远征军第一路军团以上干部多为黄埔军校毕业生，具体名单如下：

中国远征军第一路司令长官部：

副司令长官、第 5 军军长杜聿明，黄埔一期。

政治部督察专员张朴，黄埔四期。

顾问组组长陈采夫，黄埔三期。

参谋处处长王晏清，黄埔六期。

副官处处长林荫根，黄埔三期。

联络处处长侯腾，黄埔六期。

独立第 7 团团长张洁之，黄埔六期。

兵站部参谋长李竹林，黄埔七期。

第 5 军：

参谋长：罗友伦，黄埔七期；欧阳春圃，黄埔七期。

参谋处处长：车蕃如，黄埔七期；李汉萍，黄埔六期。

副官处处长吴惕园，黄埔四期。

第 200 师师长戴安澜，黄埔三期。

第 200 师副师长：高吉人，黄埔四期；李毓南，黄埔五期。

第 598 团团长兼步兵指挥官郑庭笈，黄埔五期。

第 599 团团长柳树人，黄埔五期。

第 600 团团长麻心全，黄埔八期。（刘杰牺牲后继任）

第 598 团副团长：黄景升，黄埔八期；陈辅汉，黄埔七期。

新编第 22 师师长廖耀湘，黄埔六期。

新编第 22 师副师长李涛，黄埔六期。

新编第 22 师参谋长刘建章，黄埔六期。（退入印度后任）

第 64 团团长刘建章。

第 65 团副团长陈膺华，黄埔八期。

第 96 师副师长胡义宾，黄埔三期。

第 96 师参谋主任蔡略，黄埔六期。

第 288 团团长凌则民，黄埔六期。

第 288 团代团长陈启銮，黄埔十三期。（凌则民牺牲后任）

第 96 师炮兵团团长戴戎光，黄埔六期。

第 5 军游击支队司令黄翔，黄埔七期。

第 5 军装甲兵团团长胡献群，黄埔六期。

第 5 军机械化骑兵团团长萧平波，黄埔六期。

第 5 军汽车兵团团长洪世寿，黄埔三期。

第 5 军补充旅炮兵主任文蔚雄，黄埔四期。

第 5 军干训大队大队长苏维中，黄埔八期。

第 6 军：

军长甘丽初，黄埔一期。

第 49 师师长彭璧生，黄埔七期。

第 146 团团长梁筠，黄埔七期。

第 93 师师长吕国铨，黄埔二期。

第 93 师副师长兼政治部主任彭佐熙，黄埔二期。

第 277 团团长李友尚，黄埔四期。

第 279 团团长朱谔臣，黄埔四期。

暂编第 55 师副师长梁栋新，黄埔五期。

第 3 团团长李文伦，黄埔七期。

第 66 军：

副军长成刚，黄埔二期。

新编第 28 师师长刘伯龙，黄埔三期。

新编第 28 师副师长：胡国泽，黄埔三期；刘济瀛，黄埔四期；何卓，黄埔六期（兼政治部主任）。

新编第 29 师师长马维骥，黄埔二期。

第 86 团团长何树屏，黄埔五期。

第 87 团团长陈海泉，黄埔六期。

新编第 38 师参谋长何钧衡，黄埔七期。

第 112 团团长陈鸣人，黄埔七期。

第 113 团团长刘放吾，黄埔六期。

第 114 团团长李鸿，黄埔五期。

黄埔将星云集，为图生存、洗国耻、振国威，摩拳擦掌，跃跃欲试。黄埔的后起之秀，将星的后续者也不甘落后于他们的学长或先行者，追随在黄埔将星的周围，只要他们的长官一声令下，就义无反顾地往前冲锋，为国争光。一时中缅边境马达轰鸣，战马嘶叫，人声鼎沸。中国远征军将士枕戈待旦，厉兵秣马。

三军中，两位主将杜聿明、甘丽初往事历历

杜聿明、甘丽初都出身黄埔一期，一个是北方人，一个是南方人，同是黄埔一期毕业生中的佼佼者。

杜聿明，字光亭，1904 年 11 月 28 日生。老家是中国“美女之乡”陕西米脂县。其祖辈是当地地主，也算那时的“土豪”。父亲杜良奎，清末举人，倾向反清革命，在西安长安大学堂执教时加入中国同盟会，曾数度回家乡，鼓动县里的民团赶走了清政府官吏，并参加了后来的反对袁世凯称帝的斗争。

杜聿明

杜良奎的思想倾向和革命行为对子女产生了比较深远的影响。杜聿明报考黄埔，参加国民革命，追随蒋介石反共；坚决抗日，在战场上与日本侵略者英勇作战。借用中共党史专家李忠杰先生的话，杜聿明是个“蓝色”人物。他的弟弟杜聿德就很容易定性，他绝对是一个“红色”人物。杜聿德在大革命时期加入中共，以国民革命军高桂滋第 47 军教导团第 3 营营副的身份从事地下兵运工作，参加组织领导 1928 年 4 月 9 日阜阳起义，担任皖北工农红军副指挥，在起义的战斗中被捕，不屈而牺牲。

杜聿明的堂哥杜斌丞和杜聿鑫也是有革命色彩的人物。

杜斌丞是杜聿明的堂哥，又是他的老师，大他16岁。杜聿明到了16岁该上中学了，杜斌丞已是陕北名镇榆林城里榆林中学的校长。杜斌丞虽然以“教育救国”立世，但一生追求爱国民主。后来加入民盟，历任民盟西北总支部主任委员和民盟中央常务委员，坚决反对封建独裁统治，触怒了蒋介石，1947年10月，杜斌丞在西安被国民党当局杀害。

杜聿鑫与杜聿明同龄，比杜聿明大几个月，他们一起南下报考黄埔军校第一期。杜聿鑫于1927年8月30日牺牲于与北洋军阀巨头孙传芳部队激战的龙潭之役，时任国民革命军第1军第1师的连长。

据杜聿明后来回忆，榆林地区的革命思潮以及杜斌丞的革命倾向对他走出陕北向往革命是有影响的。老师的教育使从小喜欢玩枪弄棒的他产生强兵富国的思想，中学时代已掌握步枪射击要领。黄埔军校第一期招生的消息通过秘密渠道传到陕西。1924年3月，杜聿明和杜聿鑫、阎揆要、关麟征、张耀明等11人联袂南下，在于右任推荐下，顺利通过报考程序，被录取为黄埔军校第一期生。

杜聿明毕业后被分配到黄埔教导团第1团第1营第3连，担任见习官兼军需上士。也许在上中学前曾有过操办家务的经验，他把士兵每月每人6元的伙食费计划得十分周全，亲自带人买菜和下厨房，全连伙食办得很好，深受全连官兵的称赞。但是，他转正担任副排长后，人缘变得很差。士兵对他严重不满，背后骂他为“北方愣子”，因为他对他们要求严苛。第一次东征淡水之役后，杜聿明长了一身疥疮，皮肤奇痒难忍，请假回广州医治。这一小恙改变了他前期的革命经历。疥疮治愈后，军校党代表廖仲恺派他和其他3人去北方帮助国民军副总司令兼第2军军长胡景翼办理军校。并要他们路过北京时将一封信转交给孙中山。这一差事使杜聿明在北方辗转了一年半的时间，其间艰难曲折，还经历了晋军和孙传芳军阀给他带来的牢狱之灾。

1926 年冬，杜聿明从孙传芳的南京狱中逃到武汉，被安排在黄埔军校武汉分校学兵团任第 1 营第 3 连中校连长。宁汉分裂后，他到南京。从此，他紧跟蒋介石，得到了蒋的信任。1927 年 8 月，蒋介石下野，杜聿明跟着失业，靠黄埔同学会每月 12 元津贴维持生活。蒋介石复职后，杜聿明得到重用，职务不断升迁，历任中央军校第七期第 4 队中校队长、新编第 1 师第 2 旅参谋主任、教导第 2 师第 6 团上校团长、第 4 师第 24 团少将团长、第 17 军第 25 师第 73 旅旅长、第 25 师副师长。

如果把张治中率领国民革命军第 5 军参加 1932 年的淞沪抗战当作中央军第一次投入反侵略战争，1933 年春的长城抗战则为第二次，这一次有了杜聿明的身影，其表现也不凡，这是杜聿明第一次参加反侵略战争。

1933 年的元旦，华北人民欢乐祥和的喜庆日子被日本侵略者打破。当天深夜，山海关日军守备队长落合甚九郎派人在其营房内投掷手榴弹并鸣枪数次，却反诬陷是中国军队所为。这种贼喊捉贼的诡计是那个年代日本侵略者发动侵略战争的惯用伎俩。

第二天，日军重兵向山海关中国驻军发动进攻。千里冰封的长城的山海关一带，被日军猛烈疯狂的炮火搅得地动山摇，冰化水流。日军遂得山海关，热河也被拿下，其侵略野心极度膨胀，马上向长城沿线各口进犯。中国人民掀起了长城抗战。

其时，原国民革命军第 4 师后改编为第 17 军正驻扎在安徽蚌埠。该军辖第 2 师、第 25 师和骑兵第 1 旅，军长徐庭瑶，第 2 师师长黄杰，第 25 师师长关麟征，两位师长都是黄埔一期生。杜聿明时任第25师副师长，是他的老乡关麟征的搭档。

1933年3月1日，日军第1军第8师团及骑兵第3旅团迅速突破左翼东北军第112师守卫的阵地，进占古北口关口，并乘胜向第25师发起进攻。关麟征指挥所部张耀明第75旅反攻，在争夺一高地时负伤。

杜聿明受命于危难之际，代理师长职务，指挥该师官兵继续战斗，击退了日军的多次进攻，直到第二天第2师赶到接防，才率部退出阵地到密云整补。

杜聿明第二次参加反侵略战争是"八一三"淞沪抗战。其时，他担任军政部装甲兵团团长。这可是中国第一个陆军装甲兵团，建立于1937年3月，由国民政府军委会直属战车营与交通兵第2团装甲汽车队改编组成，杜聿明成为这支中国机械化部队的第一任首长。他率领第1营的第2和第4连奔赴淞沪前站，在上海汇山码头协同步兵阻击企图登岸的日军。

1938年1月，装甲兵团撤到湖南湘潭整训，不久该团扩编为第200师，隶属军委会直接指挥。杜聿明得天独厚，捷足先登，成为第200师师长。这是中国第一个机械化师，杜聿明感到肩上的担子沉甸甸的，责任既光荣又艰巨，任重道远。他认为，对于一支军队来说，拥有优良装备只是条件之一，最重要的是有能够使用这些先进装备的官兵。因此，他下了决心集中全副精力大举练兵，在短期内将第200师练成一支能够驰骋疆场与日寇打硬仗的劲旅。

杜聿明对于练兵问题要求官兵一致，必须掌握机械化装备的基本技能。他自己以身作则，穿上工作服，刻苦学习驾驶和修理技术，常常钻到车底下修底盘。他还积极思考机械化部队的战术问题，提出来与同事们研究和探讨，形成合理的战术规则。如战车和步兵的协同作战，战车群协同作战，战车与炮兵协同作战，战车射击和伪装技术等。

杜聿明是装甲兵的门外汉，虽然曾到过南京陆军交辎学校任职，但其职务只是学员队队长，属于学员学习生活管理者，对汽车、装甲车等只是耳濡目染。湘潭整训练兵，他着实是潜下心来学习，刻苦学习，不耻下问，深入思考，理论与实践结合，终于由外行变成内行，逐渐系统地掌握了机械化部队的作战指挥技能。他的表现，得到该师官兵的称赞，新闻媒体也如实报道他的进步。国民党随军记者在一篇战地军营报告说："他（杜聿明）虽非机械专科出身而钻研机械知识，极有心得，治军之暇，仍手不释卷，将来学问之造诣，兴事之成功，无可限量矣。"

1938 年 11 月，第 200 师扩编为新编第 11 军，部队从湘潭移驻广西全州。杜聿明升任副军长（军长徐庭瑶）。1939 年 2 月，新编第 11 军改为老的第 5 军番号，杜聿明升任第 5 军军长。该年 3 月，第 5 军开赴广西界首参加全国军队校阅，名列第一。此时，杜聿明年仅 34 岁。时值初春，他的心情与南国春光融为一体，满脸春风，意气风发，斗志昂扬，他暗暗地发誓要率领自己训练出来的劲旅在民族反侵略战争中建立奇功。

报国的机会终于来到了，1939 年 10 月 14 日，日本大本营正式发布了"彻底切断中国西南补给路线"的"大陆令"第 375 号命令。当年 11 月 15 日 8 时 10 分，日军第 5 师团第 9 旅团在广西钦州湾的企沙登陆，向中国守军发动突然袭击。24 日上午，南宁失陷。在广西告急、南宁危在旦夕之际，最高统帅部令杜聿明率领第 5 军连夜由衡山向南宁驰援。这是杜聿明第三次参加反侵略战争。

第 5 军先头部队第 200 师第 600 团于 11 月 25 日到达南

宁郊外二塘附近时，南宁已在前一天失守。日军兵锋正盛，12 月 4 日占领了位于南宁东北约 50 千米处的昆仑关。昆仑关是桂南战略要地，势在必争。陈诚在战前来到第 5 军军部，给杜聿明下达收复昆仑关和直下南宁的死命令。

12 月 18 日，收复昆仑关的战斗开始。此役中国军队以第 5 军为主力，日军以第 5 师团第 12 旅团为主力。双方在以昆仑关为圆心的地区展开激烈的争夺战。战斗整整打了 18 天，于 31 日以中国军队获大胜而告结束。据日本战后公布的材料统计，这次战役，其第 12 旅团长及军官死亡 85% 以上，士兵死亡 4000 余人。旅团长中村正雄被击毙。

这一仗打得日军口服心服。中村正雄临死前在日记本上写道："帝国皇军第 5 师团第 12 旅团，之所以在日俄战争中获得了钢军的称号，那是因为我的顽强战胜了俄国人的顽强，但是，在昆仑关，我应该承认，我遇到了一支比俄更强的军队……"

1940 年 10 月间，英国重开滇缅公路，接着派了一些敦刻尔克撤退下来的残兵败将到中国来，学习游击战。1941 年 1 月，英政府任命丹尼斯少将为驻重庆陆军武官，开始和中国酝酿中英军事同盟，第一步骤是通过中国对缅甸、印度、马来亚的军事考察，两国共同商定保全缅甸的具体军事措施。

蒋介石在杜聿明被委任为中国远征军第一路军实际负责人之前派他作为中国缅印军事考察团成员，赴缅甸、印度、马来亚考察军事。

中国缅印马军事考察团于 1941 年 1 月间成立，成员如下：

团长商震，副团长林蔚。

团员：陆军杜聿明、侯腾、冯衍、唐保黄、刘方矩，空军王赞，海军周应聪，外交郑康琪，秘书刘耀汉。

考察团于2 月初出发，考察期3 个多月。

杜聿明任劳任怨，不计较得失。团长把考察报告的起草任务交给他，他义不容辞地把任务接下来。参加考察活动，平常人是走马观花、游山玩水，杜聿明却不是这样。他看得认真，想得仔细。休息时，大多数人还留恋和回味被接待的欢乐，他却拿起笔来拟写报告，经常是通宵达旦。考察一结束，报告初稿已出炉。考察报告约30 万字。他指出："日本对于中国的国际交通线滇缅公路，将不是从中国境内截断，而是配合它对亚洲的政治战略整个策划的。日军侵略越南并与泰国建立友好条约表明，它即将向英国的远东殖民地进军，这样既可夺取英殖民地，又封锁中国，起一箭双雕的效果。"

有鉴于此，杜聿明建议中英两军应以确保仰光海港为目的，应集结主力在缅甸边境预先构筑阵地采取决战防御。

果不其然，日军在不久之后向英国东南亚殖民地发动进攻，中国最高统帅部选调第 5 军为入缅作战部队，杜聿明被委以重任，担任中国远征军第一路军副司令长官。

甘丽初年长杜聿明三岁，早年比杜进步快。

甘丽初

甘丽初，字日如，1901 年生于广西容县辛上里古友堂。容县位于桂东，邻近粤西，地灵人杰，在中国近代产生了许多军事人才，就黄埔一期而言有学生9 人，其他8 人是罗奇、李绳武、陆汝畴、陆汝群、潘国聪、李强之、李武军、罗照。除后两人毕业后没有从军记录，前

6 人都在军中服役，罗奇最为出色，担任国民革命军陆军上将副总司令。

甘丽初早年就读于容县县立中学，1922 年考入广东农业专科学校。在广州读书使他“近水楼台先得月”，较早获得黄埔军校创办及其招生的信息，顺利考入第一期，编入第 2 队，与李之龙、许继慎、周士第、郑洞国、桂永清、黄维等是同学。毕业后，甘丽初始终在黄埔军校、党军服役，参加两次东征，平定商团和刘杨叛乱，其职务不断升迁，参加北伐战争时已担任第 1 军第 1 师的营长。

1926 年 12 月，江西底定后，甘丽初所在的国民革命军第 1 军第 1 师划归北伐军东路军第 2 纵队，第 1 师师长王俊为第 2 纵队指挥官，原该师第 3 团团长升任师长。

1927 年 1 月下旬，北伐军东路军从衢州出发，向东进攻。第 1 师和第 2 师作为中央军兵分两路，分别攻打洋埠和游埠。孙传芳部顽强抵抗，北伐军反复冲锋。北伐军从 29 日拂晓战至下午 2 时才将孙部击败。北伐军也损失很大，第 2 师第 6 团团长郭俊阵亡，军官伤亡 60 人，士兵伤亡近 700 人。2 月 12 日至 15 日，北伐军东路军与孙传芳“最能战斗的部队”李俊义、刘士毅在桐庐激战，北伐军几乎全歼李俊义的第 14 师和击溃刘士毅，取得桐庐之战的胜利。甘丽初在该役中表现不凡，立功受奖，被提升为第 1 师第 3 团团长。

宁汉分裂后，南京蒋介石方面组织“第二期北伐”。蒋介石兵分三路，其目标是肃清津浦路南段及江北之敌。甘丽初所在的第 1 军第 1 师划归第一路，总指挥何应钦，辖第 1、6、14、17 军，集中于沪宁路，向扬州、靖江、南通进攻。第一路分为 4 个纵队，第 1 军第 1 师为先遣队。这赐予甘丽初立功的机会。

第一路于 1927 年 5 月 20 日开始攻击，26 日已全部实现战斗目标，占领南通。第一路迅速扩大战果，向北挺进，5 天内占领了高邮、盐城、淮安。甘丽初在“第二期北伐”时已有了团长这个更大的平台，充分发挥英勇善战特长，立下不少战功，被提升为第 1 军第 1 师副师长。黄埔一期毕业生此时军职达到师级的寥寥无几，仅有范汉杰（浙江警备师师长）、胡宗南（第 1 军第 1 师少将副师长兼第 2 团团长）。

1928 年 4 月，甘丽初率部参加蒋介石复职后举行的“第二期北伐”。第 1 军与第 4、9、10 军为第 1 军团，第 1 军战斗任务不断变化，时为总预备队，时为进攻部队，接近济南时，是作为攻击泰安的主力部队。

1928 年 4 月 28 日午后 4 时，甘丽初协助第 1 军副军长兼第 1 师师长蒋鼎文指挥第 1 师占领了泰安城东、南、西三门附近阵地，并对城中之敌进行攻击。为防止张宗昌部退逃，甘丽初建议派兵 1 个团进占通往济南的摩天岭、黑龙潭一带高地。5 月 2 日下午 3 时，甘丽初致电第 1 军团总指挥部，称：“泰安城之敌，本日完全解决，获步枪千余支，机关枪十余挺，迫击炮十余门。”电报不是蒋鼎文发出而由甘丽初发出，可见蒋鼎文对甘丽初的信任。

1928 年 7 月，蒋介石完成了“第二期北伐”。之后国民党军队进行整编，即将原有各军缩编为师。甘丽初所在的部队第 1 军第 1 师与第 22 师和军教导团各一部、第 33 军第 3 师合并缩编为第 9 师，师长蒋鼎文，副师长岳相如，第 25 旅旅长甘丽初，第 26 旅旅长李延年，第 27 旅旅长岳相如。此时，黄埔一期毕业生担任旅长的为数不多，甘丽初、李延年之外，只有胡宗南、李默庵、桂永清等。翌年 9 月，第 9 师由 3 个旅 6 个团改为 2 个旅 6 个团，辖第 49、50、51、52、53、54 团，由甘丽初和李延年分别担任第 25、26 旅旅长。

缩编后不久，国民党军队之间发生了蒋桂、蒋冯、蒋唐、蒋冯阎之战等内战，甘丽初无役不从。从史志记载看，在1929年12月下旬至1930年1月初发生的蒋介石与唐生智之间的战争中，甘丽初有出色的表现。

在1929年夏天发生的蒋介石和冯玉祥的战争中，唐生智是站在蒋介石这一方的。之后唐生智靠近汪精卫等反蒋派别，于当年12月3日发出反蒋通电，自称护党护国军第四路总司令，由河南沿平汉路向武汉进攻。蒋介石与山西阎锡山结成联盟，从南北两面夹击唐生智。在武汉地区，蒋介石以7个师的兵力建立讨逆军，由刘峙任第二路军总指挥，辖右翼军第9、11、13师，左翼军是新编第14师（后改为第7军）以及预备队第1、2、6师。

蒋唐战争的第一枪是甘丽初旅首先打响的。1929年12月23日，风雪交加，甘丽初旅的第49团沿平汉路的左侧北进，在确山附近与唐生智部不期而遇。第49团马上拉开架势，向对方发起攻击。唐军是由北向南进军，没有料到蒋军行动如此迅速，而且以守为攻，一时措手不及，被打得丢盔卸甲，狼狈逃退。

蒋冯阎中原之战结束后，甘丽初升任第9师副师长。

1931年7月，甘丽初率部参加国民党对中共中央革命根据地的第三次“围剿”。其第9师编入左翼集团军，集结于江西南城。后战局变化，第9师由东向西进攻，进至江背圩一带。这时，红军为造成敌之错觉，以红35军和第12军第35师伪装主力，向赣江方向佯动，其主力却于8月4日晚，巧妙地通过第9师和第19路军韩德勤第52师之间20千米的空隙地带，迅速转移到兴国与宁都之间的莲塘地区。蒋介石发现后令第9师向泰和集结。9月7日，第9师先头部队第

27 旅进至老营盘突遭红军奇袭，后被全歼。一周后，甘丽初旅以及第 26 旅在黄土坳被红军包围，适逢蔡廷锴率 19 路军赶到，才得解围。

1932 年，甘丽初入陆军大学第十期学习。1935 年毕业后，升任第 4 军第 93 师师长，驻军贵阳，后调驻广东。1936 年 10 月，甘丽初晋升陆军中将。

甘丽初第一次参加反侵略战争是 1938 年春夏之间的台儿庄战役。此时，甘丽初任第 75 军第 93 师师长，隶属孙连仲第 2 集团军序列，担任台儿庄以东至北洛一线的右翼防御，实行持久抵抗，以加强台儿庄附近的阵地。5 月，全军撤退，甘丽初率第 93 师向东南突围，经灵璧到泗县集结。

1938 年 9 月，甘丽初升任第 6 军军长，仍兼第 93 师师长，率部参加武汉会战。作为军长，甘丽初与杜聿明并肩作战是 1939 年 12 月的昆仑关之战。昆仑关失陷后，国民政府向桂南增调了第 2、6、64 军和新编第 33 师共 8 个师的部队。当杜聿明率第 5 军攻打昆仑关时，甘丽初率第 6 军在侧翼牵制和打击日军，使第 5 军最终拿下昆仑关。经过昆仑关收复战的激烈战斗，加上前期作战损失较大，第 5 军撤到后方休整补充。第 6 军与第 36、60、99 军一起接替第 5 军，防守于昆仑关一带。后因日军 1940 年 2 月 2 日迂回到昆仑关的后侧宾阳并占领之，第 6 军和其他兄弟部队有被切断后路遭受夹击和包围的危险，才主动弃守昆仑关，向安全地带转移。

两年后，这两位黄埔一期同学，同样的军职，曾经在桂南保卫战并肩战斗过，为了共同奋斗目标，又走到中国远征军中来了。

解危局，戴安澜率第200师作先锋

1942年2月16日，在保山原地待命的第5军接到来自重庆最高统帅部的急电，文曰："据英代表要求，仰光情况紧急，请速派第5军入缅。""所有野炮、战防炮均应随同出发，装甲兵团先作出发准备。"

杜聿明立刻发兵，通知第200师作为中国远征军中路的先头部队出发。

中国远征军出国前的动员大会

整装待发的第200师很快就抵达惠通桥，跨过铁索桥到了怒江对岸，经松山、龙陵、畹町，部队逶迤前进，十来天就跨出国门进入缅境。这里有较好的公路，部队往西南方向前进，经新维到腊戍。腊戍有铁路通往仰光，一路上不是很顺畅，由于车辆不足和管理不善、计划不周，加之日军以及缅奸破坏等，时走时停。尽管如此，经过十几天长途跋涉的官兵已疲惫不堪，有交通工具代步总比步行好，这样可以减消官兵不少怨气和舒缓他们着急的心情。

火车载着第200师官兵经细包、梅谋（又称梅苗或眉谬）、曼德勒（瓦城）、密特拉、瓢背、羊米典、开当岗、平满纳（又称彬文那）、叶达西，到达终点同古（东吁）。首先到达的是第200师附骑兵团及工兵团的一部，此时为1942年3月8日。这天，缅甸重要港口城市仰光失陷。

第200师师长戴安澜是黄埔骄子和民族精英，他的成长历程和爱国心路充满着传奇色彩。

戴安澜，号海鸥，安徽无为县仁泉乡风和村人，1904年生。幼年时，家境清贫，其父戴礼明以养鸭为生，借岁末年头，随戏班献唱，略得报酬，补贴家用。其父教子有方，平日常以戏中人物之忠奸善恶，谆谆相教，这样戴安澜幼小的心灵中便有是非正邪之观念和价值之取向。

1918年，戴安澜在读私塾的基础上又拜在桐城著名人士周绍峰门下深造。周绍峰在教学中注重对学生的道德气节教育，诲人不倦，使戴安澜深受教益，在品格方面更上一层楼。周绍峰常对人夸赞："此子禀赋优异，后必有成。"

1939年戴安澜在全州

1923年，戴安澜考入陶行知创办的安徽公学高中部，更受陶行知所传播的新文化、新思想的影响，积极向上的思想更加成熟。

1924年年初，在广东任粤军团长的叔祖父戴端甫来信告知黄埔军校招生事，戴安澜很高兴，马上收拾行装南下广州赴考。他因身体瘦弱而没有通过复试，但从戎决心不改，便到广东革命军中去当兵。在连队里，他刻苦锻炼身体，身体逐渐健壮起来。1924年年底，他终于如愿以偿，考入黄埔军校第三期。在校学习期间，加入中国青年军人联合会。

1926年1月，戴安澜从黄埔军校毕业，被分配到国民革命军总司令部任排长。次年春，又调入黄埔军校入伍生第2团任区队长。

1928年，戴安澜调任国民革命军第1师任连长，后历任中央军校少校区队长，教导第2师迫击炮连连长、营长、中校团附，第4师补充团团长，第25师第145团团长等职。

1933年2月，戴安澜随部参加古北口战役。是役，戴安澜所率的第145团与第146团奉命分占古北口南天门西侧高地。3月12日拂晓，日军以主力向第145团正面攻击，日机数十架轮番轰炸，敌重炮集中射击，竟日不断，同时以大部分兵力向我右翼延伸包围。由于第一线阵地失守，第25师陷于孤立，全线处于被动态势。激战至午后3时，战斗力消耗极大。当时右翼之敌有增无减，我方通信联络中断，虽众寡悬殊，但全体官兵仍奋勇杀敌。为了缩短战线，取得更好的战机，戴安澜指挥部队转换阵地，至古北口西南2500米的南天门一带高地。经过昼夜激战，击退敌人多次进犯，使进犯之敌遭受重大伤亡，友军原将军楼右翼阵地失而复得。

强将手下无弱兵。在这次战斗中，戴安澜派出的一个军士哨所，因远离主力，在变换阵地时，仍令其坚守岗位继续战斗，该哨所先后毙伤日军百余名。敌人恼羞成怒，用飞机大炮联合轰击，哨所勇士在顽强拼杀中全部阵亡。日军占领哨所后，发现只有七名战士尸体，深为敬畏，便将这七位勇士遗体掩埋，并树“支那七勇士”墓碑一块。

“七七事变”之后，戴安澜已升任第25师第73旅旅长，先后参加平汉线上的漕河战役和漳河争夺战。1938年参加鲁南会战，率部火攻陶敦，智取朱庄，为台儿庄战役的胜利创造了条件。5月，奉命转战艾山，打退敌数十次进攻。他在日记中写道：“今天是我们奋斗的日子，勇敢就是生存，怯退就是毁灭，绝不容徘徊犹豫，敌人绝不会恩惠！祖国的存亡操之于我们自己，敌人是无能为力的。所以我们不要问敌人的力量如何，先要问自己的志气如何。……兴亡是我们应负的责任！我们只有决心前进，以扬威于世界，列祖列宗之灵，当含笑九泉。”

戴安澜很注重对部下进行爱国精神教育和技能训练。他回顾历次作战失利的经验教训，认定取得胜利必须依靠部属的努力，旺盛的士气来自官兵的爱国热情。他特意录下文天祥的名诗《过零丁洋》和岳飞的名词《满江红》，印发给各级官兵熟读强记，还经常给部下讲述法国小说家都德洋溢着浓郁爱国情怀的短篇小说《最后一课》，以精忠报国的精神来激励官兵的爱国热忱。为了提高官兵的军事技能，他拟出条陈12项，呈送师长核准后，集合全体官兵逐条讲解。后又撰写教育提纲一份，作为全旅教育的蓝本，还经常到各营、连，亲自教练官兵利用地形地物的能力和射击、刺杀等军事技能。

1938年5月，戴安澜升任第89师副师长。8月，率部参加武汉保卫战，阻敌于瑞昌、阳新间。

1939年1月，戴安澜升任第5军第200师师长。12月，率部参加桂南会战。该师奉命进行昆仑关正面争夺战，他亲赴战壕指挥，身负重伤，仍不下火线。在友军的配合下，激战数日，击毙日军少将旅团长中村正雄等4000余人，取得昆仑关大捷。

昆仑关大捷后，新闻媒体在国内外报刊上报道了该役的战斗经过，盛赞戴安澜有宋朝大将狄青的风度，连日本东京的广播机构也认为此次战役为开战以来从未有过的壮烈，承认戴安澜作战勇敢。

1942 年 3 月，戴安澜奉命率第 200 师作为中国远征军中路的先锋，孤军深入岌岌可危的缅甸，开至同古（东吁），占领阵地，阻止日军从仰光沿公路向曼德勒推进。出征前，他自写自谱战歌《战场行》以激励官兵，歌词曰：

弟兄们！向前走。弟兄们！向前走。五千年历史的责任，已经落在我们的肩头，落在我们的肩头。日本强盗要灭亡我们的国家，奴役我们的民族。我们不愿做亡国奴，我们不愿做亡国奴，只有誓死奋斗，只有誓死奋斗，只有誓死奋斗。……

第 200 师官兵就是高唱着这首战歌雄赳赳气昂昂跨出国门踏上征程的。

他又以诸葛亮出征的故事自勉，气壮山河地赋诗两首：

万里旌旗耀眼开，王师出境岛夷摧。
扬鞭遥指花如许，诸葛前身今又来。

策马奔车赴八荒，远征功业迈秦皇。
澄清宇宙安黎庶，先挽长弓射夕阳。

诗言志，这两首诗充分表达了戴安澜为国杀敌、扬我国威的决心。最后，他为国战死于异国他乡，这也是求仁得仁啊！

戴安澜的麾下聚集着不少黄埔精英，主要有：

副师长高吉人，字善庭，陕西省靖边县人，1902 年生。少年时入横山高小，1920 年至 1924 年在榆林中学读书，是同为黄埔四期的中共名将刘志丹的学长。1925 年冬，至广州投考黄埔军校，后编入第四期步兵第 1 团第 9 连。毕业后在国民革命军第 1 军服役，1937 年装甲兵团成军时任补充营营长。桂南保卫战时，任第 5 军第 200 师第 598 团团长，在昆仑关之战表现出色，战后晋升为第 200 师少将副师长。

第 598 团团长兼步兵指挥官郑庭笈，字重生，广东省文昌下水村（今海南省文昌下水村）人，1906 年生。其叔父为黄埔二期郑介民。受郑介民的影响，郑庭笈于 1926 年夏考入黄埔军校第五期步兵科，编入步兵第 2 学生大队第 8 中队第 30 区队。毕业后转入该校位于广州天字码头附近的高等教育班步兵队学习，其间适逢广州起义发生，城中兵荒马乱，郑庭笈虽置身于红白之外，但一日数惊，最终还是有惊无险。他还冒险到惠东路长塘街第 42 号通知其身为共产党员的族叔父郑兰先要注意安全。

之后，郑庭笈到国民党中央军任职。1933 年冬“福建事变”时，担任李默庵第 10 师第 58 团团副，随第 10 师到福建镇压第 19 路军。

1937 年 10 月，郑庭笈率部在山西参加忻口战役。在这次战役中，日军遭到沉重打击，中国军队也付出了很大的代价。中国军队阵亡团营以下官兵万余人，负伤官兵 2 万余人，郑庭笈也身负重伤。他从此离开了服役多年的第 10 师。1939 年，郑庭笈任

郑庭笈

荣誉第1师第3团团长。荣誉第1师的门槛非常高，官兵必须是立有战功、伤愈归队才可加入。该师1938年成立于湖南浏阳，师长郑洞国（黄埔一期）、副师长胡家骥（黄埔五期）、参谋长舒适存。

荣誉第1师隶属第5军，参加了昆仑关战役。郑庭笈在此役中有两处突出的战绩载入史册：

一是在九塘战斗中击毙日军第12旅团长中村正雄少将。1939年12月24日下午4时许，郑庭笈率第3团运动至九塘两侧高地时，正遇日军第21联队主力强行向昆仑关增援。郑庭笈用望远镜观察九塘敌阵地，发现九塘公路边的大草坪上有日军军官集合讲话。机不可失，擒贼先擒王。郑庭笈立即命令第1营在高地上占领阵地，迫击炮连、重机关枪连集中火力向敌猛击。日军未料到中国军队已悄悄摸到附近，猝不及防，在猛烈炮火轰击下，中村正雄被击毙。

二是夺取界首高地。界首，是昆仑关东北的险要高地，山势巍峨陡峭，其东西侧可居高临下俯瞰昆仑关，军事价值极高。若要夺取昆仑关并在那里站住脚，一定要夺取并控制界首。

战前，杜聿明打电话给郑洞国询问荣誉第1师有没有办法攻克界首高地。郑洞国向杜聿明表示有办法，即令郑庭笈率第3团承担这个艰巨任务。郑庭笈采取强攻失效后进行智取，在第二天上午全歼守敌，占领了界首。1939年12月31日，失去屏障的昆仑关日军被消灭，昆仑关完全克复。

昆仑关战役后，第200师第598团团长高吉人升任第200师副师长。杜聿明对荣誉第1师在战役中的出色表现尤为满意，除了奖励有功将士外，还多次与郑洞国商议，希望能从第2团团长汪波（黄埔三期）和第3团团长郑庭笈这两位骁勇善战的团长中，选一人到第200师去。郑洞国忍痛割爱，让出郑庭笈。这样，郑庭笈转任第200师第598团团长兼步兵指挥官。

第599团团长柳树人，又称刘树人，别号仲华，贵州省安顺人，1906年生。贵州省立第二中学毕业，1926年年初到广州报考黄埔军校，入第五期步兵第1大队，未及毕业因北伐前方需要，赴南昌北伐军中见习，随军参加北伐战争，历任国民革命军排长、连长。1934年入南京中华门外辎重兵学校学员总队任中队长。后改任交通兵团中校营长。交通兵团并入装甲兵团后仍任营长，参加淞沪保卫战。

第200师成军后，柳树人任该师第599团中校副团长、上校团长，曾先后参加武汉会战和桂南昆仑关战役。

炸坦克，黄景升在鄂克春阵地奋不顾身

同古，是南缅平原上的一座小城，南距仰光260千米，扼公路、铁路和水路要冲，以往车马舟船往来，熙熙攘攘，商贸兴隆，人口十几万，是南缅仅次于仰光的一个热闹繁华的城埠。如今，街头杂物横陈，沿街门户关闭，除了个别人家的门窗偶尔打开，似乎有人在往外探头探脑外，余则空空荡荡。

这种战争的萧条景象，对第200师的将士来说已是司空见惯，根本不会有诗人来到古迹或旅游胜地凭吊或参观时那样的感叹唏嘘，让他们感到奇怪的是盟军英军不见踪影，事先约定是要等待中国军队接防的。

好不容易找到了英缅军。英缅军见到了第200师，高兴极了，简单交代几句就想撤离。戴安澜按捺住怒火，毫不客气地指出：必须按常规办理交接防地。具体来说，一是要将阵地工事交代清楚，二是要将对敌情况详细介绍，三是要对

1942 年 4 月 24 日，重庆《大公报》关于仁安羌大捷获美国各报赞扬的报道

等办理交接手续。

英缅军万般无奈，最后才由其总司令胡敦出面办理交接手续。接防工作忙碌了一阵子，终于在 1942 年 3 月 9 日办理完毕。

翌日，戴安澜召集第 200 师及骑兵团、工兵团以上军官开会，研究同古防务作战事宜。

来到同古以及经历接防，与会军官们感到在同古作战的条件比出征时了解到的或想象到的困难得多。本来是说英盟军有较好的装备提供给中国军队，又要和中国军队并肩作战，现在看来似乎无法兑现。因此大部分军官感到形势严峻，有所顾虑，没有以前那种信心百倍和跃跃欲试。有发言者也只是提出一些困难和解决问题的建议。

还是第 598 团副团长黄景升首先打破会议的沉寂气氛。

黄景升指出：“入缅征战，在异邦作战人生地不熟，‘地利人和’对我军都不利，这些是最高统帅早已考虑到的，但有‘天时’在我这方，这就是维护世界和平和民族国家利益，我军出征缅甸是正义之师，该行动势在必行。正因为有地利人和的困难，最高统帅部、蒋介石校长才把硬任务交给敢于打硬仗的第200师以及第5军的其他兄弟部队。我们一定要知难而上，不辜负祖国同胞父老乡亲和校长对我们的托付和期望。”

黄景升接着引用孙中山先生在黄埔军校第一期学生开学典礼上关于革命军人为了革命事业，必须培养以一当十、当百、当千的精神的讲话以及后来养成的“黄埔精神”来与与会战友共勉。

与会军官被黄景升这一番慷慨激昂的话激活了，纷纷表示要克服一切困难，与日军作战到底。

会议结束之前，第200师制定近期两项作战决策：一是由骑兵团派出一支部队南下到离同古约50千米的皮尤河警戒和袭扰日军；二是在皮尤河北面的鄂克春建立同古的第二个前进阵地，由黄景升带领第598团两个营的步兵防守。戴安澜交代黄景升，只要他能在鄂克春坚守三天，他的任务就算胜利完成了。

鄂克春保卫战是同古战役的序战，从1942年3月20日开始。之前发生了皮尤河前哨战。

同古作战会议的第二天，即3月11日，第200师骑兵团附工兵一部、步兵一连由骑兵团副团长黄行宪指挥，推进至皮尤河以南12千米处担任警戒。

鉴于在接防中发现英军与日军作战月余尚不明了当面的敌情，骑兵团团长林承熙认为前哨部队的最主要任务就是搜索敌情，应该设法获得敌人的有关文件。黄行宪如此照办，但收获不多，只侦悉到日军为了追击对方有不顾对前方地形地物以及敌情的侦察的作战习惯。林承熙指示黄行宪要在皮尤河南12千米处先构筑假阵地，又在皮尤河南岸构筑埋伏狙击阵地，在皮尤河北岸构筑主警戒阵地，并准备好皮尤河大桥下的爆破工作，等待日军行至桥的北端，即用电气导火爆炸。

3月18日，英缅军全部往北撤退，日军跟踪追击，大摇大摆闯到皮尤河南12千米处，即遭到中国军队预设阵地守军的迎头痛击。日军追击部队不多，遭到中国军队的当头一棒，丢了若干尸体就逃退而回。英缅军安全撤退了。中国军队搜查日军死尸身上的符章，发现当面之敌为日军第55师团，鉴于搜索任务已经完成，前哨部队趁黑夜往后撤，埋伏于皮尤河南岸既设阵地，准备狙击冒进之敌。

3月19日凌晨，日军快速部队约一个大队，乘着战车、卡车、摩托车等交通战斗运输工具，有恃无恐而来。英缅军在撤退时，沿途桥梁、公路都来不及破坏，以致日军机械化部队脱离了其步兵，冲锋在前，一路畅通无阻。

皮尤河桥南北横跨，桥长200多公尺。当日军军车行至桥北端时，中国军队马上引爆，全桥顿时轰然塌落，桥上敌车全部掉入皮尤河里。日军后续车辆霎时拥塞于南岸公路上。这时，枪声四起，机枪射出对侵略军仇恨的子弹，日军被打得落花流水，狼狈地向公路两侧逃窜。

这一仗歼敌300多人，炸毁敌装甲车3辆、卡车7辆、摩托车10余辆，并缴获大量战利品。

3月20日，吃了亏的日军谨慎多了，以步骑联合五六百人的先头部队，从正面向北搜索前进，发现中国军队在鄂克春有既设阵地时，即展开一个联队兵力附7门山炮向中国军队发动攻击。

据守鄂克春阵地的部队是第598团第1营，该营在黄景升指挥下沉着应战。

抗战以来，黄景升参加过多次对日作战，积累了较丰富的作战经验，深知日军每战之初的惯用战术是以飞机大炮的狂轰滥炸为先，步兵冲锋为后。在缺乏制空和压制对方炮火的能力时，避其锋芒，退避三舍，减少损失是唯一的办法。他命令在阵地上只留下观察哨，其他官兵全部撤离到可以隐蔽的安全地带。他自己以身作则留了下来，观察敌情。

不久，日军四门大炮齐轰，炮弹像雨点般倾泻到阵地上。黄景升被炸弹着地起爆掀起的泥土所掩埋，幸运没有被击中。因炮弹的弹道为抛物线，深谙战术的他所隐蔽的观察点为炮弹的死角，当炮弹爆炸时，他两手抱着头部，胸脯离开战壕沟壁表层，使自己的身体不致被炮弹爆炸产生的巨大震动力震伤内脏。

炮击之后，日军步骑兵蜂拥而上，黄景升指挥做好战斗准备、隐蔽于就近的官兵返回前沿阵地。中国军队的各种火器一齐向敌群射击，日军忽遭这毁灭性的打击，逃避不及，纷纷倒毙，幸存者纷纷逃之夭夭。

3月21日凌晨，日军在昨天兵力的基础上再增加一个中队步兵和两门山炮，同时出动飞机。黄景升采取第1营三个连轮流替换的“车轮战术”抗击日军。激战了一整天，日军无法突破中国军队的阵地，伤亡300余人，退回原地。中国军队也伤亡了140余人。

3月22日，日军再次发动进攻，还派出突击队企图迂回侧击，均被中国军队识破并击退。

日军对同古的前沿阵地鄂克春连攻三天，无功而返又损兵折将，大为恼火。第二天日军出动第112和第143联队，火炮12门，并增派战车、装甲车作掩护和出动飞机20余架，对鄂克春阵地进行全面攻击。

这天的战斗异常的残酷和惨烈。日军步兵隐蔽在战车和装甲车后面朝阵地前进。中国军队没有反坦克兵器，迫击炮命中率本就有限，敌坦克靠近阵地又打不着，枪榴弹、手榴弹威力不足以击毁坦克。黄景升命令用集束手榴弹炸坦克。

以这种方式炸坦克进展并不顺利，连续几个士兵拧着集束炸弹跃出战壕，冲向敌坦克途中被日军坦克旁边的步兵击倒。黄景升火了，亲自上阵。只见他跃出战壕，就地打滚，翻爬到一个牺牲的士兵旁边，从他身边捡起集束手榴弹，抱在怀中，继续往前翻爬，一直爬到日军的坦克前，将集束手榴弹塞到车下，随即翻滚到一旁。少顷，一声巨响，手榴弹爆炸，敌坦克瘫痪在原地报废了。

躲在坦克后面的日军眼看失去保障，立即往后逃跑。但后面的日军坦克停顿片刻又往前冲并朝中国军队射击，黄景升躲避不及被敌人子弹射中要害，跌倒在地。敌坦克加速前进，气势汹汹。靠在最前的中国军队上士班长程洪拼命往前奔去，打算把黄景升副团长背回阵地。这时，敌坦克已冲到黄景升的跟前。本来，程洪完全可以躲开，但他为了不让敌坦克把黄副团长轧得粉身碎骨，毅然贴近敌坦克，奋力拉响抱在胸前的集束手榴弹，与敌坦克同归于尽。黄景升也壮烈牺牲。

黄景升本来可以不牺牲于鄂克春战斗中。他守卫阵地的任务是三天，他却没有撤下来，一直坚守下去；他作为指挥员可以不必自己离开阵地去炸敌坦克，但他爱兵如子，不愿袍泽多牺牲。他以自己的英勇行为和年轻的生命践行“黄埔精神”，兑现他战斗之前的“成功虽无把握，成仁却有决心”的誓言，为中华民族解放和反法西斯战争而牺牲，时年 31 岁。

援同古，廖耀湘率新22师驰援克永冈

包抄截断后路再两边夹击是一种常规的战术，是能使敌人两面受敌军心动摇的招数。日军眼看从正面进攻了四天，依然未能拿下同古，其第55师团师团长竹内宽决定改变战术，将两个联队兵分两路，留第112联队于鄂克春正面战场，调第143联队穿过森林，绕到同古侧后，进攻设有机场和火车站的克永冈。

1942年3月24日，日军炮空联合向鄂克春、坦塔宾前进阵地猛烈轰击，后附战车步兵进攻。另以第143联队一部五六百人携带迫击炮多门由同古西侧地带出发，急速北进至位于同古西北侧约6千米处的克永冈。

同古机场北部由第5军工兵团警戒，同时根据战情，相机破坏铁路。日军事先侦察到中国远征军的机场工事修得十分专业坚固，按常规套路攻击难以得手。第143联队队长心生一计，怂恿部分缅民装作逃避战乱的难民，让日军便衣混在其中，向机场防御工事奔去。

中国远征军乃中华仁义之师，初入缅境，并不了解缅甸的复杂情况。当时有不少缅甸人受到有关日本与缅甸同是亚洲人，到缅甸是要驱逐欺负缅甸人民的英国殖民主义者，中国军队来缅甸是要帮助英国人的等说法的欺骗。中国远征军对这些装作逃难靠近军事禁地的“民众”缺乏警惕性。

靠近工事了，日军便衣便掏枪向中国守军开火。中国军队工兵团官兵猝不及防，被杀得人仰马翻。日军第143联队乘虚发起全面进攻。工兵团团长李树正突遇巨变，仓皇间向后撤退。赶来增援的第598团一个营与日军激战几个小时，无力收复机场，只好于当天下午5时奉命退回同古。机场失

守。3 月 26 日，日军乘机向附近一处叫南阳的地点的车站进攻，车站很快也陷于敌手。

机场和车站失守，意味着同古与外界的联系被切断，空中陆上补给和增援全然无望。

危急啊！第 200 师向中国远征军司令长官部求援。长官部着新编第 22 师前往驰援。

新编第 22 师团以上的干部多为黄埔生。

师长廖耀湘，是黄埔的后起之秀。廖耀湘，号建楚，1906 年 4 月 23 日生，湖南省邵阳县土桥乡四龙村人。其祖父廖光宦，以教私塾为业。其父廖显悌，以耕稼为生。廖耀湘自幼与祖父同餐同寝。5 岁，入其祖父所开塾馆正式就读。10 岁，始进邵阳县立高小。1920 年，考入长沙私立岳云中学。

廖耀湘是个奇才，资性聪颖，勤奋好学，能熟背《英华字典》，能广泛阅读英文书籍。在校所学各科，每试均名列前茅，深受老师的器重和同学们的钦佩。

廖耀湘（左）与美国军官

廖耀湘青少年时代的“个人梦”是“强兵富国”，把个人的梦想与振兴中华的“国家梦”紧密结合于一体。1925 年，廖耀湘欲去广州报考黄埔军校。但家庭经济不好，缺乏路资，只好到湖南陆军叶开鑫第 3 师第 6 旅教导总队当学兵。当年年底的毕业考试，他名列第一，被分配在该部当班长。

1926 年 7 月，北伐军攻克长沙后，黄埔军校在长沙设立第三分校。廖耀湘考入该校第六期骑兵科。1927年秋，随校迁往南京。1929年毕业考试，名列中央军校第六期毕业生前十名。蒋介石对这些优等生非常重视，亲自接见，并批准录取留学预备班学习。

1930年9月，廖耀湘被派往法国圣西尔军官学校骑兵专业学习。1933年，转入法国陆军大学机械化骑兵专业深造。由于他平时学习勤奋，成绩优良，毕业考试名列第一，受到法国军界师生的赞叹。

1936年秋，廖耀湘学成回国，到南京桂永清所部中央军校教导总队骑兵队第2连任少校连长。不久，调任该部军士营学生连连长。

抗战全面爆发后，廖耀湘先后担任教导总队骑兵营营长、第2旅参谋主任，参加淞沪保卫战和南京保卫战。南京失陷时，廖耀湘的部队失散，他也经历了九死一生。

1937年12月13日，进城的日军大肆搜捕杀戮，中国军人是重点捕杀对象。廖耀湘陷于城中，藏匿于南京和平门外一和姓人家。这样，他有时是一日数惊，熬过了那年残酷的严冬。翌年2月，他化装为难民，寻找时机，渡江北上，终于找到了部队。

淞沪保卫战和南京保卫战的失败，深深刺痛了廖耀湘。中国军队装备的落后和单一化，炮火受制于敌和行动迟缓呆板等等，使中国军队往往众不敌寡，屡屡失败。他向蒋介石进言《国军今后建军应有之改进》一书，使蒋介石对他刮目相看。蒋校长当着幕僚说："此君必须重用!"蒋介石将他从军官训练总队上校大队长的任上调到成军不久的第200师，担任该师少将参谋主任。

1938年10月，新编第22师成立，廖耀湘担任该师副师长兼第5军干部训练班主任。该师师长为邱清泉，黄埔二期生。

廖耀湘非常重视对骨干的培训和部队的精神教育以及军容风纪的整饬。他将自己编著的《浔江上游游击战术》《小部队战术》等书，分发给官兵学习，使所部官兵的军政素质有较大提高。

昆仑关之战中，廖耀湘全力协助师长，充分发挥多年积累的军事才能，献谋献策，在五塘、六塘、八塘等处配合友军作战，牵制和打击日军。新编第22师在第200师和荣誉第1师攻打昆仑关周围高地受挫时还自告奋勇请准攻击昆仑关北面如同兴、653等高地和担任攻击关前的正面任务。1940年5月，邱清泉升任第5军副军长，廖耀湘升任新22师师长。

廖耀湘麾下的黄埔将领有：

副师长李涛，字涤吾，湖南省宝庆县（今邵阳市）人，1901年生。黄埔军校第六期步科毕业，陆军大学正则班第十期毕业。历任国民政府军政部机械化兵团连长、营长，南京中央机械装甲学校中校教官。新编第22师成军后，先后担任营长、团长、副师长。

师政治部主任罗永年，广东南海人，1909年生。南京中央军校第六期炮科毕业。1940年任第5军第200师政治部副主任，后升任新编第22师政治部主任。

第64团团长刘建章，又名凡名，号焕纶，湖南隆回人，1908年生。1929年秋于黄埔军校第六期炮科毕业后充派排长。1935年4月入中央炮兵学校学习，结业后任炮兵第7团第2营营长。1938年10月任新编第22师参谋，次年任该师补充团副团长，参加桂南会战。1940年5月，任新编第22师第64团团长。

第65团副团长陈膺华，号亚雄，湖南宝庆人，1912年生。1930 年 5 月入南京中央军校第八期步科学习，后又入陆军大学特别班第七期学习。后到新编第 22 师，任第 65 团副团长。到印度后，团长谢蔚云他任，陈膺华升任第 66 团上校团长。

新编第 22 师火速南下。铁路运输掌握在英国人手里，英国人北撤，挤占了车厢，好容易安排了车厢，车次也要给英缅军北撤让道。费尽周折，至 3 月 27 日下午，新编第 22 师先头部队第 65 团才抵达克永冈附近，但日军已抢先占领有利阵地且又增兵了，新编第 22 师一到就遭到日军枪炮的猛烈阻击，双方打了起来。

新编第 22 师主力陆续赶到，从同古以北另一方向的叶达西发起夹击性进攻。3 月 28 日，新编第 22 师增加攻击火力，步兵及炮兵战车一齐向敌进攻。日军也不示弱，顽强抵抗，不利时才节节后退。当天下午，新编第 22 师攻占了南阳车站四周及部分建筑物。新编第 22 师轻战车冒着日军炮火勇往直前。战车灵活机动，巧妙地躲过了日军炮火，同时猛烈又准确地向日军炮兵阵地开炮，很快就把它摧毁了。跟在后面的步兵迅猛地冲过去，消灭了少数尚在负隅顽抗的日军，缴获山炮一门及许多弹药。但南阳车站坚固建筑中的日军仍然十分顽强地抵抗，新编第 22 师对之毫无措施。

同古方面第 200 师的形势越来越严峻。3 月 28 日，日军集中主力企图一举围歼第 200 师，除陆空炮火向第 200 师阵地攻击外，还使用糜烂性毒气弹。

这种毒气弹比烈性毒气弹更为厉害、更为惨无人道。后者在中国战场上日军也曾经使用过，它只不过是使人吸入后会产生窒息昏迷，甚至死亡。对付这种毒气弹的办法只要戴上防毒面具或用湿水的毛巾布料罩住口腔鼻子，就不会产生

在同古战场上作战的第 5 军第 200 师战士

大的危害。前者则不然。这种毒气弹只要沾到某个部位的皮肤，如果没有及时治疗的话，人体就从这个部位开始糜烂，不断扩散，直至败血而亡。

第 200 师将士毫不畏惧，坚决守住阵地。双方反复冲杀，你来我往。第 200 师伤亡虽然惨重，但士气旺盛，坚持战斗。至当天晚上，同古城内阵地仍未动摇。

日军又故伎重演，暗带武器，化装为英缅军及缅甸百姓，驱牛进城，企图里应外合。这招被第 200 师守城官兵识破。当晚打扫战场时，第 200 师缴获迫击炮 7 门、步枪百余支、机枪 6 挺及不少防毒面具。

3 月 28 日深夜，位于色当河桥东的第 200 师司令部被由同古东南迂回的日军越过色当河东岸偷袭，第 599 团第 3 营特务连慨然应战。战至第二天拂晓即与城内部队中断通信。守卫在城内的郑庭笈估计桥东的司令部情况不妙，戴安澜师长遭到险情，立即派第 598 团的一部对敌东西夹攻，至午后击退日军，与第599团第3营取得了联系。

根据形势判断，日军已有了切断中国军队同古后路、包围歼灭第200师的企图。中国军队既不能迅速集中主力与敌决战，以解同古之围，而旷日持久，仰光登陆之敌势必投入同古战场，寡不敌众，坐使第200师就地被敌歼灭。这样，中国远征军将被日军各个击破，有全军覆灭之危险。因此，杜聿明决定：第200师于3月29日往东北突围，以保全战力，准备在另一时间、另一地点与敌决战。

廖耀湘的新编第22师在第200师同古突围时接受的任务是：在3月30日向南阳车站之敌佯攻，以便牵制敌人。当第200师安全渡过色当河，到达东岸，新编第22师佯攻南阳车站的部队虚晃一枪，脱离战场，往北撤退。

据国民政府《抗日战史》载：同古战役，第200师伤亡情况：骑兵连64死10伤，炮兵连81死10伤，工兵团62死；598团537死132伤，599团474死46伤，600团687死240伤。伤亡共计2500余人。歼敌5000余人。

中国远征军在同古战役所取得的成绩得到日本、英国的重量级人物的肯定。东条英机说："同古之役为旅顺攻城以来从未有过之苦战。"英国韦维尔元帅称："我原以为中国人不能做什么……现在看来他们确定能做点什么。"

出奇兵，黄翔率游击支队袭扰日军

保卫和恢复仰光是中国远征军的最为重要的任务，因英国不顾大局主动放弃仰光和南下运兵迟滞而失去仰光，固守同古、集中兵力以歼灭来犯日军是为最佳的选择。在敌情不明，固守同古等待中国军队主力集中，机场和车站是整个同古防区较为重要的战略区位。机场和车站一失守，这一严重问题就一直困扰着戴安澜师长。他思考着在固守同古城防的同时如何收复机场和车站。

日军占领仰光后欢呼

同古城位于色当河西岸，已是个四战之地。戴安澜从指挥中心安全角度出发，将第200师司令部设在色当河桥东，认为同古城东侧有色当河天然障碍，日军从陆地北进，色当河桥东一般不会遭受日军的攻击。但狡猾而无孔不入的日军在从南、北、西进攻的同时从同古东南方面色当河下游东渡，偷袭第200师司令部。中国军队在同古地区的兵力仅有一个师和军部的工兵团、骑兵团一部，四周吃紧，都要兵力防守。

戴安澜兵力捉襟见肘，其灼急焦虑之心犹如当年诸葛亮在刘备去世不久蜀国遭到魏国、吴国、叛将孟达、辽西羌兵、蛮王孟获等五路攻击时的心境。如今，他出境进军时豪迈的“诸葛前身今又来”变为“诸葛前事今又来”。

3月28日晚，黄翔率军部游击支队的一部赶到同古。戴安澜觉得这是一支机动部队，正好可以派上用场。一贯爱兵如子、体恤部属的他只好狠下心来命令黄翔及所属官兵稍作准备，第二天攻击机场和车站的日军。

黄翔，原名衍钻，别字少愚、扫夷，曾用名黄强，湖北长阳人，1904 年生。少有大志，爱国思想尤为浓厚，别字“扫夷”志在驱逐欺我中华之列强，从军成为他的报国之路。1926 年在家乡加入国民党，任长阳县党部宣传部长。1927 年 8 月，考入南京中央军校第七期。毕业后历任国民革命军第 25 师排长、机枪连连长，陆军大学战役系教员，陆军大学兵学研究院研究员及兵学教官，第 25 军参谋处作战科长、处长。全面抗战爆发后，任第 15 军团司令部参谋处长，第 200 师参谋长，第 5 军参谋长兼新兵训练处处长。参加过淞沪抗战、武汉会战、随枣会战和昆仑关战役。

昆仑关战役，黄翔时任第 5 军参谋长。

1939 年 12 月 10 日，第 5 军在位于广西宾阳北部黔江南岸迁江附近的谭蓬村召开全军团以上部队长会议，研究昆仑关战役作战计划。为了防空安全会场设在山洞里。黄翔命令参谋处做好会议的准备。会场因地制宜，在与会者能看得清楚的地方用横布挂着一张桂南五万分之一军用地图，图上用红蓝色标志着敌我态势。在杜聿明军长下达作战命令之前，黄翔驾轻就熟地介绍了地图上所标的敌我态势、敌人兵力和作战特点、战略企图以及本军及友军的位置。最后由杜聿明军长做动员令和下达作战命令。

黄翔协助杜聿明指挥了整个战役。战役结束后，黄翔代表第 5 军赴重庆向军委会汇报昆仑关战况以及桂南本军战况。蒋介石很关心第 5 军，特地与宋美龄一起接见黄翔，并设宴款待。在接见及席间，黄翔比较详细地介绍了第 5 军将士在战场上奋不顾身、忠勇爱国的表现。第 5 军在该役中殉国5000余人，伤11000余人。荣誉第1师连长张咸顺、容开、李海扬、张鸿昌、洪运龙、曾斌等，新编第22师营长李振一，营附秦恢、刘复兴等殉国。

黄翔坚决服从戴安澜的命令，所率部队当晚稍做准备并休息几个小时，第二天凌晨就出发。

除了新编第22师攻击车站外，黄翔的游击支队是试图收复机杨和车站的第三支部队。

机场失守的那天，第200师第598团的一个营在机场告急时赶去增援，与日军激战了几个小时，最后无功而返。

机场失守后，李树正惊恐万分，受到了戴安澜的严厉批评。因他的工兵团直属军部，碍于这点，戴安澜无权马上给予其军法处置。李树正也万分羞愧，试图立功抵过。3月25日，他率领残存的工兵团反攻机场。工兵团毕竟是工兵团，修桥造路，建设防御工事及排雷布雷等是他们的长项，打仗战术却是他们的短板。结果，工兵团未能达到目的，还损失不少。

黄翔采取迂回战术，率领游击支队秘密地进入南阳车站以西的勃因山脉，翻过几个山坎就进入一片森林，出森林之后所在的位置靠近同古，这一地带由第200师防守，没有敌情，然后迅速扑向克永冈机场。日军被眼前突然出现的这支奇兵弄蒙了，一时惊慌失措。游击支队马上发起进攻，先头部队约有一个连已攻入机场，占领了机场的许多阵地。

日军镇定下来，马上组织反攻。双方在机场内外展开激战。日军毕竟可以依托有利地形和凭借凶猛的炮火，渐渐地占了上风。游击支队因采取奇袭，又有其他任务，分了兵，没有集中兵力，最后只好退出机场。

黄翔的游击支队还被派到同古的西南方向袭扰日军。日军被这支突如其来的奇兵袭扰，不知对方兵力如何和有何企图，只好分兵应付，减少了同古城正面的攻击力量，甚至在3月29日还停止了对同古城中国军队的步兵攻击，只用炮兵袭扰而已。这样，也让第200师能从容布置撤军，在当天晚上安全撤出同古城战场。

第200师由色当河东岸撤至叶达西休整补充后，黄翔率游击支部两个团配合位于叶达西前沿的新编第22师滞阻日军北进，以便使中国远征军长官部召集兵力会集彬文那（平满纳）作战。

黄翔率部在勃因山脉活动，神出鬼没地出现在日军据点及交通网上，伺机打击其失防部位和交通运输车辆，以及破坏其交通运输线，甚至还袭击其机场，给日军造成了很大损失和军事负担。日军对游击支队感到既可恨又无奈，发誓要剿灭它以解心头之恨。游击支队在敌后侦察日军军队布局和动向，及时向司令长官部传递情报，对司令长官部了解敌情发挥了一定作用。

第二章　战局恶化，中国远征军且战且退

行军受阻，第 96 师滞留彬文那投入会战

第 96 师原隶属第 36 军，该军于 1935 年为追堵中央红军由湘鄂入黔川，1938 年驻重庆担任警备。1938 年 9 月，第 96 师大部扩编为第 167 师出川抗战，以独立第 36 师编入该师，余韶任师长。

1939 年冬，日军窜犯桂南，第 96 师随第 36 军开赴桂南，隶属第 4 战区，参加桂南会战。第 36 军在桂南作战中表现一般，战后受到军委会处分，该军番号被撤销，军长姚纯被撤职，所辖第 5 师和第 96 师改隶第 5 军。

第 96 师师长余韶，原名斐生，号述虞，湖南平江人，1891 年生。早年加入新军，倾向革命。1911 年 10 月参加武昌起义。后任湘军连长、团长，国民革命军第 14 军参议。1931 年从北平陆军大学特一期毕业。1932 年起，历任国民革命军第 5 师参谋处长、参谋长，第 36 军少将参谋处长，第 96 师师长。

第 96 师是昆仑关战役之后归属中央军的，时间不长。也

许是这个原因，该部中担任团长的黄埔生比较少。但还是有几个团以上的干部是黄埔生。

第96师副师长胡义宾，字履冰，江西兴国龙岗头圩人，1906年生。其祖辈世代为农，少年时期在家乡读书，勤奋好学，进步很快，中学就读兴国县立中学，颇关心时事，因受民主革命思想影响，便树立救国救民之理想。

1924年年底，胡义宾赴广州报考黄埔军校，入第三期步兵队。他身材魁梧，臂力过人，在军校受训期间，努力学习，刻苦训练，很受校方的赏识。毕业后在国民革命军中任职，历任排长、连长、营长等职，后任第5师政治部主任、团长，第23师旅长。

抗战爆发后，胡义宾随部参加抗战，在鄂北、豫南几次与日军的激烈战斗中，身先士卒，作战勇敢，曾两度负伤。1940年春，胡义宾升任第5军第96师少将副师长。

第96师参谋主任蔡略，字缨卫，湖北监利人，1910年生。黄埔军校武汉分校毕业（比照黄埔第六期）。

第288团团长凌则民，号坚瑜，湖南平江人，1911年生。黄埔军校第六期毕业，曾任国民革命军第5师营长。1939年，凌则民任第5军补充团团长，参加桂南会战。第96师划归第5军后，他到第96师第288团任少将团长。

第288团第1营营长陈启銮，浙江临海县旧仓头人，1911年生。黄埔军校第十三期，凌则民牺牲后代理第288团团长。

1942年3月18日，正当第200师已经在缅甸同古以南皮尤河南岸边与日军展开激烈的前哨战时，第96师才终于有机会使用运输工具，由滇西芒市向缅甸开拔。乘用的还不是军用专车，而是征用的用于滇缅来回运输物资的货车和军政部、第5军军部的部分汽车。芒市到腊戍公路的地面是原始结构的土沙铺成，缺乏路面养护，已经是坑坑洼洼，第 96 师耗去五天的时间才到达腊戍。

腊戍有铁路直通仰光，铁轨与当年“山西王”阎锡山铺设的一样，轨道较窄，车头和车厢理所当然也很小。每节车厢只有一道门出入，两厢之间互不相通，严重影响了上下车的速度和乘客安全。两列火车只能装运一个团。

第 96 师在腊戍等车期间，与第 200 师和新编第 22 师等兄弟部队遭了一样的罪。第 96 师在腊戍等了两天才等到了第一列火车。第 288 团第 1 营及兄弟团一部作为先头部队先登车南下。一路上，不仅大、小站要停车，中途还要等交错车，而且不仅让客车，还要让货车。当火车开过梅谋，到了一个小站，机车竟把车厢扔掉，拉着一列货车皮开走了。

第 1 营营长陈启銮知道同古前线战情紧急，克永冈机场已经失守，车站也将随之陷落，心急如焚，对漫不经心的英国少校站长来气了，责问他为何把部队的机车调走。英国站长嬉皮笑脸地回答：“啊哈，我是根据上级的命令。”

后来，有几次机车到了都被派去接货车皮。陈启銮忍无可忍，命令士兵“用武力挟持机车”，第 96 师运兵的交通问题才得到彻底解决。

从腊戍到彬文那约 500 千米，第 96 师一路上走走停停，直到 4 月 1 日前后才到达彬文那。前后花了七八天时间。

按原计划第 96 师进军的目标是同古，为何到彬文那就不走了呢？原来战情发生变化。因第 5 军三个师未能在规定的时间集结同古，集中兵力歼灭日军，故中国远征军司令长官部决定放弃同古，退至彬文那，实施彬文那聚歼日军第 55 师团计划。

这个消息是杜聿明直接向余韶透露的。

余韶没有乘坐军列而是坐吉普车奔赴前方。从曼德勒路南下彬文那路过瓢背时，余韶拐到军部拜谒杜聿明。杜聿明要他的第96师留在彬文那，在那里有大仗要打，要督促部下修好工事，准备战斗。

彬文那是仰光、曼德勒之间的一座城市，仰曼公路和铁路从城中穿过，它是缅甸南北交通的支撑点，也是东西的联络要地。从彬文那向东不足100千米与毛奇、垒固相接，向西120千米与亚兰谬（阿兰庙）相连。彬文那地形是东西南三面平坦开阔，北面近山，其间有一干涸的大湖。城中有兀勒溪河横贯东西，其南岸又有一线山岭屏障市区，东有色当河作依托。

1942年4月5日，蒋介石带着三天前被任命为中国远征军第一路军司令长官的罗卓英到腊戍。第二天到中国远征军司令长官部梅苗，部署彬文那会战。

蒋介石对彬文那会战非常重视。4月7日，蒋介石主持召开军事会议，部署决战。会上首先由戴安澜汇报同古作战情况，蒋介石听完汇报后高度评价了同古作战。蒋介石说："同古之战打得很好。第200师在同古勇敢作战，发扬了黄埔有进无退的革命精神，压服和战胜了日军武士道，很了不起。我号召中国远征军全体官兵，都要仿效第200师，发扬黄埔精神，奋勇杀敌，报效国家。"

与会众将领陈述了对缅甸作战的看法。经过反复研究，最终由蒋介石拍板确定了缅甸作战战略方针。其重点如下：以缅甸中央铁路沿线为重心，组织两次会战，消灭敌军。第一次会战以第5军为主力，在彬文那地区与敌会战，歼灭或重创日军第18、第55师团；第二次会战，集中第66军全部，以及第6军之暂编第55师，配合第5军，在曼德勒地区会战，最终歼灭入缅日军，收复缅甸，重新打通滇缅路。

根据这个战略方针，会上制订彬文那作战计划，决定

“第5军决战之目的，即以阻击兵团逐次阻止消耗进犯之敌，次以固守兵团吸引敌于彬文那地区，待其胶着时，再以机动兵团转取攻势，将敌包围于彬文那地区而歼灭之”。

具体部署是，第96师作为固守兵团，在彬文那构筑正面工事；新编第22师作为阻击兵团，沿斯瓦地区逐次抵抗，吸引日军至彬文那预设阵地。第200师休整完毕后，作为机动兵团，附军属炮兵和战车各一部，开至彬文那以北也真地区待命。待敌攻入彬文那后，第96师从北面，第200师从东面，新编第22师从西面将敌包围，予以歼灭。同时，第6军在东路，英军在西路侧翼配合牵制敌军。

蒋介石头脑中除了这两个会战的作战战略方针外，还有另一个作战设想。

4月8日，蒋介石约杜聿明和戴安澜巡视曼德勒。他不辞旅途劳累，率幕僚登上位于曼德勒与梅苗之间的汤彭山认真观察，发现汤彭山层峦叠嶂，地形十分险要，是个理想的战场。他交代杜聿明：“彬文那会战十分重要，必须鼓励将士一举击破日寇，进而收复仰光。万一日寇后续部队增加，我军也不要勉强决战，退一步准备曼德勒会战，或把住这个山口与敌作持久战。”

彬文那原是一个比较繁华的城市，四地通衢，人口有近10万。4月1日之前，日机已在该城多次轰炸，炸毁房屋两三千幢，城里大部分地区已是断壁残垣，躲过轰炸完好的房屋所剩不多，点缀竖立在一些地段。居民早已逃避一空。公路铁桥也被炸垮半边，幸好没有断塌，人马勉强可以通行。

第96师从4月2日、3日起，开始勘察地形，构筑工事。

彬文那像有些古老名镇一样，也由新、旧城组成，在老城西南地貌突出地带有一群宝塔，约有200座，大小不一，用白色混合土做材料，在地面上塑一圆柱，柱上塑一大圆球，球顶装一玻璃盒，内置宝石。缅甸是“佛国”之一，国民信佛，这塔群是珍贵的文物景观和历史文化遗产，毁之可惜。面对着严酷的战争环境，第 96 师必须把它们炸毁，以免资敌作为防御工事。余韶觉得炸毁可惜，杜聿明不同意，严肃地说：“只能炸掉，不然我军官兵会付出更大的代价！”

需要炸掉的不仅仅有这塔群，还有宝塔群至彬文那城南之间的一些坚固建筑物。第 96 师的工兵力量不足，杜聿明从第 5 军军部加派一个工兵连协助，才把这些建筑物统统炸掉。

日军特工不断地往中国军队防地渗透，探听搜集情报和从事破坏活动。

1942 年 4 月 15 日，杜聿明到彬文那检查战前准备工作。

这时的彬文那已经充满战争的气味。自 4 月 3 日以来，每日均有十余架日机光顾彬文那并向北延伸。第 98 师蒙受不少损失。在旷野修筑防御工事的士兵先后受伤十余人；蔡略赴军部领地图回程时下车方便，恰逢敌机轰炸，其所乘吉普车被炸毁，他幸免于难；第 287 团第 3 营营长陈国武奉命往萨斯瓦替英军警戒，中途也遭日机轰炸受伤，第 3 营伤亡 20 余人。

检查结果是：第 5 军三个师基本已按照作战部署到达指定集结地带。

新编第 22 师所承担的任务较为艰巨。它要引诱日军进入中国远征军预设阵地，既要故意暴露自己的行军目标，又要阻击来犯之敌和且战且退。好在第 65 团团长邓军林和第 66 团团长谢蔚云处置有方，顺利地完成了任务。新编第 22 师从 4 月 5 日起在斯瓦以南地区，遵照中国远征军司令长官部的命令，阻击和引诱日军第 55 师团和第 18 师团残敌 4500

余人。

4 月 16 日拂晓，彬文那会战打响了。

日军依仗其空中力量，欺负中国军队缺乏空中力量，派出飞机到彬文那上空，肆无忌惮盘旋轰炸。7 时后，日军第 55 师团步骑 200 余人、战车 6 辆，向第 288 团防守的也那阵地进犯。

被日军轰炸的彬文那

第 98 师的将士入缅参战，看到兄弟部队第 200 师和新编第 22 师都已与敌交战无数次，杀敌报国之气被憋了许久，终于盼来了与敌交手的机会，浑身是劲。战前，第 288 团团长凌则民曾向师长余韶保证：“出国打仗打的就是争气仗，中国军人和黄埔军人的面子仗，要与第 200 师和新 22 师并驾齐驱，不能落后于人!”排长陈成堂率领该排战士灵活应战，以寡击众，多次将敌击退，毙敌四五十人，该排仅伤亡士兵两名。

日军眼看无法突破中国远征军的正面阵地，又耍阴谋诡计了。他们蛊惑缅人伪装成“难民”向第 287 团支队的阵地走来。支队长夏鼎，字雨田，湖南武岗人，1901 年生，黄埔八期，时为第 287 团中校副团长，明知日军曾多次运用这种卑鄙手段，仍优柔寡断，不忍开枪阻止。伪装的“难民”乘机冲锋，日军步骑复由两侧包抄而至。双方混战一时，夏鼎败退而去，把阵地丢了。

夏鼎东郭之心，明知故犯，罪不当容，畏罪潜逃回国。

4 月 17、18 日，日军分别向彬文那的中国远征军第 98 师三个团驻防地区发动猛烈的进攻，均被守军奋力击退，敌伤亡远远多于中国远征军。

4 月 18 日，正当敌我主力逼近，决战迫在眉睫且战争态势有利于中国远征军之际，中国远征军司令长官部下令放弃彬文那会战。第 96 师接到杜聿明的明示是：“现我右翼英军、左翼第 6 军战况紧急，我第 200 师、新编 22 师须先援马格威，转赴东枝（棠吉）求援。96 师应争取时间阻敌，不必作坚强的决战……”

据余韶在《挫辱而归的第一次远征》一文中称，接到这命令，“犹如晴天霹雳，大家的热望顿成泡影”。

英军毁盟，远征军会战计划一再落空

中国远征军入缅作战是履行 1941 年 12 月 26 日中英两国政府在重庆签订的《中英共同防御滇缅路协定》，是协助英国防守缅甸，同时也保卫滇缅交通运输线。

然而英国欺骗了中国，欺骗中国军队到缅甸去帮助英军打日军和掩护英军撤离缅甸。以英军的装备和战力，若有准备打和坚决守的决心和意志，不至于战事一发，兵败如山倒，一溃千里，置协定于不顾，一溜烟逃入印度。难怪日军嘲笑英军：“英国军队人也大，马也大，炮也大，就是跑得太快，赶它不上。”

在中国军队与日军在彬文那正要开战之前，日军西侧北进部队第 33 师团第 214 联队由作间乔宜大佐率领沿伊洛瓦底江东岸北进。他们于 3 月 18 日从仰光出发，一路蹈厉无前，取普罗美，克亚兰谬，4 月 16 日已挺进到战略要地仁安羌以东 5 千米处，把英军包围在仁安羌一带。英军军团长斯利姆慌忙向中国远征军司令长官部告急，罗卓英派出第 66 军新编第 38 师第 113 团驰援。

4 月 19 日，中国远征军司令长官部又接到英军的报告，说乔克巴当发现数千日军，要求中国军队援助。

史迪威和罗卓英不加考虑和分析，信以为真，命令杜聿明立即派戴安澜的第 200 师开往英国人负责防御的乔克巴当。杜聿明告诉史、罗两位长官：据第 5 军之前派出的摩托化骑兵侦察报告，乔克巴当没有这样大的一支日军。再说那边已有新编第 38 师，若有敌情，也足以抵敌。第 200 师应留在曼德勒与彬文那之间应急。

史迪威和罗卓英不容杜聿明分说，一意孤行，要他坚决执行命令。为此，杜聿明与史、罗大吵一场，负气离开瓢背长官部。

想不通归想不通，正如“理解的要执行，不理解的也要执行”，这就是军人法则。杜聿明马上命令正在梅克提拉的戴安澜派兵火速前往乔克巴当。不过，杜聿明对命令打了折扣，只派一个团。

第 200 师派出的部队是柳树人的第 599 团。该部急速往乔克巴当赶去，花了一天走了 100 多千米，连一个日军的影子也没见着，只有大批建制不全的英军在新编第 38 师官兵的掩护下往北逃窜。英国人采取欺骗的手法真是可恶，为了给自己的逃跑争取时间和安全居然如此卑鄙龌龊。柳树人望着群山密林慨叹着这劳而无功的长途奔波。当杜聿明知道这一切时，非常生气，但又无可奈何。

4 月 20 日，罗卓英告诉杜聿明："东路出现严重情况，罗衣考和垒固已经失守，敌人正在向棠吉（东枝）雷列姆进攻。必须派得力部队，赶紧把这个洞堵上。"

罗卓英和史迪威有曼德勒会战的计划，正报请重庆审批，他们不告诉杜聿明，担心会遭到杜的反对。要实行曼德勒会战，必须巩固住侧翼东线。

第二天，杜聿明下令第 200 师主力，附军部摩托化骑兵团，改开棠吉。棠吉位于罗衣考以北 100 余千米，往北约 50 千米是雷列姆，再往北 100 多千米是腊戍。棠吉是缅东重镇，也是中国远征军战略后方腊戍的门户。守住棠吉才能保证腊戍及曼德勒的安全，要实施曼德勒会战才有保证。

棠吉的守军是第 6 军第 49 师一部。4 月 23 日，当戴安澜率领第 200 师主力赶到东线时，棠吉已在前一天失守了。

棠吉城分新城区和旧城区。公路由南向北从城中穿过。占据棠吉的日军有 1000 余人，是日军第 56 师团第 113 联队的一部分，主要布置在新区。第 200 师第 598 团在郑庭笈指挥下首先到达棠吉城南的黑水河，部队展开，切断罗衣考至棠吉的公路，将后续日军阻击在棠吉以南地区。

4 月 24 日清晨，第 200 师的第 599、第 600 团从东西两侧，向城内日军进攻。一开始是双方互相炮击。中国远征军进展比较顺利，中午时分，已将城内日军驱逐出城。

第 200 师要巩固棠吉战略要地，理应向南向罗衣考攻击，以切断向北进攻的日军的后路。这时，中国远征军司令长官部却命令杜聿明马上返回曼德勒准备会战。

在第 200 师攻打棠吉的同一天，蒋介石从重庆直接打来电话，向在腊戍的军委会滇缅参谋团团长林蔚下达训令，并命林蔚转达史迪威、罗卓英，训令如下：

一、国军今后在缅甸之作战指挥，以不离开缅境，而不与敌主力决战为原则；以此原则，以机动作战，极力阻止并迟滞敌之发展，尤以对棠吉、雷列姆北进之敌，极力阻止其继续前进。

二、第 5 军在彬文那方面，应以逐次迟滞敌之前进为目的，施行持久抵抗，但亦不可过久胶着一地招过甚之损失。为应对将来状况之演进，第 6 军应准备于景东、东里（今景洪）、佛海（今勐海）方面，第 5 及第 66 两军主力应以密支那与八莫方面为后方联络线。

史迪威和罗卓英对缅甸战场态势和战事演进，做出错误判断，他们固执地认为放弃彬文那会战之后，缅甸作战重心仍然在中路，曼德勒仍是战场核心区，他们断章取义地理解蒋介石以上的训令，根据其中关于“不离开缅境”“第 5 及第 66 两军主力应以密支那与八莫为后方”等内容，提出了将第 5 军和第 66 军主力部队向中路集中，联合英军在曼德勒地区与敌作战的计划。于是，他们调杜聿明、甘丽初、张轸等将领到中国远征军司令长官部参加军事会议，部署曼德勒会战。

4 月 25 日，杜聿明开完当天的军事会议后决定将第 5 军集中到曼德勒，命令军部和第 5 军三个师向曼德勒转移，把军部设置在曼德勒皇城的兵营内，但心里总是犹犹豫豫。不久，罗卓英将蒋介石刚拍来的电报转给他。他从参谋长罗友伦手中接过电文，电文上说：“最急。罗长官：我军应决心固守瓦城，完成兄等志意并转史迪威、光亭各将领同鉴。中正手启。”

杜聿明本来是反对曼德勒会战的。他认为中国远征军司令长官部这个计划是将第 5 军和第 66 军摆在彬文那至曼德勒之间200多千米的公路处，既不能攻，又不能守。他主张既然放弃彬文那会战，就应集中兵力退守棠吉、梅苗之线，防止分散兵力，被敌各个击破，又能保证腊戍的安全。现在蒋校长既然批准了，作为他的学生和爱将，任何怀疑和犹豫都是不尊不敬，要马上转变态度，无条件执行。于是，杜聿明立即向蒋介石回电，电文如下："限二小时到。委员长蒋：瓦城会战各部集中完毕，决与城共存亡。职杜聿明叩。"

曼德勒，又名瓦城，是缅甸故都，是仅次于仰光的大城市。1857年，缅甸最后一个王朝"雍笈牙王朝"在此建都，国王敏东大兴土木建筑皇宫，104座大小殿宇仿照清王朝故宫排列坐落有序，宏伟壮丽金碧辉煌，护城河与红砖宫墙环绕四周，俨然与故宫相似。曼德勒的名字来自城内最高的山丘曼德勒山。

大火中的曼德勒

曼德勒遭到战争最严重的破坏是1942年4月3日。这天，中、英、美三国将领在城里的云南会馆大厅里召开军事会议。情报被通日缅人掌握并用地下电台向日军报告。很快，停留在同古克永冈机场的60架日本轰炸机马上起飞，直奔曼德勒。因有缅人在地面做暗号，日机瞄准云南会馆发动三波轰炸，云南会馆被夷为平地。

日机还对城里其他地方进行轰炸，城内民居多为木瓦结构，着火即燃，火烧连屋，烧了足足两天，全城几乎全被焚毁，被炸死居民有1700多人，景象惨不忍睹。

第5军入缅以来，杜聿明抱着极大的决心，准备与日军大干一场以洗国耻报国仇。但他几个如同古、彬文那会战的歼灭日军的宏伟计划屡屡落空，其心中充满着愤恨。他决心在曼德勒通过多方的共同努力实现会战计划，痛歼日军主力部队，把一个多月来战场上的损失和遗憾满满地弥补过来。

局势的突然变化注定要使史迪威、罗卓英的宏伟计划和杜聿明的雄心壮志成为水中花、杯中影。局势的突然变化之一是英国军队的再次背信弃义。英国表面答应史迪威和罗卓英要协防曼德勒，其实早在4月20日中午已悄悄地撤退，还在曼德勒大桥上装上炸药，准备撤出曼德勒后即引爆炸桥。

英国人再次背信弃义的原因主要是英国人没有守住缅甸的决心和信心，早就制订好撤往印度的计划，还有他们得到了日军第33师团一部已占领了亲敦江上距瑞堡只有60英里的望濑，对英军退往印度的道路已经构成了直接威胁，英军必须赶在日军到达之前巩固好亲敦江上加列瓦渡口的防守阵地，保证“跑路”的安全。

4月30日，英国驻缅英军总司令亚历山大将军登车离开曼德勒向印度方向开去。当天深夜，最后一批英印军第17师官兵跨过伊洛瓦底江大桥后，英国人炸毁了曼德勒大桥。

局势的另一个突然变化是日军奔袭腊戍。中国军队在东线的作战无能，让日军奔袭腊戍、切断中国军队后方的阴谋得逞。中国东线的部队是第6军和第66军的两个师。第6军辖第49师、第93师、暂编第55师，第49师和第93师师长均为黄埔生。

第49师师长彭璧生，湖南蓝山人，1907年生。1927年8月考入南京中央军校第七期，毕业后在国民革命军任职。参加昆仑关战役时任第200师副师长，指挥两个补充团编为第5军左翼迂回支队，由宾阳出发，经过岭圩、甘棠、长安圩，向八塘大迂回，进占七塘、八塘，策应正面主攻部队对昆仑关的攻击。在八塘附近的激战中，彭璧生率所部予敌增援部队以沉重打击。后彭璧生率该支队奉命调回，担任军总预备队。1940年3月，彭璧生任第49师代理师长。翌年5月，任第49师师长。

第93师师长吕国铨，广西容县人，1903年生。1924年8月报考黄埔军校，入第二期炮科。历任国民革命军第7军连长、营长、团长。抗日战争爆发后，任第9集团军第98师第292旅旅长，参加淞沪保卫战，在月浦、新镇一带与日军激战。1939年6月，授陆军少将军衔，任第93师师长，后参加桂南会战。

除了彭璧生和吕国铨两位师长外，第6军的黄埔生将领还有：

第93师副师长彭佐熙，别字民雍，广东罗定人，1900年生。早年入广东佛山武备专门学校。1924年8月入黄埔军校第二期辎重科。毕业后历任国民革命军东征军司令部中尉参谋，第18师第54团第1营营长，独立第15旅第2团营长、中校参谋主任。1935年春，任第93师第557团中校副团长。抗战爆发后，任第557团上校团长，第93师第219旅少将旅长。1939年6月，任第93师副师长兼政治部主任。先后参加徐州会战、衡常会战、桂南会战。

第93师第277团团长李友尚，广东罗定双龙里人，1904年生。1925年冬到广州报考黄埔军校，入第四期步兵第2团第2连。毕业后到国民革命军第4军服役，曾任第19路军第60师第120旅第6团第1营营长，1932年1月底参加淞沪抗战。

第93师第279团团长朱谔臣，字洪水，广东台山县平岗圩水满村人，1904年生。1925年冬到广州报考黄埔军校，入第四期步兵第1团第4连。

第49师第146团团长梁筠，江西泰和人，1910年生。1927年8月入南京中央军校第七期。

暂编第55师第3团团长李文伦，广东新会人，1909年生。1927年8月入南京中央军校第七期。

1942年2月，第6军在军长甘丽初率领下陆续从景东、廖南洋两地进入缅甸，第6军将军部设在棠吉，3个师驻防于不同地区，暂编第55师至罗衣考、毛奇，第49师位于木迈，第93师布防于景东。这样，第6军防区北以国境车里、佛海为后方，东至泰缅边境，南至缅南部毛奇，西与第5军防区接壤。

1942年4月1日，侵缅日军第15军司令官饭田祥二郎中将，在同古召开会议，全面贯彻落实日本南方军总司令寺内寿一3月8日给该军下达的作战命令。该命令称："进一步抓住战机，以大胆果断的作战，迫使曼德勒方面之敌，特别是中国军队进行决战，务于短期内将其歼灭。本项作战应争取于5月末以前完成。"

侵缅日军第15军共有4个师团，即第18师团，师团长牟田口廉也中将，第33师团，师团长樱井省三中将，第55师团，师团长竹内宽中将，第56师团，师团长渡边正夫中将。该军还配属第5飞行师。

日军决定兵分三路北进，中路第18师团、第55师团，东路第56师团，西路第33师团。中路继续沿着铁路，向北压进，缠住中国远征军第5军；西路加紧进攻，迫使英国后撤，暴露中国军队侧翼，分散其注意力；东路从毛奇出动，向北迅速推进，突破中国远征军第6军防线，攻占罗衣考、棠吉、雷列姆之线，最终占领腊戍，切断中国军队归国之路，企图全歼中国军队于缅甸境内。

日军的东部奔袭计划是险招毒招，正好遇到昏庸错乱的对手才能实现。

中国方面和盟军居然不知道侵缅日军兵力和配置情况。当时日军第56师团投放于东部，正是这支凶狠的部队给予中国远征军致命的打击，这些核心情况，直到1942年5月28日才弄清楚。

这一天，中国远征军第71军第88师第264团在滇西龙松（龙陵至松山）公路上击毙了一个日军大队长，在其图囊中获得日军第56师团的一份作战计划和一张地图，才知道日军第56师团早已在缅甸与中国远征军作战。

中国方面的军用地图居然没有记载毛奇至腊戍的公路可以通车，以致丧失对日军运用机械化部队突袭的警惕。

东路作战的日军第56师团兵分两路，左右开弓。其第113联队在棠吉缠住第200师，其师团长渡边正夫率主力从东面绕过棠吉，占领了雷列姆，直扑腊戍，杀得中国远征军措手不及，时间不过五天。

这件由于地图的疏忽而带来恶果的事件，蒋介石是刻骨铭心的。他在当年5月做的“国军入缅作战经过和决心对我军对世界战局演变应有之认识和准备”报告中特地提到此事。他说：“这一次，我们左翼空虚，使敌军得以窜进腊戍，实在是一个最大的遗憾！但由此我们可以得到一个教训：对于地图，必须特别注意研究，而且地图绘编时，要愈新愈详细愈好，举凡一切地形、地物、水陆交通都不能有一点疏忽。……总之，地形不熟，交通通信不灵，这是我们最吃亏的地方。”

以德报怨，刘放吾奉命
率新38师第113团驰援仁安羌

日军的西路进军计划是第33师团兵分两路，分别沿伊洛瓦底江东西两岸向北突进。

第33师团是一支侵略成性又善于奔袭攻坚的野战部队，原置放在中国战场。武汉会战后驻守在南昌地区，隶属日军第11军。1941年3月中旬至4月初，第33师团参加围攻江西上高地区的中国军队，遭到第74军和第70军的迎头痛击。同年5月，第33师团调往山西驻守阳城，参加围剿中条山的中国军队。同年10月，调到泰国，成为日军第15军最早的两个基本师团，是入侵缅甸日军的第一支部队，曾在仰光以南地区重创英印军第17师。

1942年3月18日，日军第15军司令官饭田祥二郎给第33师团下达了“沿伊洛瓦底江河谷前出到仁安羌北侧地区”的命令。第33师团长樱井省三立即命令作间乔宜大佐率步兵第214联队，原田栋大佐率领步兵第215联队分别由东西两路北击。

仁安羌，缅语意为“油河”，是缅甸最大的油田。它于1887年开采，是亚洲最早开采的油田之一，眼下也是缅甸战场盟军油料供应地。

仁安羌位于缅甸中部偏西，伊洛瓦底江东岸，北侧有宾墙河流过，这里气候干热，最热的月份平均气温在30摄氏度以上。境内多沙地和山地，沙丘密布，沟壑纵横，交通不便。

4月16日，作间乔宜大佐率领的第214联队一路追杀，挺进到仁安羌以东5千米处。这时，由南往北撤退的英缅军第1师和临时配属的装甲第7旅，共7000余人，还有随军逃亡的美国传教士、新闻记者等约500人，在师长斯考特将军率领下正好到达这里，与日军第214联队不期而遇。

英军撤离仁安羌时炸毁油库

作为先锋的第214联队的兵力这时只有1000余人，但他们已不把英缅军放在眼里，侵入缅甸几个月的经验已让作间乔宜大佐的胆子大到蛇可吞象。他不在乎双方兵力的对比，马上把所率部队一分为二，派第3大队向南，在凯敏地区占领阵地，将后路切断，掐住英军往南回缩的退路，自己统率联队主力，向仁安羌东北角三岔路攻击，控制后路，堵住英军北去的道路。

忙着逃跑的英军，做梦也没想到在后方的纵深地带会遭遇日军。斯考特慌乱无策，本能地组织突围。英军无心作战，遭到日军猛烈火力的阻击后就退却下来。这样英军被日军包围在伊洛瓦底江以东、宾墙河以南的狭窄的油田地区。斯考特眼看突围不行，只好向上司求救。

求救的电报转到驻缅英军总司令亚历山大上将的手中，亚历山大看完了电报，自言自语地说："唯一的援军是中国军队！"

亚历山大

亚历山大是1942年3月8日接替胡敦担任英缅军总司令的。他是一位伯爵的后代，毕业于英国皇家国防学院。1911年起在爱尔兰禁卫军服役，参加过第一次世界大战。第二次世界大战，他指挥过在法国作战的英国远征军的一个机械化军。1940年5月，英军从欧洲大陆敦刻尔克向英伦三岛撤退。那天，20多万英军在德军飞机追逐下仓皇向海上撤退，亚历山大临危不惧，从容不迫，指挥部队有条不紊地撤军，在英国军队中与众不同，赢得了时论的交口称赞，他的美誉鹊起一时。

当天，中英紧急军事会议在梅苗缅甸英军总部召开。梅苗在曼德勒以东约50千米处，是缅甸盟军指挥中枢。驻缅英军总部、重庆军委会参谋团、中国远征军司令长官部和史迪威的指挥部都设在这里。

会议由亚历山大主持，研究决定救援仁安羌被围的英军。亚历山大3月17日由重庆飞回腊戍转回梅苗。他自称："在渝已决定本人为在缅作战的中英联合军最高指挥官，史迪威将军受本人之指挥。"

蒋介石是盟军中国战区总司令，他是否授权亚历山大担任中英联军的最高指挥官，历史至今还没有一个有根据的说法。杜聿明认为重庆军委会滇缅参谋团及各部队始终未接到此项命令。

参加会议的有亚历山大、史迪威、罗卓英、杜聿明、孙立人等人，他们各具特色：

亚历山大虽自称是缅甸中英联军的最高指挥官，但英军在缅甸战场不堪一击，屡屡败北，自己手中没有可战可调之师，得求救于人。"拿人家东西手短，吃人家东西嘴软。"他的底气非常不足。

史迪威虽是盟军中国战区参谋长，但自己手中没兵，要调动军队必须获得手握兵权的将领的同意。

罗卓英虽是中国远征军第一路军司令长官，但自己刚就任不久，对缅甸战情不了解，在国民党军队中属于陈诚派系，手握兵权的是陈诚死对头何应钦派系的杜聿明。

杜聿明虽是中国远征军第一路副司令长官和第5军军长，中国远征军实力派人物，但在职务上低于以上三人，一周前蒋介石到梅苗还特地交代他要服从史迪威和罗卓英的指挥，他对装备优良、兵力不弱的英军老是毁盟撤退，以致中国军队要分兵去救援英军很有看法。

孙立人是随杜聿明去参加会议的，此时他是第66军新编第38师师长兼曼德勒卫戍司令，并没有发言权。他不是一位举足轻重的人物。

会议上的研究是以相互扯皮和争论为主。亚历山大要求中国军队派兵救援被围的英军。罗卓英初来乍到，情况不明，不敢拍板，等待着史迪威表态。史迪威性情直率又比较急躁，对中英将领的一些做法均颇有意见甚至是偏见，对英军一退再退和断送他精心设计的军事计划非常不满。前天晚上，当史迪威得知英国人炸毁仁安羌油田后，立即给美国总统罗斯福起草了一份紧急报告，称："英国其实早就把缅甸一笔勾销了，他们在印度的驻军足以拯救缅甸，韦维尔竟不向缅甸派一兵一卒；亚历山大也一定得到了伦敦的命令，要他只是象征性地抵抗一下就撤出缅甸。"不过，他也告诉罗斯福："中国人也同样不会为了英国人的利益而同日本人拼死作战。"他在会上嘲讽和奚落了亚历山大，说他的英军一味后退，最后话锋一转把皮球踢给杜聿明。杜聿明对英军败退影响彬文那会战的实施一事非常恼火，不同意出兵解救英军，于是表态：中国远征军兵力有限处处吃紧，再抽兵外援是捉襟见肘，真是腾不出手，爱莫能助。

亚历山大和杜聿明公说公有理、婆说婆有理地争执起来，谁也说服不了谁。但兵权在握的杜聿明就是不肯出兵，亚历山大也没办法。

坐在杜聿明身边的孙立人按捺不住，站起来发言，他说："中英利益关系唇亡齿寒，如果中国军队不去支援英军，英军第1师在仁安羌完了，紧接着附近的中国军队也很危险。新编第38师第113团已经开往曼德勒以西的乔克巴当，离仁安羌不远，若英军派车运送很快即可到达。就由我师派兵去吧！"

新编第38师不属第5军，又有史迪威支持，杜聿明无话可说，会议散后决定派新编第38师第113团驰援仁安羌英军。中英军队行动协调工作由驻缅英军军团长斯利姆中将负责，英国负责提供交通运输工具。

孙立人不是黄埔生，却是与黄埔军校并驾齐驱的当年世界四大军事名校之一西点军校的毕业生。

孙立人，字抚民，号仲能，安徽省巢湖庐江县金牛镇人，1900 年生。1923 年清华大学毕业，同年赴美留学，入普渡大学学习工程专业。1925 年毕业后，考入美国弗吉尼亚军事学院，即“西点军校”。1927 年毕业，应邀游历欧洲，考察英、德、法等国军事。1928 年回国后，在国民党中央党务学校任上尉队长。1931 年入陆海空军总司令部侍卫总队任上校副总队长。1932 年调财政部税警总团任第 4 团团长，后升任第 2 支队少将司令。1937 年 10 月，孙立人率部参加淞沪会战。他身先士卒，浴血奋战，身中敌弹 11 处，昏迷三日，后送香港医治。此役后，税警总团因为战斗中表现良好，被改编为陆军第 40 师，隶属第 8 军序列。1938 年孙立人伤愈归队，在贵州重组税警总团，规模达到六个团，他任中将总队长。1941 年 12 月，税警总团再次改编，孙立人从六个团中挑选三个团组建新编第 38 师，自任师长。随后全师编入第 66 军，赴缅作战。

孙立人

新编第 38 师有许多将领是黄埔生：

副师长唐守治，湖南零陵人，1907 年生。1926 年 4 月入黄埔军校第五期入伍生总队，9 月编入工兵科。毕业后任国民革命军第 1 军第 22 师排长、连长。1930 年后到税警总团任营、团长。抗战爆发后，率部参加淞沪保卫战、徐州会战等战役。1940 年升任新编第 38 师少将副师长。

参谋长何钧衡，河北沧县人，1905 年生。1927 年 8 月入南京中央军校第七期。1939 年任财政部税警总团参谋长，1941 年冬任第 66 军新编第 38 师参谋长。

第 112 团团长陈鸣人，上海金山人，1909 年生。1927 年 8 月入南京中央军校第七期。

第 113 团团长刘放吾，原名刘继枢，号不羁，湖南桂阳人，1908 年生。1926 年毕业于桂阳蓝嘉联合中学，9 月到广州，入黄埔军校第六期，1929 年 5 月毕业。后任中央军校教导队学生队排长，1930 年 6 月任国民革命军总司令部教导师特务连排长。1932 年 12 月任税警总团第 4 团连长、营长。1933 年 9 月入庐山军官训练团第三期学习。1937 年 10 月任税警总团教导队第 7 队少校队长。1939 年 3 月任税警总团第 2 团第 2 营营长，1941 年 12 月任新编第 38 师第 113 团上校团长。

第 114 团团长李鸿，字健飞，湖南湘阴鸽庐塘（今玉华乡来龙村）人，1903 年生。1925 年 7 月考入中央警官学校，1926 年 4 月考入黄埔军校第五期工兵科。1927 年 7 月毕业后参加第二期北伐战争，因作战有功，晋升为上尉连长。1932 年调税警总团第 4 团，任机枪连连长。该团团长为孙立人，从此李鸿的命运与他交织在一起。

刘放吾

李鸿对“中国人打中国人”的内战有看法，每遇这种情况，他便不服从命令，不愿打仗，所以很“背躬”（湖南土话，意为不走运）。连他的上司及至交孙立人都对他的表现深感疑惑和担忧，很多人则认为他“怕死”。

李鸿在战场上大展身手的一役是抗战全面爆发后的淞沪保卫战。李鸿的部队编入第88师独立旅，在蕴藻浜、大场一带阻击日军进攻。这时的李鸿与内战时期相比判若两人，勇猛非常，指挥能力发挥得淋漓尽致，杀得进攻的日军丢盔弃甲，狼狈逃窜，他防守的阵地始终没被日军突破。上海沦陷后，日军第18师团师团长曾在孙立人、李鸿战斗的阵地上，双手合十，为日军战死者祈祷，并下令立石碑一块，上书："遇华军最激烈的抵抗于此！"

李鸿

李鸿在抗日战场上的表现深深感动了孙立人，他深为感慨地说："我对李鸿的认识太浅了，以往对不起他的地方太多了！"随后提升他为第1营少校营长。税警总团重建时，李鸿归建。1941年12月任新编第38师第114团团长。

斯利姆接受负责第113团运输任务后很着急。他清楚：英缅军在仁安羌由于粮水不继，在烈日炽烤下干渴难熬，原已精疲力竭，再受到日军的猛烈攻击，死伤惨重，实际上已接近崩溃。他很快就赶到乔克巴当第113团驻地，其速度不亚于30多天前他由印度前往缅甸担任缅甸英军军团长的速度。

斯利姆在其回忆录《反败为胜》记叙当年与第113团团长见面的情形："我在乔克巴当村里一栋残存的建筑楼下见到团长，他相当清瘦，方正的脸上透出刚毅。他戴一副野战眼镜，挂一把手枪。我们通过英军翻译官介绍并握手后，旋即摊开地图言归正传。在叙述战况之间，团长给我们的印象是反应敏捷，他了解我要他率团立即搭乘已备妥的卡车，迅速开往宾墙河。我告诉他计划于 18 日清晨渡河攻击，以呼应英缅军第 1 师突围。”

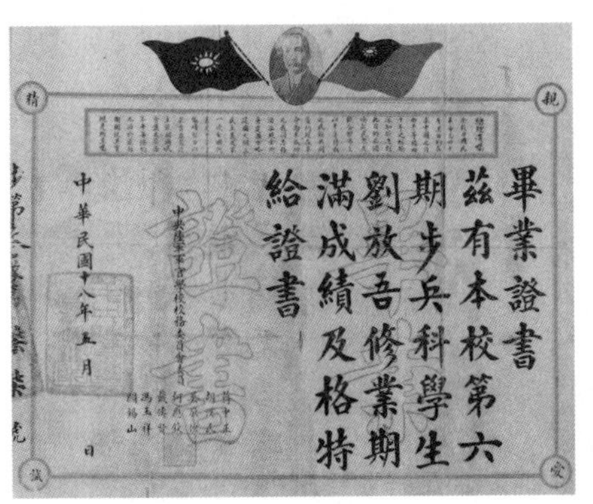

畢業證書
茲有本校第六期步兵科學生劉放吾修業期滿成績及格特給證書
中華民國十八年五月 日

刘放吾的黄埔六期毕业证

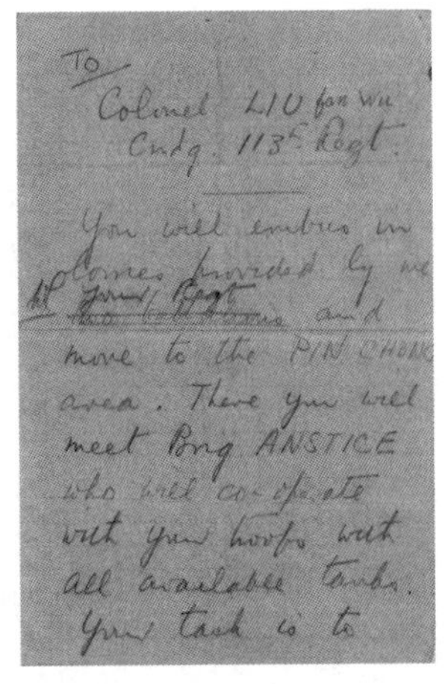

To
Colonel LIU fan wu
Cmdg. 113th Regt.

You will embus in lorries provided by me ~~your Regt~~ and move to the PIN CHAUNG area. There you will meet Brig ANSTICE who will co-operate with your troops with all available tanks. Your task is to

斯利姆于 1942 年 4 月 17 日给刘放吾的手令

刘放吾很严谨，中国军队没有接到上峰的指令怎么能够受外国军官的调遣呢？他告诉斯利姆：“没有孙立人师长的命令，部队不能离开乔克巴当。”

“孙将军已受令归我指挥，如果他在此地，我会对他下令，他也会遵命。”斯利姆耐心地向刘放吾解释。

斯利姆看到刘放吾不听他的，便拿出一张纸条，写上他的命令：“致 113 团团长刘放吾上校，兹派贵官率领贵团全部，乘汽车至宾墙河地区。你的任务是攻击并消灭宾墙河北岸约两英里公路两侧之敌。”

自编自写的一纸之命可信吗？刘放吾还是不听。

军情紧急，贻误不得。看着近似哀求的斯利姆，刘放吾立即用无线电与孙立人联络，结果证实了此事，才立马出兵。

这次英国人很守信又有效率，为了自己切身利益，没有失约，80多辆卡车早在第113团兵营周围熄火抛锚，原地待命。

第113团迅速集合了，登车往西南方向进发，傍晚时到达宾墙河北岸。

孙立人觉得这将是新编第38师成军和入缅的第一仗，关乎重大，必须随军作战。他不顾请示不被批准，驱车从梅苗出发，追寻着第113团的后尘，向宾墙河北岸方向赶来。

4月18日凌晨，第113团在刘放吾指挥下，在协同作战的英军战车及配属炮兵的掩护下，向宾墙河北岸的日军采取两翼包围态势，开始攻击。

仁安羌地区的战场一时呈现出一种战争的奇观：日军包围英军，中国军队包围日军，前者是日军得势有利，后者则是日军失势不利，腹背受敌。

日军配备有战车、大炮和飞机，炮火猛烈，其他武器也精良，因此战斗力非常强，虽然受中国军队突如其来的攻击，但仍凭着强大火力和精良武器，负隅顽抗。

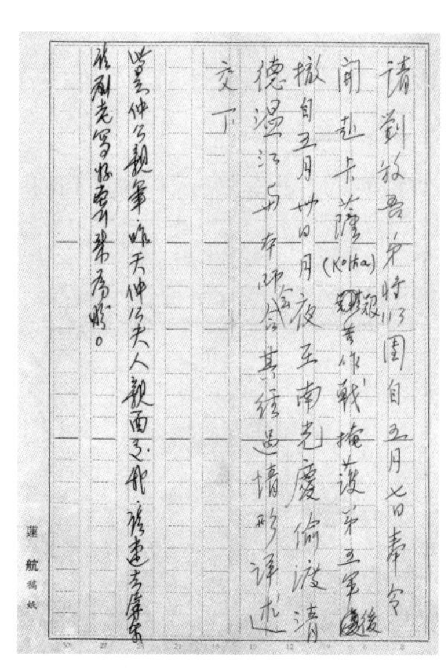
請劉放吾弟時113團自五月七日奉令開赴卡薩(Katha)參作戰掩護第五軍後撤自五月廿四日夜至南光慶偷渡清德溫江与本師会合其經過情形詳述交下

此為仲公親筆昨天仲公夫人親面交我

孙立人给刘放吾的字条

第113团全体参战官兵以昂扬斗志和必胜信念投入战争，除施以两面夹击外，还向日军正面反复冲杀，直到午后4时，日军伤亡惨重，放弃阵地，纷纷涉水向南逃窜。

当天晚上，第 113 团一方面已占领阵地彻夜固守，以防日军夜袭反攻，一方面派出小股部队对正面之敌进行扰乱攻击。日夜兼程二十几个小时的孙立人抵达前线，连夜制订第二天作战计划。

4 月 19 日拂晓，第 113 团渡过宾墙河向南进攻。

中国军队敢打又巧打。仁安羌是油田，到处都有采油设施，如油管、油罐、油桶等，一着火便燃便爆。中国军队根据作战地形的这些特点，交代官兵要严加注意并灵活运用这些特点，使之有利于我不利于敌，同时借渡河时弄湿衣服以使其不易着燃。

第 113 团勇猛扑向日军阵地，被围英军也从里面反攻。日军虽内外受敌，但也积极抵抗。战场上你来我往，阵地得而复失，油料被燃处火海一片。其中 501 高地的攻坚战最为艰难，第 113 团第 3 营担任这个任务。高地最后是拿下了，冲锋在前的第 3 营营长张琦却壮烈牺牲。张琦，湖南祁阳县文明铺泥井湾村人，1910 年生。英国皇室为褒扬他的功绩，颁给他的家属银星勋章。

仁安羌战斗场面

激烈的战斗持续到当天傍晚6时，日军的残兵败将狼狈地逃离仁安羌。此战，歼日敌500余人，自伤亡百余，解救英军7000余人，美国传教士、新闻记者等500余人，缴获辎重坦克130多辆、汽车300余辆、军马千余匹。

4月21日，罗卓英致电蒋介石报喜，并为孙立人、刘放吾等请功。电文称："蒋委员长：孙师113团篠日（17日）扫荡平河（宾墙河）以北敌人，复进而救援彦南扬（仁安羌）被围之英军。现据孙师长皓未（19日）电称，刘团经两昼夜激战，占领彦南扬，救出被围英缅军第1师7000余人，情形狼狈不堪，我军并由敌人手中夺获之英方辎重数百辆，悉数交还。敌向南退，死伤500余名，我亦伤亡100余，查孙师、刘团作战努力，除奖励外，谨闻。罗卓英。"

蒋介石闻报大喜，特令为孙立人颁发"四等云麾"勋章。罗斯福宣布给孙立人授予"丰功"勋章。英王乔治六世在伦敦宣布：将给孙立人颁发一枚"帝国司令"勋章。孙立人从此成为闻名中外的英雄人物。

历史往往会有许多不公正的做法。率部在仁安羌营救英军的刘放吾的待遇与他的上司孙立人比较真是天壤之别：一是没有得到相应的奖励，二是在很长时期内被埋没。

战后，刘放吾应得的奖章迟迟到不了他的手中，只给他一纸奖章执照。他的英雄事迹不被人提起，甚至被人有意无意埋没了，以致被他的上司杜聿明弄错了。杜聿明在他的《中国远征军入缅对日作战述略》一书中，把第113团团长写成孙继光。杜聿明这一张冠李戴的疏忽导致后来以讹传讹，刘放吾在印度时的长官郑洞国在他的回忆录《我的戎马生涯》也如是说。如要引起考证纠纷，一般而言两个长官当事人的证言绝对不是孤证，绝对可以采信，这样也绝对在民国史上要多了一个冤假错案。

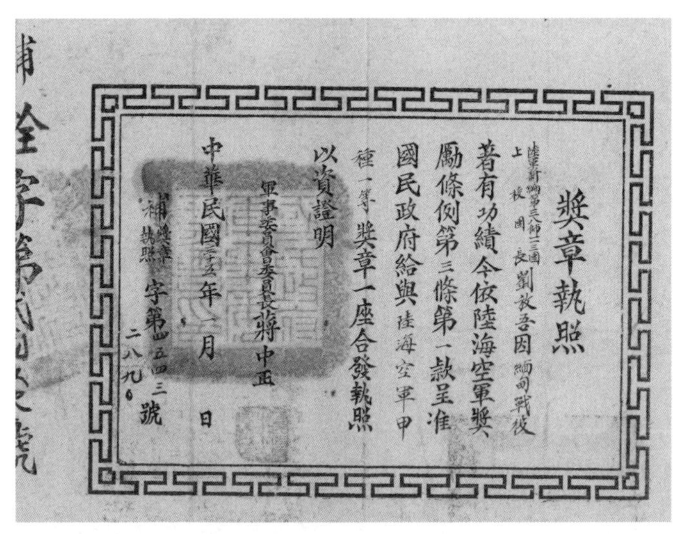

奬章執照

陸軍新編第三十八師一一三團上校團長劉放吾因緬甸戰役著有功績今依陸海空軍奬勵條例第三條第一款呈准國民政府給與陸海空軍甲種一等奬章一座合發執照以資證明

軍事委員會委員長蔣中正

中華民國三十五年一月　日

補奬章執照　字第四五四三二八九〇號

颁发给刘放吾的奖章执照

坏事有时也是好事。关于刘放吾被人张冠李戴之事还出现过一件很滑稽的事，也正是这件事使刘放吾勇救英军的事迹真相大白于天下。

20 世纪 50 年代，香港是中共执政后的一块特殊区域，对中共怀有疑虑和对蒋介石政权失去信心以及各式各样的人迁徙到此，人群未免良莠不分，鱼目混珠。

一个名叫林彦章的广东高要人也浪迹到香港。当年仁安羌被围英军中的炮兵团长菲士廷，经过若干年的奋斗已经发迹，官至英国驻香港陆海空三军司令。他念念不忘当年救他命的中国军队团长，因被救的英军很快就撤退了，他们只听说中国军队团长姓刘。英中文互译没有规范的方法，英语音标由韦氏音标到国际音标，慢慢地其谐音成为“林国章”。林彦章在抗战后期曾在昆明待过，接触过中国远征军将士，听说过中国远征军解救仁安羌英军的佳话。林彦章在香港北角茶楼里又经常遇到中国远征军的一位副师长，他们聊天时，那位副师长曾讲起中国远征军的故事。聪明的又见过世面的林彦章决定钻这个空子，冒充“林国章”去找菲士廷。菲士廷信以为真，对他感恩戴德，待为上宾并给了不少酬金。从此，林彦章打着菲士廷旗帜招摇撞骗，大发横财。

1963 年 3 月，贪欲没有止境的林彦章又在新界活动，声言要集资 1000 万港元，在当地开辟菲士廷新村，为新界乡民安置住房。

林彦章这几年来的招摇撞骗已引起侨居香港知情的中国远征军官兵的注意。他们搜集有关资料又去访问刘放吾后，到港英当局揭发。“林彦章冒牌将军案”终被揭穿，林彦章锒铛入狱，罪有应得。从此，真正的英雄刘放吾才闻名于世。

刘放吾，这个英雄人物被埋没 20 多年，其主要原因既有传统体制问题，又是个人性格使然。

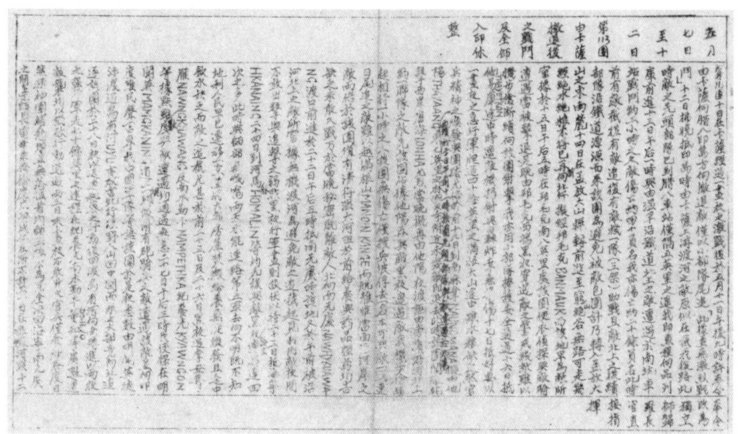
五月七日至十二日

第113團由卡薩撤退後之戰鬥及全師入印休整

刘放吾保存的 1942 年 5 月 7 日到 12 日的战报

战争与军人之事，历来是“一将功成万骨枯”。国民党军队派别林立，相互之间钩心斗角，党同伐异，争功诿过，赏罚不明不公。罗卓英报喜请功分明有刘放吾，受奖表彰为何被忽略了呢？孙立人在受重奖时是否也为刘放吾表功，是否会觉得这一重一轻太不公平呢？这一切不得而知。

性格决定命运。刘放吾身在行伍时曾自我评价："吾作战不畏艰险，自信能刻苦耐劳，负责守纪，无不良嗜好，不善言辞，不善交际，待人以诚，服务以勤，能驾驭各种车辆……今后之志在军旅。"

好一个刘放吾，好像是一头功不必为我成的"湖南骡子"，自己从不揽功，当有人问及仁安羌战斗能以弱胜强，以少胜多的原因时，他只字不谈自己的卓越指挥才能和骁勇善战在战斗中的作用，他说："新 38 师多为湘兵。我招募的兵多是邻里乡亲，彼此就像兄弟或父子，感情上互相扶持照顾，打起仗来也是同心同德。当时我们练兵采取曾国藩治湘军方式，官兵必备《曾胡治兵语录》，因此秉承了湘军的忠义勇精神，作战不怕死。另外装备好，当时每排都有一挺轻机关枪及迫击炮，这在当时已很难得。再就是训练严格，我按照《陆军步兵操典》规定每人每天跑五千公尺；射击时不瞄准不准发，每发必中，每三个月进行一次实弹射击，几乎所有官兵的命中率都在七成以上，练兵千日，用兵一时，仁安羌战果来自平日训练。"

1992 年 4 月 11 日，仁安羌大捷 50 年纪念之际，英国首相撒切尔夫人访美，她特地到芝加哥卡尔登酒店拜访要坐轮椅才能外出活动的刘放吾。她握着刘放吾的手，深情地说："我们听说过您的英勇故事，感谢您当年救了 7000 多名英国人的性命。算算看，7000 名英军、500 多名美国传教士及记者等，他们现在该有第三代、第四代了。我今天代表英国政府与人民对您表示深深的感谢与敬佩，希望您将来有时间讲述您是如何打赢这场战役的。"

已 84 岁高龄的刘放吾眼里溢出激动的泪水，回答："我

1992 年 4 月 11 日，英国首相撒切尔夫人（左）会见刘放吾（右）

是军人，打仗是我的职责，英军是并肩作战的友军，友军遭危难，援助友军是分内之事，不能列为战果。”耄耋之年的老人还是那样平实谦虚。

给刘放吾“迟来的爱”堆集在这一年，台湾当局特地为刘放吾开模打造一枚陆海空甲种一等奖章，美英有关要员纷纷向他致贺致谢。两年后，刘放吾在美国安详辞世。

也真阻敌，凌则民壮烈牺牲

第96 师按照军部的命令，放弃彬文那会战计划，根据杜聿明的关于“争取时间阻敌，不必作坚强的决战”的指示，调整既定部署。

师长余韶感到很为难。形势是当面之敌有两个师团，左右友军新编第 22 师和第 200 师已奉命转战他地，彬文那又地处铁路公路交通便捷之地，日军机械化部队机动性强。看来只能采取且战且退、节节抵抗的战术，充分利用有利的地形地物阻击敌人，让主力部队有余裕时间解决后方敌人，挽回危局。

4 月 18 日夜间 10 时许，两个满头大汗的第 5 军侦查队队员跑进第 96 师司令部报告，说有敌军步骑四五百人正由序克林东向吉同岗急进。余韶马上报告杜聿明。杜明白日军又要采取截断包抄战术，命令第 96 师马上转移到吉同岗一带阻击敌人，同时把军部存放在彬文那的炮弹运回后方。

余韶马上召集各部队长来师部开会，部署撤退计划。计划主要如下：一是除各部按照规定的时间、路线撤退外，要求第 286 团速派一支部队赶到吉同岗并占领之；二是第 286、第 288 团各留一个营在原地掩护师主力撤退；三是严禁灯火，利用月色行动。

余韶没有随师主力撤退，而是留在那两个殿后部队的营中，以应对突如其来的事件。

且战且走，就不能一退几十里，遑论百里。况且，杜聿明于 4 月 18 日来电时曾指出："也真、吉同岗是很好的防御阵地。"

吉同岗在彬文那以北约 10 英里，是个村落，控制铁路线，被划分为第 286 团的防区；也真在彬文那以北约 9 千米，也是个村落，控制公路线，被划分为第 288 团的防区。从地图上看，吉同岗和也真，吉同岗在东，也真在西。两者成为掎角之势，也真在左，吉同岗在右。彬文那往北靠近也真和吉同岗的地段比较开阔平坦，无险可守。再往北，地势逐渐升高，越往北地形越高，难怪精于军事的杜聿明说：这是很好的防御阵地。

第 286 团团长刘有道率领该团的先遣队首先赶到吉

同岗。

刘有道，号邦治，字友陶，焱正，安徽岳西县温泉镇资福村人，1901 年生。其父刘宝溶系清末庠生，经商有方，后富甲一方，成为岳西汤池（温泉镇）十大地主之一，汤池九冲十六畈，刘宝溶占一冲一畈。刘有道幼时启蒙于其父，后入潜山第 6 区区立粹新小学，因“不安分守己”，与同村的王步文一起被校方开除。王步文在土地革命战争时期成为中共安徽省委书记。

刘有道步王步文后尘，考入位于宣城的安徽省第一高等师范学校。受王步文的影响，积极参加反曹锟贿选运动，引发了“六二”学潮。同学姜高崎被军警打死，担任校体育委员的刘有道与另一位同学抬着姜高崎遗体示威游街。

1926 年，刘有道到日本东京士官学校第 22 期留学。1929 年冬毕业后回国，投入国民党军队，驻军赣北一带，对逃亡的岳西籍故旧老乡中的中共人士，出于同情义气，都给予帮助解危。抗战爆发后，刘有道曾到武汉中央训练团第 24 期训练，周恩来、叶剑英在该团任教官。刘有道与他们接触，对中共开始有了了解。

刘有道有兄弟四人，他居长。抗战爆发后，除留老二刘有德在家打理家业，老三刘有仁、老四刘有义全部从军抗日，其侄子刘断然、内弟简树屏、表亲吴世俊也从军抗日，他们全部在第 96 师第 286 团。这种做法，既是爱国的表现，也因刘有道承袭淮军旧理念：“打虎要亲兄弟，打仗还要父子兵。”他们亲属六人在入缅作战期间，经历过彬文那阻击战，撤退战斗，突围，闯野人山，九死一生，最后六人完整生返，这大概有这种理念在发挥作用。

4 月 19 日早饭后，刘有道率部属开始视察地形并修筑工事。昨天军部侦察兵发现的日军步骑 500 多人在铁路一侧向第286团防守区漫无目标地放枪炮，以扰乱中国军队修筑工事。经派出小部队还击，敌方停火对峙。

也真，在此之前第200师曾驻扎于此，在村子北面的高地修有工事。凌则民率第288团到达后即可投入使用。但他很为本团掩护营担忧。

凌则民的担忧绝对不是杞人忧天。4月19日上午，日军发现第96师已经撤退，马上派步骑2000余人分三路向北追来。第288团掩护营被日军围攻于500高地以及249、251、253公路牌等处。

日军咬住掩护营不放。几次冲锋被掩护营击毙150多人，炸毁装甲车1辆、三轮摩托车3辆，日军仍然置之不顾，聚集重兵从正侧面包围而来。

253公路牌处的战斗最为激烈。日军山野炮集中火力向掩护营猛射，地上战车往来冲突，天上飞机俯冲狂炸。血战竟日，第288团掩护营被日军左翼迂回部队截断通往也真的道路。他们没有援军，只能靠自己的勇敢和智慧突围。

第288团没有全部上642高地阵地，在也真村里还留置了部分部队，有第2营和第3营。这时也被日军包围了。

第3营营长漆云鹏，个头不高但很健壮，也是一头“湖南骡子”，勇敢又机智，面对日军的四面包围，他很沉着。根据交火判断，日军在南北两个方向投入较多的兵力，因日军由南向北进攻，南面还有第288团掩护营，北面有中国军队642高地守军，日军估计被围的第3营会往北突围投向642高地。因此，漆云鹏运用“明修栈道，暗度陈仓”计谋，制造向北突围的假象，然后虚晃一枪，全力往东进攻，冲出了重围。

当第2营和第3营好不容易杀出重围试图绕过吉同岗撤到642高地归建时，在半路上却遇到另一股日军。短兵相接，双方都预料不到，缺乏心理和物质准备，战斗更为惨烈。中国军队苦战至 4 月 20 日下午，才将包围圈撕开一个口子，迅速冲了出去，摆脱日军。这一仗，中国军队伤亡惨重：第 2 营营长邱志德、第 5 连连长王宝琛阵亡，还有伤亡及失踪的士兵 130 余人。

4 月 20 日，第 286 团和第 288 团的阵地的战斗同样激烈。

得势时表现狂妄骄傲是日本军人的共性。日军以为第 96 师既已放弃彬文那坚固阵地，加上 19 日占领也真时发现中国守军不多，搜索队也不见中国军队的动静，20 日上午 7 时，便派出战车 7 辆在前面开道，后面跟着满载士兵的 13 辆大卡车大摇大摆地沿仰曼公路直驶而来。

凌则民在 642 阵地上用望远镜一看，老远日军战车、大卡车尽收眼底。他命令阵地上的平射炮做好一切准备，给来犯之敌一个迎头痛击，杀他个措手不及。

敌战车、卡车离第 288 团阵地越来越近，已进入射程。凌则民一声令下，平射炮立即开炮。第一炮打中其先头战车，第二炮又命中其后尾战车，被毁战车瘫痪在公路上，堵住来往车辆人马去路，其余战车、卡车进退不得。第 288 团的平射炮、迫击炮、轻重机枪，还有各种武器齐发，日军死的死，伤的伤，活着能跳能跑的纷纷跳车逃窜。第 1 营营长陈启銮率部向敌右侧出击，全歼来犯之敌。日军遗尸满地，此役击毙日军大尉 1 名，缴获轻重机枪 3 挺。从获得文件看，该敌是日军 18 师团第 23 旅团第 56 联队。

这一仗是第 288 团入缅作战全歼日军的一仗，凌则民感到无比兴奋，该团官兵也很高兴，他们在阵地上、公路上欢呼雀跃，庆祝胜利，并纷纷夸奖平射炮兵为神射手。

日军马上反扑过来。4 月 20 日下午 1 时许，日军飞机、大炮分别向吉同岗、642 高地狂轰滥炸。随后分别出动步兵 2000 余人、1000 余人向吉同岗和 642 高地进攻。

642 高地比较开阔，第 288 团兵分几处兵力显见比较单薄，凌则民令少校团附宋牧仲率预备一部增援。接战一小时，毙敌 20 余人，日军见中国军队有援兵便退回去。

下午 4 时至 6 时，日军又向 642 高地发起三次进攻。凌则民亲临最前线指挥督战，各营营长不甘落后，在各自部队的阵地与官兵一起作战，基层军官大多英勇顽强，击退了敌人的疯狂进攻。在战场上涌现了许多可歌可泣的事迹。第 3 连阵地是日军第一次进攻的重点，该连伤亡甚重，一部分阵地被日军攻陷。连长熊辉卿不顾自己已经负伤，组织所剩官兵逆袭敌人。在凌则民亲自指挥的机枪、迫击炮的支持下，歼敌数十人，收复了失去的阵地。日军飞机、大炮向中国军队的阵地狂轰滥炸，造成了战场尘土飞扬、烟雾弥漫，中国军队射击困难。第 1 连连长叶良才和第 3 连连长赵天鑫冒着生命危险，跃出隐蔽的阵地，逼近日军，投掷手榴弹和开枪射击，毙敌极多，日军不得不后退。

4 月 21 日上午 7 时，日军的一个纵队由 642 高地东侧的牛车路北进。凌则民命令迫击炮连向敌射击以阻其前进。又命叶良才率兵一排，携重机枪一挺，截击该纵队后尾。可惜迫击炮弹已告罄，抄击部队又被敌人骑兵冲击，这两招均没有达到目的。凌则民懊恨不已。

向 642 高地东侧北进的日军一个纵队渐渐地渗入第 288 团后方，但对第 287 团之鳞形配备没有发觉，陷入夹击圈内。余韶命令凌则民和第 287 团团长刘宪文做好准备，敌人一旦进入预定地点，要抓住战机出击，围而歼之。

日军不放松对 642 高地的进攻，正面攻击的兵力有 2000 余人。凌则民考虑到与第 287 团夹击敌纵队，战机不错，关系重大，打算亲自率部出击。他交代陈启銮要守好阵地，便率部脱离阵地出发。他们行动被日军发现，日军集中大炮火力阻击，给中国军队造成极大伤害。

第 6 连连长周嘉正的左肩和腹部均中弹受伤。但他咬紧牙关，忍受剧痛，冲入敌阵肉搏，刺杀了几个日军后他的胸部又中了一弹，英勇牺牲。

凌则民在战斗中右腿中了一枪，包扎好了又继续战斗。在穿过一片树林时，冷不防被躲在树上的日军往腰部打了一枪，他抬头挥手给树上敌人一枪，“嘭”的一声，那敌人应声掉下来。

凌则民用手一摸，血从腰部中枪处渗流出来。已进入树丛中攻击，不允许停下来包扎，只能用“土办法”处理。只见凌则民勒紧腰皮带，挺直身躯，率部继续前进。这时，树丛中迎面又来了一枪，打中他的头部，他扑倒在地，再也无法爬起来了。他是多么的遗憾，未能参加夹击敌纵队的战斗！

最能告慰凌则民烈士的是，第 288 团第 2、3、4 连与刘宪文团及朱昆岳（江苏江都人，黄埔十四期）支队共同夹击敌纵队。敌纵队被歼殆尽，尸横遍野，血流成渠，逃脱者不过数十名。

滇缅公路，中国远征军一溃千里

1942 年 4 月 25 日，第 66 军所属新编第 29 师忽接军部转来军委会驻滇缅参谋团团长林蔚签署的十万火急电：“着新 29 师星夜入缅，限于 28 日到达腊戍，不得迟延！”

为何要调新编第 29 师入缅？第 66 军虽然编入中国远征军，但它与第 5 军和第 6 军不同，它的组建较晚。3 月初，当第5军、第6军已经相继入缅，它的三个师还分散在贵州和四川，尚未集结。它是一支新军，蒋介石对它的投入使用非常慎重。3月16日，蒋介石曾有严令：第66军绝不能再开。第66军主力不仅是远征军总预备队，并且要兼顾昆明警备。后因缅甸战局发生变化，才让新编第38师和新编第28师先后进入缅甸，不过没有让它们深入南下，基本上布置于腊戍、曼德勒一线。

4月下旬，缅甸战局不断向着不利于中国远征军的方向发展。4月19日，日军占领中路的彬文那；4月22日，攻陷东路的棠吉；4月23日，置棠吉一部分日军与中国远征军纠缠于不顾的日军从东面绕过棠吉直取雷列姆，腊戍危急！

新编第29师师长马维骥，别号希良，四川新都人，1904年生。1924年8月入黄埔二期步科，曾任别动队副总队长，1939年5月任新编第29师师长。

马维骥麾下有两位团长是黄埔生：

第86团团长何树屏，字伯陶，四川江津人，1899年生。1926年入黄埔军校第五期步科第2队。

第87团团长陈海泉，字剑秋，湖南安化人，1906年生。1926年10月入黄埔军校第六期工兵科。毕业后曾任国民革命军第19师工程营第4连连长、代营长。1939年任新编第29师第86团副团长，第二年兼任干部训练班主任。1941年冬转任第85团团副，不久任第87团团长。

新编第29师于1939年5月以军委会第二补练处一部编成，早期隶属重庆卫戍司令部，1942年3月属第66军。

第66军军长为久经沙场的、与黄埔军校有一定历史渊源的老将张轸。

张轸，字翼三，河南罗山县河口寨人，1894年4月15日生。幼年丧父，慈母对其行为不加约束，遂沾染恶习，嗜赌好斗。后受乡中贤老批评便改恶从善。14 岁投入陆军小学，继陆军中学，后入保定军官学校第九期，最后到日本陆军军官学校留学。辛亥革命爆发后，曾参加二次革命。

张轸

1925 年冬，张轸离开国民军第 2 军，从河南开封到广州投身革命，得陆军小学同学侯连瀛引荐结识邓演达，邓委任他为黄埔军校第四期战术总教官。攻鄂军改编为国民革命军第 6 军，经李明灏推荐任第 19 师第 56 团团长。后参加北伐战争、桂湘战争等。

抗战全面爆发后，张轸历任第 110 师师长、第 13 军军长、豫鄂边游击总指挥、军政部第二补充兵训练总处处长兼渝南警备司令、第 66 军军长，参加徐州会战、武汉会战、随枣战役。对日作战中，张轸屡建奇功。徐州会战中，张轸的第 110 师被第 5 战区司令长官部评为“运动战第一”，随枣战役后获宝鼎勋章。

张轸的助手第 66 军副军长成刚则是黄埔生。

成刚，字应时，号制宜，湖南湘潭人，1904 年生。1924 年 8 月考入黄埔军校第三期炮科。1925 年 2 月参加东征。9 月因成绩优异留校任入伍生连连长、副营长。参加北伐战争，后历任团长、副旅长、中央军校第十四期第 1 总队总队长、第十六期第 2 总队总队长、政治部第十二政训处处长等职。1942 年 2 月任中国远征军第 66 军副军长。

第 66 军属下的新编第 28 师的将领也有不少黄埔生。

新编第 28 师师长刘伯龙，字腾骧，贵州龙里人，1905 生。1924 年冬考入黄埔军校第三期入伍生总队，后为第三期步兵科。1925 年春夏，参加第一次东征和平定滇桂军叛乱。参加北伐战争。

1932 年入陆军大学特别班第二期学习。后历任参谋长、代理总队长等职。1939 年 5 月任以行动总队编成的新编第 28 师中将师长。

新编第 28 师副师长刘济瀛，字国基，湖南长沙人，1901 年生。黄埔军校第四期步兵第 1 团第 4 连毕业，参加北伐战争，历任国民革命军第 1 军第 1 师排长，总司令部直属补充第 7 团连长，福建省政府保安处军官训练所中校所长。全面抗战爆发后，调任中央军校第七分校（西安王曲）大队长，新编第 28 师成立时任副师长。与中国远征军第 93 师第 279 团团长朱谔臣为黄埔军校同期同队同学。

新编第 28 师副师长兼政治部主任何卓，湖南宁远人，1904 年生，先在湖南零陵濒洲中学就读，后入黄埔军校第三分校（长沙分校）第三期（比照校本部第六期）步科学习。毕业后历任国民革命军第 8 军第 1 师连长、营长，第 17 军独立第 2 师团长，补充第 19 旅副旅长，暂编第 10 师少将参谋长。全面抗战爆发后，任湖南宁远县抗日自卫团团长，峨眉山中央训练团党政班中队长。1941 年任第 66 军新编第 28 师副师长兼政治部主任。

其时，新编第 29 师部队驻扎在云南大理，距离腊戍至少有七八百千米，大部队出发应有一些准备，而且要有交通运输工具。要在三天内赶到，非常困难。马维骥为难了，但军令如山，违者必究。抗战以来，蒋介石已下令枪毙了不少临阵逃脱、作战不力、行动迟缓贻误战机等违抗军令的高级将领，如韩复榘、龙慕韩等。如果说杀韩复榘还有潜在的其他因素，而龙慕韩是黄埔一期生，还是蒋介石的爱将，可见蒋是动真格了。马维骥想起这些，不寒而栗。他本来还想向张轸报告困难，但这份电报是军部转来，不是以军部下命令的，也许张轸也觉得困难但不能把矛盾上缴，只能是由下属完成。报告也是徒劳，所以他只好在心里下了决心再困难也要完成，在规定的时间到达多少部队就算多少。

车辆有限，何树屏的第86团作为先头部队出发。一路上从缅甸方面撤退和逃难到中国来的车辆人群络绎不绝，交通不时被阻塞。何树屏命令部队急速前进鸣枪开道，对阻塞又劝阻不听的可以动粗。

4月28日，新编第29师第86团终于有一个营到达腊戍。

腊戍不大，新城和旧城总共人口万余人，但人来车往，热闹非凡。因它是交通枢纽，缅甸东北部铁路到此终结，滇缅公路与缅甸铁路在此连接；因它是中缅物资的集散地，从仰光上岸的美援物资及其他货物，除了少量用汽车由仰光直接运往昆明外，大部分要先由铁路运到这里，再转为汽车装运。这时的腊戍城的人来车往、热闹非凡已经变味，是混乱，是逃难，毫无秩序。

第86团带队的营长想见见城防长官，听候分配作战任务。街上除了三五成群的散兵游勇，根本没有任何装备整齐的部队巡逻站岗，更不用说城防长官了。责任心强的营长意识到情况不妙，形势严峻，立刻命令所部随他疾进向南，寻找防御工事。

部队刚进入工事，日军第56师团平井卯辅指挥的搜索联队也赶到了。日军的步兵首先发起进攻，第86团仓促应战。新编第29师成军不久，战士的战斗经验不足，但个个非常勇敢，子弹打光了就与日军拼刺刀，付出了巨大伤亡，把第一波进攻的日军赶出阵地。

日军的战车赶到了，发起了第二波进攻。中国远征军的后续部队还没有赶到，先头营没有携带反坦克武器。敌人猛烈的炮火把我方阵地炸得天昏地暗，人仰马翻。先头营坚持到最后一兵一卒，全部壮烈牺牲。

新编第 29 师又有一部到达腊戍，他们沿着腊戍河岸构筑临时工事，抵抗日军进攻。日军天上飞机轰炸，地上大炮坦克炮击。中国远征军的临时阵地，一会儿就被炸毁，官兵完全暴露在敌人火力之下。好在有腊戍河作为保障，腊戍河桥被中国远征军坚决守住，河水较深，日军一时无法涉水过河。

4 月 29 日拂晓，日军在飞机、大炮掩护下，利用前天晚间搭建的浮桥强渡腊戍河。陆续赶到的新编第 29 师的部队在昨天的战斗中伤亡惨重，后勤供应没有跟上，官兵精疲力竭，弹粮也严重不足，已无法抵抗强大的日军。前后赶到的部队倒是有一些，却因客观原因只能是添油战术，让日军一口一口吃掉。这天正好是日军“天长节”，即日本天皇生日纪念日，日军特别猖狂来劲，对腊戍志在必得，他们发誓要在这一天攻取腊戍以报效天皇。最高统帅部的失策，中国远征军司令长官部的失策以及直接指挥官张轸的失策使腊戍这个战略要地陷落了。

腊戍沦陷，不管是对英国，还是对中国，都是致命的打击。史迪威和罗卓英策划的曼德勒会战的盟军失去战略后方，两面受敌，再也没有发起会战的基本条件，只能忍痛割爱，放弃计划。不仅如此，如果不及早调整部署和转变战略，还有可能会遭受毁灭性的失败。有鉴于此，盟军于 4 月 30 日在曼德勒附近的士威坡召开紧急会议，做出总撤退的决定，其中第 6 军向景东转移；处于东线和滇缅公路的第 66 军新编第 28 师和新编第 29 师在军长张轸指挥下，竭力阻止日军的快速进军，向国境线步步后撤。

第 6 军入缅之后，一个军兵分三地处处把守，没有集中、没有重点、没有机动，已是犯了兵家大忌。冲在最前面，兵锋到了毛奇地区的暂编第 55 师战场表现不佳，经不住日军的攻击，几天之内，勃劳河、吐昌、南格黑克、毛奇、包拉克一线阵地全部丧失。继而是退守罗衣考后，一发现日军绕到罗衣考以北就惊慌失措，师长不顾其部官兵还在罗衣考抗击正面日军，带着师部随从仓皇向后逃跑，以致与第 6 军军部失去联系。

防守棠吉地区的第 49 师也不经打，日军第 56 师团第 113 联队很快就突破其阵地，守军便弃城而逃。

第 93 师远在国境不远的景东一带，日军的仆从军泰国军队曾向该师防区进犯。但泰国军队战斗力不强，很快就被第 93 师打退。

第 6 军军长甘丽初对入缅作战的意志不是很强，一听到“第 6 军部队向景东转移”的命令，犹如落于水中抓到一把救命的稻草，马上撤退。

第 6 军撤退非常顺利，5 月初已撤入国境，到了云南思茅、普洱一带休整，全军仅存 6000 余人。后甘丽初被免去军长职务。

第 6 军东撤后，第 66 军在东线和滇缅公路线上的部队独木难支。从东线撤至滇缅公路一线的新编第 28 师和刚陆续到达的新编第 29 师且战且退。他们在尽最大的努力遏止日军向国境推进。尽管缺乏统一有效的指挥和处于混乱中指挥系统已经失效，但这两支部队中的有些部队，还是能各自为战，顽强地抵抗日军。

新编第 28 师的基层军官大多数出身于军统特务，训练有素，深受“不成功，便成仁”的教化。他们宁死不屈，与日军死战到底，而对日军强大的炮火毫不畏惧。

新编第29师的官兵大多是四川籍，也很勇敢不怕牺牲。他们在被敌分割包围时，主动地聚集起来，拧成一股绳，孤单与敌作战，直至最后一人最后一口气。在缴获的日军文件中有这样的记载："我们向北进军的速度比意料的要快一些。但是，支那29师的牺牲精神，实不亚于我们的武士道精神，这是很值得我们注意的！"

攻下腊戍后日军推进速度惊人，行军是一日千里。

4月30日上午，平井卯辅大佐率领他的部队1000余人从腊戍北犯，第二天到新维。新维的新编第28师和新编第29师在此布下两道防线，新编第28师在后，新编第29师在前。军长张轸利用地形和兵力安排这个纵深阵地阻击日军。没想到，日军突击一下，中国军队阵地便相继被突破。

5月3日夜间，日军到达八莫南郊。当时八莫共有中国军队和英印、英缅军队共1000多人。日军的进攻速度完全出乎守军意料，守军仓促应战。当晚23时，日军完全占领八莫。

平井支队自4月30日从腊戍出动，到5月3日攻下八莫，四天时间，推进350余千米，连下四城（新维、木姐、南坎、八莫），俘虏千余，斩获无数，而自身仅阵亡17人。

日军第56师团另一部杀向滇西，在古开遇到了新编第29师第87团和第66军直属部队的顽强抵抗。5月1日，陈海泉率第87团防守古开城北58码处高地。这是日军向滇西攻击的必经之地，也是正面阵地。面对第56师团飞机、大炮对阵地的轮番轰炸和频繁攻击，陈海泉率部英勇还击，击毁了日军坦克6辆，打退敌人多次进攻。战至5月2日，所部伤亡极大，陈海泉也身负重伤，仍然坚持指挥余部坚守阵地直至牺牲。陈海泉负重伤后抱着与阵地共存亡的决心，摘下胸符，命传令兵呈送军部，报告自己实现战前"与阵地共存亡”的誓言。

日军第56师团继续杀向滇西，如入无人之境。5月5日，有部分日军还一度过了惠通桥到怒江东岸。若不是怒江东岸临时拼凑的部队和当地民众联合抵抗并合力将该敌全歼，后果不堪设想。

关于张轸和马维骥在中国远征军中的表现褒贬不一。有的说他们面对强敌表现从容不迫，积极组织抵抗；有的说他们畏敌如虎，望风而逃，利用入缅大搞走私和敛财。故宋希濂曾力主将张轸撤职查办。

保山告急，宋希濂指挥第36师驰赴解危

畹町是中缅边境中方的重镇，是祖国西南的国门，几个月前中国远征军唱着《远征军战歌》：

枪，在我们肩上，
血，在我们胸膛。
到缅甸去吧，
走上国际的战场。

他们雄赳赳，气昂昂，走出国门，入缅参战。在畹町桥头上竖立着蒋介石的巨幅画像，蒋介石脚蹬马靴，腰挂佩剑，肩披黑色披风，威风凛凛，右臂往前挥指，给出征的将士们以极大的鼓舞和信心。蒋介石巨臂之下“驱除倭寇，收复缅甸”八个字，唤起将士们对中华民族盛衰的历史记忆和洗雪列强侵略欺凌给中华民族带来的耻辱的决心。

如今，从缅甸战场败退回来的残兵败将跨过畹町桥，连瞥一眼蒋介石的画像都不敢，担心蒋委员长对他们发怒，担

心民众会耻笑他们，担心军人的良心受到拷问，担心军人的面子无地自容。他们三五成群或零零散散地往国内撤退。马维骥想把他们组织起来再作抵抗，但他的命令已不起作用，他本想动用军法处置，细想自己也是对日军进攻无能为力，一退再退，一逃再逃，枪毙他们公道吗？有说服力吗？他放弃了，也跟着撤退。

日军第56师团一路追赶过来，过新维，很快就追到了畹町。畹町居然就是一座不设防的城市，这让日军意想不到。日军放开胆子奋起直追。5月5日上午，日军追杀到了怒江上的惠通桥，百多号日军混在逃难的人群中过了惠通桥。

从缅甸先期撤到保山的军委会驻滇缅参谋团正为滇西的防卫着急。林蔚一面向重庆最高统帅部告急，一面派参谋团参谋处处长萧毅肃率十几名参谋赶往惠通桥布置抵抗。

萧毅肃乃云南讲武堂第十四期毕业，在川军中成长，参加过淞沪保卫战和江西湖口保卫战，有着较丰富的作战经验，1940年授中将军衔。他手中无兵，就地取材。在惠通桥头亮出身份，截住撤退路过该地的新编第28师和新编第29师官兵，一天之内拦下了几百人，经过动员，将他们组织起来作为防守部队。萧毅肃还做另一手准备，布置在万不得已时炸毁惠通桥的爆破工作。

1942年5月5日上午11时许，日军向惠通桥步步逼近。萧毅肃一面催促岸西的人们赶紧往岸东撤退，一面盯紧日军的行动。日军军车冲开逃难的人群，疯狂地往惠通桥开来。在这千钧一发之际，萧毅肃顾不得对岸桥头和桥上还有逃难的人们，命令工兵引爆。随着一声爆炸声，惠通铁索桥便被炸成数截落入江水滔滔的怒江中，把日军拦在了怒江以西。此时为中午12时15分。

日军贼心不死，向岸东发动强攻。他们在岸西炮击岸东，同时用橡皮船强渡怒江。

萧毅肃率领临时拼凑而成的部队，运用简陋的武器奋力抵抗。周边的民众也从四面八方赶过来参战，终于把登陆东岸以及混入逃难人群中的日军全部歼灭。

日军的后续部队源源不断地赶到，他们不甘心失败，准备再发起更大规模的进攻。正在危急关头，国民革命军第 11 集团军第 71 军第 36 师第 106 团在团长谷宾率领下于当天下午赶到惠通桥东岸。

第 36 师原划入中国远征军第一路军的序列，于 1942 年 4 月下旬由西昌徒步开往云南祥云，在此准备滇西抗战。

第 36 师是国民党中央军一支劲旅，成立于 1933 年 10 月，由第 87 师独立旅扩编而成，宋希濂为第一任师长。该师于 1936 年整编为德式机械化部队，由蒋介石直接控制部署在京畿重地，最受蒋介石的器重与信赖。该师在淞沪会战、南京保卫战和武汉会战都经受过严重的伤亡，特别是在武汉会战中的富金山及 800 高地阻击日军第 2 军，消灭了大量的日军，创下该师在整个抗战期间最辉煌的战功，但也遭受巨大损失，全师万余人锐减到 800 人。

第 36 师师长李志鹏，字程九，江西雩都县贡江镇人，1908 年生。黄埔军校第五期步科第 2 学生队毕业。毕业后在国民革命军第 1 军服役，1940 年 3 月担任第 36 师师长，赴晋东南与日军开战，首战即力克长治，掩护国军调整兵力部署，后至陕南豫西地区休整，继而南下入川。于 1941 年 7 月进驻西昌，守卫四川。

第 36 师团以上的干部大多是黄埔生：

副师长熊正诗，别号志明，贵州瓮安人，1904 年生。南京中央军校第六期第 1 总队骑兵科毕业。历任中央教导 2 师排长、连长，第 36 师第 106 团第 3 营营长。全面抗战爆发后，任第36师第106团上校团长、师政治部主任、副师长。先后参加淞沪会战、长城古北口抗战、南京保卫战、武汉会战。

副师长闵季连，原名闵国琪，四川奉节人，1896年生。1926年4月入黄埔军校第五期入伍生总队，9月编入步兵科第2队。毕业后在国民革命军任职。全面抗战爆发后，因长于政治又能说会道，先后奉调出任“第7战区民众动员大会”上校指导员和军委会政治部第二厅上校专员。1941年调升四川遂宁师管区少将副司令兼政治部主任，后到第36师任副师长兼政治部主任。

参谋长胡翼烜，江西新安人，1908年生。南京中央军校第六期步兵科毕业。历任国民革命军第36师连长、营长、团长，1941年任第36师参谋长。

第106团团长谷宾，字仲仙，湖南耒阳县东乡人，1906年生。南京中央军校第六期毕业。

第107团团长麦劲东，海南琼山人，1904年生。南京中央军校第七期步兵科毕业。历任国民革命军教导1师第2团排长，第5军第87师第518团排长，第36师第212团连长、第3营少校营长。全面抗战爆发后，任荣誉第1师第2大队中校大队长，荣誉第1师第1旅第2团第3营营长，第71军第36师第107团中校副团长、代团长，第71军野战补充第2团团长。先后参加淞沪会战、豫东会战和武汉会战。1941年返任第36师第107团团长。

第108团团长李定陆，号百驽，湖南临澧人，1908年生。黄埔军校第六期步科毕业。1942年任军政部第三厅上校作战参谋，后改任第36师第108团团长。

第36师的先头部队运兵迅速要感谢宋希濂的亲自过问落实。为了理顺中央军在云南与“云南王”龙云的关系，宋希濂亲自到昆明玉华山拜谒龙云，协调有关问题，并到运输总局落实车辆运输问题。好在祥云备有近百辆卡车，可一次性运送一个团的兵力。宋希濂命令谷宾率第106团先行出发，同时要师长李志鹏亲临前线指挥作战。

首先赶到惠通桥东侧的是第106团的两个连。李志鹏和胡翼烜老远就听到激烈的枪炮声，根据实战经验研判日军已过江，正与中国军队作战。他与胡参谋长各带一个连分两路扑过去，抢占有利地形，向日军猛烈开火，支持阻敌已筋疲力尽的萧毅肃。守军见援兵到了，士气大振，打起仗来比以前更有劲了。第106团的后续部队源源赶来，这几股力量联合起来与冲到东岸的日军展开决战。日军有西岸炮火的支持，给中国军队造成一定的伤亡，双方一时难分上下。

当晚，麦劲东率领第107团赶到，形势逐步有利于我方。次日拂晓，李定陆率领第108团也赶到了，中国军队向日军发起反攻，日军抵挡不住第36师的凌厉攻势，大部被歼，只有少数侥幸逃命。

不幸的是，5月29日，副师长闵季连在惠通桥东巡视阵地时遭日机轰炸，中弹身亡。1943年1月15日，国民政府追赠他为陆军少将。

怒江东畔，第11集团军厉兵秣马

第11集团军原属第5战区，总司令为李品仙。1939年10月李调任第21集团军总司令，夏威任总司令。当年11月，夏威他调，黄琪翔接任总司令。1940年9月，该集团军番号被撤销。

第二年冬，第11集团军番号恢复，但已是新建制新班底了，这是为了适应西南形势变化恢复的，宋希濂为总司令兼昆明防守司令，张轸为副总司令，辖第71军、第66军及预备第2师。后第66军划归中国远征军第一路军，蒋介石另把驻在昆明东部曲靖的新编第39师拨归第11集团军。

第11集团军总司令宋希濂与杜聿明和甘丽初一样是黄埔老大哥。这时的第11集团军以宋希濂为中心，聚集着许多黄埔生：

宋希濂

宋希濂，湖南湘乡县二十都溪口熊山坳人，1906年生。在黄埔一期学生中，其年龄较小。由谭延闿、彭国钧、谢晋介绍报考黄埔军校第一期，被安排在第1队，与蒋先云、徐向前、钟彬等同队。

宋希濂在就读长沙长郡中学时积极参加进步的学生运动，与陈赓是好友，一起到广州考军校，一起从大本营军政部讲武堂脱离考入黄埔军校。经陈赓介绍，1926年初秘密加入中共，是黄埔一期学生中约110个中共党员之一。

宋希濂对蒋介石很忠心也很能干，故1933年8月晋升为第36师师长。

宋希濂的抗日态度很坚决。1932年上海“一·二八”事变后，宋希濂担任教导师第261旅旅长。他深感形势严峻，非奋起抗战无以图存。1月31日下午，他请见了军政部部长何应钦，代表第261旅全体官兵请缨抗日。遭到何应钦拒绝时，当场与昔日的老师大吵起来。当天深夜，他又带人闯入何宅再次请愿。

宋希濂抗日如愿以偿。他率部随张治中第5军开赴上海支援19路军抗日。2月22日，宋希濂指挥第261旅强渡蕴藻浜，从南岸攻击日军侧背，并取得了重大胜利。3 月 1 日，宋希濂率所部向浏河前进。3 月 3 日，张治中根据 19 路军总指挥蒋光鼐的电报指示，命令宋希濂所部掩护第 5 军撤退。宋希濂不负众望，胜利完成殿后任务。不久，他升任第 87 师副师长。

抗日战争全面爆发后，宋希濂率部参加淞沪会战、南京保卫战、豫东战役，表现骁勇。蒋介石对他既厚爱又不放纵偏袒。南京保卫战后，宋希濂负战斗失利之责，被降职，从第 78 军军长降为荣誉第 1 师师长。

钟彬（右一）在前线

第 71 军军长钟彬，又名斌，别字中兵，别号中兴、炽昌，广东兴宁县龙田合水人，1900 年生。兴宁县龙田高等小学、兴宁中学毕业，广东省立公路工程学校测量科肄业。黄埔军校第一期毕业，与宋希濂同队。历任国民革命军北伐军排长、连长，第 1 军第 20 师营长。1931 年任 19 路军第 78 师上校团长。1933 年起任第 36 师参谋长。全面抗战爆发后，历任第 71 军第 88 师师长，中央军校汉中分校中将主任、第 10 军军长、第 71 军军长。

第 71 军第 87 师师长向凤武，别字东楼，字子章，湖南龙山人，土家族，1900 年生。1925 年秋入黄埔军校入伍生受训，1926 年 1 月入第四期步兵第 1 团第 7 连学习，其连长为陈赓。毕业后随部参加北伐战争，历任国民革命军排长、连长、副营长。1932 年 1 月任教导师第 261 旅第 521 团第 3 营营长，随宋希濂参加淞沪抗战。后任第 87 师第 261 旅第 521 团副团长。全面抗战爆发后，参加淞沪会战，战后任第 71 军第 87 师第 260 旅第 552 团团长、第 260 旅副旅长。1939 年 5 月任第 71 军第 87 师师长。

第 71 军第 88 师师长胡家骥，别号德称，湖南湘乡县金薮区人，1901 年生。1926 年入黄埔军校第五期步兵第 2 队。历任国民革命军排长、连长、营长。全面抗战爆发后，任第 36 师第 216 团中校副团长、团长，第 87 师副师长，第 88 师少将师长。参加淞沪会战、徐州会战、武汉会战和长沙会战。

顾葆裕

预备第 2 师师长顾葆裕，别字长风，别号介侯、觉后，江苏松江西门外高家弄人，1906 年 3 月 30 日生。1925 年秋入黄埔军校入伍生队受训，1926 年 1 月入第四期步兵第 2 团第 8 连。毕业后历任国民革命军第 1 军第 2 师排长、连长，中央教导第 2 师营长，第 5 军第 87 师团附参谋。1932 年 2 月随部参加上海抗战，后任第 87 师司令部参谋主任。1936 年任第 36 师补充团团长。全面抗战爆发后，任副旅长、旅长，1939 年后任第 78 师副师长、第 53 师副师长。后任中央军校第七分校第十六期学员总队副总队长、第十七期学员总队总队长等职。1942 年 3 日接陈明仁任预备第 2 师师长。

第 11 集团军参谋长车蕃如，贵州贵阳人，1910 年生。中央军校第七期毕业。历任陆军大学参谋班少校教官，军令部第一署中校科长、第五处上校副处长，第 5 军参谋处处长，第11集团军参谋长。

第11集团军参谋处长欧阳春圃，号寿民，江西吉安人，1905年生。中央军校第七期毕业。历任排长、连长、教官，第5军参谋长，第11集团军参谋主任。

第71军第88师第263团团长傅碧人，别号志锋，又名肇成，湖南涟源人，1906年生。南京中央军校第六期第一总队步科毕业。历任国民革命军第19师第113团排长，第71军第87师独立团连长，第36师第215团连长。全面抗战爆发后，任第71军第36师第215团营长。1938年9月任第71军第88师第263团中校副团长。1941年8月任第71军第88师第263团上校团长。先后参加淞沪会战、武汉会战、徐州会战、第一次长沙会战等。

第11集团军给滇西带来了稳定。之前，日军侵入滇西，腾冲失守，保山告急，国民政府对时局的估计相当悲观，认为西南一隅将难以保全。为滞缓日军前进速度和坚壁清野避免物资资敌，统帅部下令破坏云南境内惠通桥以东150千米，祥云至西昌金沙江以南、祥云至牟定等几条公路，保山至漾濞之公路也列入破坏计划，烧毁囤积在保山的物资。这些行为使西南人民的心理更加恐慌，一时风声鹤唳，草木皆兵。第11集团军来了，其先头部队消灭了怒江东岸之敌，还有可能打过怒江以西，收复腾冲，向滇缅边境地区发展，迎接第5军。

第36师稳定了惠通桥东岸后，日军暂时停止进攻，这使重庆最高统帅部产生了错觉，以为日军进攻迅速，进入滇西的部队不多，顶多是两三千人而已。于是，命令宋希濂发兵西进。这一点正与宋希濂的想法不谋而合，宋希濂愉快地接受了这个任务。

宋希濂马上部署西进计划，命令预备第2师顾葆裕部于惠通桥附近渡江，向腾冲攻击前进；第 88 师胡家骥部于惠通桥下游攀枝花渡江，向龙陵攻击前进；第 87 师向凤武部到达后，派出一部渡江，向当面之敌进攻。

日军不管是进攻还是防守，其效率都非常高，到了怒江以西不久，便根据地形地物，修筑了坚固的防御工事。中国军队缺乏强大的炮火，计划也不够周密，各部队攻击非常艰难，打了五天，仅攻下两条公路间的一些小据点，与宋希濂预期的一举拿下龙陵、腾冲的目标相差太远。

宋希濂的部队过了怒江，与日军一交手，觉得日军战力很厚硬，几个地方都有相当的兵力把守。日军究竟有多少兵力在滇西，宋希濂此时还没有弄清楚。不久，这事清楚了。

5 月 28 日，第 88 师第 264 团在龙陵至松山的公路上作战，击毙了日军一名大队长，从其皮囊中搜到作战计划和军事地图，才得知侵入滇西的日军是第 56 师团，他们分布在腾北、腾冲、龙陵、腾猛（松山）、芒市、新浓等 6 个守备区，其师团部及直属部队驻在芒市。兵力约 2 万人。

宋希濂命令将所缴获的文件及地图速送参谋团林蔚处。林蔚当即把这重要情报电告最高统帅部。5 月 31 日，蒋介石下令第 11 集团攻击部队除若干部队在岸西游击外，其余全部撤回岸东，守住怒江。

滇西中日双方均了解对方以重兵设防，都是能战之师，若无压倒性的兵力，不可能击败对方。因此，双方隔怒江对峙，虽常有交火，但兵力不多，规模不大，属于小打小闹，无碍于大局。

在怒江西岸腾北地区游击抗日的部队主要是预备第 2 师。时任预备第 2 师参谋长彭励率部在腾北抗日，发动民众，协助地方官员建立抗日政府，训练地方武装，开展游击战争。时任预备第 2 师副师长洪行（湖南宁乡人，后任新编第39师师长，1944年12月17日在参加军事会议途中遇难于交通事故）表现不凡，给后人留下传奇故事。时任预备第2师团长兼中国远征军滇康缅游击第5纵队杨文榜的儿子杨凤翔在《我的父辈们与中国远征军》一文中提到洪行的传奇故事，撷录如下：

彭劢

> 预2师洪行在滇西打游击时，常常头戴斗笠，身披蓑衣，穿着草鞋，走村串寨。他曾化装混入被强迫修工事的劳工中，孤身一人深入飞凤山日军要塞，刺探敌情，英雄虎胆，置生死于度外。洪行人称洪胡子，为人豪爽刚烈，有大侠风范，胆大心细，晚上常常率小股部队摸到敌人鼻子底下偷袭，搅得敌人日夜不宁。正面之敌松本大佐，对预2师神出鬼没的游击战术深感头痛，经常挨打还找不着北，于是心生一计，向洪行下了一道战书，约定日期双方来一场白刃格斗（商定不得发射一弹）。松本自诩日军拼刺刀天下无敌，稳操胜券，以为洪行如敢应战必败无疑。而洪行毫无惧色，慨然应战，立即批复三日后决战（洪行应战书刻本，至今还陈列在腾冲国殇墓园展览二厅）。1943年2月24日，洪行、松本各率150人，在地盘关竖旗大战，双方一照面，我方气势明显压过对方，中国远征军预2师战士个个身负家仇国恨，舍生忘死杀向敌人，预2师战士以戴安澜第200师所赠大刀对日军的刺刀，大刀既锋利又称手，好一场惊天地泣鬼神的恶战，中国军队最终大获全胜，松本大佐也横尸在洪行的刀下。日本战报惊呼洪行为“中国战

神”，并悬重赏通缉。当时腾冲抗战县长张问德，赋诗称颂“日寇通缉洪胡子，洪行夜夜杀敌人”。

宋希濂着手整军经武。

首先，向最高统帅部建议，撤销了第66军以及新编第29师番号。保留新编第28师番号，归第71军建制，第36师从第71军拨出，暂归第11集团军直属。军委会基本采纳了宋希濂的建议，重建第6军，撤去甘丽初第6军军长职务，任命黄杰为第6军中将军长兼第11集团军副总司令，辖预备第2师和新编第39师，隶属第11集团军。后第54军由昆明开到祥云，暂归第11集团军指挥。

其次，补充兵员。在最高统帅部支持下，经过多方努力，第11集团军的兵员后来达到编制的八九成。

再次，成立“滇西战时工作干部训练团”。将华侨青年和从滇西沦陷区逃难而来的学生收留起来，送到干训团培训。一共办了两期，每期学员1000余名，受训期约一年。其方法仿效中央军校，设学员总队，3个大队为1个总队，大队下面又有若干区队。各级队长都由从部队中挑选出来的优秀军官担任，具有中央军校第八期学历者担任正副大队长，十五六期以前学历担任区队长。宋希濂不仅经常去干部训练团上课、讲话，关心学员的生活和训练，而且还聘请了西南联大的教授讲课。干部训练团受训的学员后在滇西反攻中起到了极大作用。

最后，整训演练。宋希濂抓紧与敌对峙的时机，严厉督促各部队掀起练兵高潮。他不辞劳苦，经常下连队检查训练情况，凡发现训练松弛的部队，便毫不留情地撤换部队长，甚至给予严厉处分。所以各部队都紧张地行动起来，每个连队都建立了讲堂，以沙盘或泥土制作模型来教练士兵，每个士兵都懂得攻防要领，各部队还经常进行野外攻防演习训练。这些演练为尔后的反攻打下了很好的基础。

宋希濂统率的第 11 集团军厉兵秣马，等待着有朝一日最高统帅部一声令下，马上出击，收复滇西失地。

第三章　北撤途中，中国远征军备尝艰辛损兵折将

掩护师长，柳树人英勇献身

第 5 军第 200 师于 4 月 25 日在棠吉地区结束战斗后奉命向曼德勒转进，参加曼德勒会战。途中，戴安澜先后接到两份电报：一份是参谋团的，要求第 200 师随第 6 军向景东转进，归甘丽初军长指挥；另一份是第 5 军军长杜聿明的，要求第 200 师向北撤退，与军部靠拢，尽早归建。

参谋团的命令中所指定的归国之路也许比较安全，但从感情上和部队隶属关系来说，还是杜聿明的命令更符合戴安澜以及第 200 师广大官兵的思想实际。戴安澜与高吉人、郑庭笈以及师参谋长周之再商议后还是听从杜聿明的指示，向北撤退。

第 200 师从雷列姆附近北撤。

敌我双方都在关注着第 200 师的动向。

蒋介石最为焦急。4 月 28 日，蒋介石致电参谋团团长林蔚：

林次长：戴部现在何地，应时时注意，切实联系，总使戴、刘（刘即刘伯龙新编第28师）两部行动时间与地点能适合勿差，此乃兄之唯一要务。此两部联合方面，除空军掷通讯袋与无线电通信之外，在其两部中间之山地，如能约地派员联络更好。望适合运用。中正

发了这封电报，蒋介石仍然不放心，同一日又致电杜聿明：

杜副长官：戴部现在何地，须每日电告，并嘱其与林次长时时通电切实联络，俾与张军（张轸之第66军）夹击敌军，不失机宜也。中正

第200师在昆仑关之战和不久之前的同古之战给予日军重创，日军恨之入骨，千方百计追寻第200师行踪，企图围而歼之。日军电台不断广播："要奠定东亚和平，非消灭第5军，尤其是第200师不可。"日军大搞宣传心理战。日军在传单上画着一只老虎，后头是拿枪的猎人，前头张开一堵网墙，旁边写着："第200师跑不了。"他们把传单运载在飞机上，飞往第200师活动地区的密林上空，四处撒放。

日军估计得很准确，第200师不会走东撤之路，也不会从东北方面向腊戍走，一定会追赶从曼德勒北撤的第5军军部，走腊戍至曼德勒之间地带。第56师团师团长渡边正夫认为这一带是丛林地区，是该师团发挥打丛林战特长的好战场，而丛林战恰是第200师机械部队的短板。渡边正夫正打着他的如意算盘。

5月18日，第200师达到腊戍西南侧的郎科地区。前头不远处是滇缅公路细包（昔卜）至摩谷公路。

12天前，戴安澜接到杜聿明的来电，称军部和新编第

22 师、第 96 师已兵分两路从曼德勒出发，沿伊洛瓦底江东西岸北撤，准备从密支那回国。第 96 师作为先头部队已于 5 月 10 日上午达到密支那以西约 18 英里的孟拱，军部和新编第 22 师离此几十公里。第 200 师不必追寻军部，自己择路回国。

戴安澜命令作战参谋拿来作战地图查寻最近最安全的回国路线。从地图看，郎科离国境线直线距离约 80 千米，那地点附近是属于缅境的南坎。国境线到那一带呈现出“U”字形的底部。戴安澜与高吉人、郑庭笈等商议决定，跨过细包至摩谷公路段，然后朝南坎方向，从附近偷偷北进回国。戴安澜命令各部队做好准备，以最快的速度，出其不意，跨过细摩公路。

为了鼓舞士气，戴安澜身先士卒，率领一排人马走在前面。日军在公路及公路北侧的丛林中设有两道封锁线。当他们发现第 200 师出现在公路南侧便发起突然袭击。冲在前头的第 200 师部队动用所有火力迎战，以猛烈的火力突破公路上一段防线。戴安澜带领部队进入北侧丛林之中。

戴安澜带队搜索前进。柳树人率领所部跟在后面。丛林大树遮天，灌木杂草纵横。为了不让日军发现第 200 师行踪，戴安澜没有命令部队像以前以火力搜索前进。走了有一段路程，埋伏在丛林里的日军第二道封锁线的部队突然向戴安澜率领的先头部队开火。

这是一场近距离的遭遇战，敌人有备而来，地形对他们有利；第 200 师有备乏术，有力无法施展。第 200 师官兵被敌人猛烈凶残的火力舔倒一大片，戴安澜胸腹部各中一枪，跌倒在地。柳树人在后面听到从前方突然响起激烈的枪炮声，暗暗叫苦。他马上率队往前赶去，一边冲锋，一边对周围的官兵大喊：“你们快把师座拉下来！”他的话声还没落下，日军机枪射出的一条火舌已向他扑来，将他舔倒。

柳树人咬紧牙关，忍受剧痛爬了起来，向靠近他的日军开枪。子弹打光了，就与敌人格斗，最后流血过多，气力不支，被日军乱刀刺死。

柳树人在异国丛林之中殉国，第200师恰逢兵败，仓皇突围，其遗体以及稍后牺牲的第600团团长刘杰的遗体都没有办法寻找回来。他们的遗体就这样丢失于莽莽的缅北丛林之中，长眠于异国他乡。青山处处埋忠骨，何须马革裹尸还呢？

国失干城，戴安澜牺牲于缅北茅帮村

两个卫士迅捷地扶起戴安澜，一人一边。一个用右手从师长的左腋下穿过，另一个用左手从师长的右腋下穿过，转过身来，飞快地往后撤走。适逢郑庭笈率第598团赶过来，才算把戴安澜从战场上抢回来。

战斗仍然激烈，郑庭笈率部拼死冲杀，费了九牛二虎之力才把敌人杀退，冲出第二道封锁线。第200师通过这两道封锁线，损失惨重，第599团和第600团所剩不多。官兵们经此惨败，师长戴安澜受重伤，生死未卜，柳树人和刘杰两位团长阵亡，遗体无法取回来，想到此，不禁悲从中来，有些官兵失声痛哭。

戴安澜从昏迷中醒来，看见周围一双双泪眼，便强颜笑道："哭什么？军人死在战场上，死得其所。自古以来，马革裹尸，是军人的荣耀。我在同古已宣布：我战死，以副师长代理。副师长战死，以参谋长代理。其余以此类推。高副师长、周参谋长、郑指挥官，你们要发扬我黄埔团结协作的精神，克服一切困难，把部队带回去，这些是我200师的精华，是我200师的血脉啊！这样，我死得瞑目！”

高吉人安慰戴安澜说：“师长，第200师离不开您啊！您一定能挺过来的！您戎马多年，历经百战，受伤无数次，特别是昆仑关战役，您也是像这次伤得那么重，您不是也挺过来了吗？我们离不开您啊！”

第200师的战力已基本解体，再也无法与日军大队人马硬碰硬了。只能避实就虚，寻找安全的地带，逐步向国境靠拢。第598团副团长陈辅汉自告奋勇，担任侦探队队长。

陈辅汉与队员们通通化装为缅民，外出侦察敌情和寻找安全的行军路线。他干得很出色，路上多次遇到日军小股搜索队盘查或阻拦，他都能机智勇敢地应付，化险为夷地归队，并完成每一次既定的侦察任务。

第200师采取这种行动方式，一步一步向国境迈进。

缅甸地处中南半岛，大部分地区属于热带雨林气候，全年分为旱季和雨季。雨季从每年5月下旬到10月。一到雨季，阴雨连绵，天气较凉，潮湿极重，蚊虫、蚂蟥很多，瘴气特甚。又其境河流交错纵横，旱季时大多河流河床干涸，可以徒步通行；一到雨季，河水涨高，水势汹涌，舟船难通。

第200师行军极其困难，身受重伤的戴安澜生命更加艰难。雨季一来，终日大雨瓢泼，无论将士怎么照应，终日在大旷野中，不测的雨水无法抵挡。他躺在担架上时受雨水浸淋。这引起了伤口发炎化脓，加重伤势。

更要命的是，部队是在偏僻的地区行军，沿途没有药品补充，仅存的药品越来越少，终于用完了。没有华侨支持，缅人对中国军队持敌视态度，没法从他们那得到药品或民间治病的秘方。看着高烧不退、始终处于昏迷之中的戴安澜，高吉人、郑庭笈等将领命令部队加快进军速度，早点进入国境。无奈道路步行艰难，又要提防日军袭击，直是叫天天不应，叫地地不灵。

5月26日，第200师来到缅北茅帮村，这个名不见经传的小村落注定要成为黄埔将星陨落的地方。到达时村庄上空烟雾袅袅，一种不祥之兆向第200师官兵迎面袭来。一直昏迷的戴安澜忽然清醒过来，要求左右人给他更装，郑庭笈闻报飞快来到担架旁，见戴安澜精神处于亢奋状态，便意识到这是不祥的征兆，这是回光返照。尽管此时不宜翻动他的身体，却不能不满足他的要求。于是郑庭笈与手下一起给他换上了军装。戴安澜已不能言语，只用手指向东北方向便含恨归天，此时为下午5时。全师官兵闻讯，无不失声痛哭。

戴安澜牺牲后，遗体由工兵团制造一具木棺装殓，每日抬着行军，渡过瑞丽江后，因遗体腐烂，乃将遗体连同棺木一起火化，拣出骨灰装入箱内，以马驮着行军，沿途民众见了，无不伤心惨目。

6月1日，蒋介石接到戴安澜噩耗的电报，顿时痛哭，连声大喊："国失干城！国失干城!!"蒋介石的眼前浮现起他与戴安澜在50多天前在缅甸梅苗的最后一次见面。

戴安澜

1942年4月5日，蒋介石带罗卓英到腊戌。第二天到梅苗亲自指挥部署彬文那会战。当晚，他把戴安澜留下同住一晚。师生俩亲切地交谈。

戴安澜对同古失守感到诚

惶诚恐，担心校长会责怪他。他历来高标准要求自己，也准备让蒋介石批评责骂。没想到蒋介石没有批评他，还对他勉慰有加，甚至要他讲讲与日军作战的经验教训。

蒋介石这种态度使戴安澜感激涕零。戴安澜说："同古我军失败的根本原因不在于英军背信弃义，不打招呼提前脱离战场，而在于我军以及盟军失去制空权。校长，人类战争形态已进入机械化战争，常规作战的标准样式是空军与地面战车的协同作战，前不久北非沙漠的英德坦克战，便揭示出现代战争的一个基本规律：即使作战双方都是现代装甲坦克部队，没有制空权的一方必败无疑。而缅甸战场机械化程度与欧洲、北非等战场比较而言，还只能算是半机械化水平而已。比如同古之战，双方虽有不少坦克装甲车，但交战仍是以步兵为主，而对我步兵杀伤力最大的，就是日军的飞机。它们每天数次在我们头顶上轰炸扫射，我军毫无还手之力，只能乖乖等着敌人炸弹掉到我方阵地来。校长啊，我军要尽快拿出对付日军空军的办法。"

蒋介石听了戴安澜这一席话，对他的真知灼见和敢于建言献策更另眼看待。没想到，这样可造就的将领却这么早就为国捐躯。这怎么不让蒋介石痛苦落泪呢？

戴安澜牺牲后，高吉人代理师长职务。他不负众望，在郑庭笈等人支持配合下，见缝插针，向国境方向前进。6 月 2 日，第 200 师到达南坎至八莫公路段。闯过这一关就可进入国境。陈辅汉仍然前行搜索引路。当天晚上，第 200 师顺利通过公路，进入国境内。

滇西地区怒江以西，敌我势力犬牙交错。日军占领主要城镇和交通线，第 11 集团军的游击部队和不肯逃亡又不肯当亡国奴的有志之士的小股武装骚扰和牵制着日军，其中的预备第 2 师还兼任接应第 200 师回国的重要任务。第 200 师仍然避实就虚辗转行进，抵达怒江西岸高黎贡山中缅边境时遇到杨文榜为司令的隶属预备第2师的滇康缅游击第5纵队。两支部队曾在昆仑关战役并肩战斗，此时此地相见，倍加亲切。第200师官兵纷纷解下心爱大刀赠送预备第2师官兵。

6月25日，第200师到达保山县城，全师只剩4000人。

戴安澜烈士得到隆重的悼念。7月15日，戴安澜灵梓运抵昆明，各界代表集会举行万人公祭。7月31日，灵梓运至广西全州（第5军留守处），人们再次举行公祭。1943年4月1日，国民政府在广西全州隆重举行追悼大会，大会由国府特派代表李济深主持。国共两党领导人纷纷书赠挽诗、挽词和挽联，蒋介石挽联："虎头食肉负雄姿，看万里长征，与敌周旋欣不忝；马革裹尸酹壮志，惜大勋未集，虚予期望痛如何？"毛泽东挽诗《海鸥将军千古》："外侮需人御，将军赋采薇。师称机械化，勇夺虎罴威。浴血东瓜守，驱倭棠吉归。沙场竟殒命，壮志也无违。（载安徽芜湖赭山公园戴安澜烈士墓碑刻）

戴安澜的懋绩勋章

最能高度概括和评价戴安澜的挽词要数周恩来，其挽词为："黄埔之英，民族之雄。"纵观戴安澜短暂三十八年人生，他受之无愧！

病魔缠身，杜聿明险丧野人山

1942年5月1日，杜聿明率军部及新编第22师往北撤退，准备从密支那回国。5月8日，到达印道（英多）。在那听到日军于当天占领密支那的广播。这个不幸的消息犹如五雷轰顶，沉重地打击了杜聿明。

黄昏时分，第96师师长余韶到军部见杜聿明。杜聿明向余韶通报这个不幸消息后，又提到河东纳巴也有敌人，有几艘轮船停泊在那边。为防敌渡江来犯，已令新编第38师刘放吾团的杨营长带领该营在江边警戒，并派军部副官处长吴惕园率第288团何连长所部乘汽车往孟拱侦察敌情。最后，命令余韶于第二天早上率第96师已到部队及军炮兵团、战防炮营去打密支那，由军部抽调汽车运输。杜聿明很自信地说："将所有炮弹打在那里，不怕打它不开！"

远在重庆的蒋介石于5月9日从电台广播中得到密支那失陷的消息。蒋介石是有点不相信。为了提醒缅北前线中国军队，他宁可信其有，不可信其无，立即拍电报给杜聿明告诉这消息，并做出相应的指示。电文如下：

> 急。杜军长，并转史参谋长、罗长官：顷敌广播称：彼寇昨日已占密支那，微日（6日）已占八莫。无论其宣传的虚实，我应特别戒备。唯其兵力绝对不强大，此次行军作战要领如下：
>
> 甲、各路纵队之先头，皆须选其精强者，至少要能击破敌一个大队之兵力为编组基准。
>
> 乙、兵力不可太分散，各纵队联络须求确实，多约暗号密语。

丙、如敌已占领据点顽抗，则切勿攻坚，唯派有力部队监视包围之，以掩护我主力通过。

丁、各路侦察搜索宜广宜远。凡两日行程前方之要地情况，须能切实明了，尤其对八莫、密支那之敌情及其兵力，必须特加侦察，时时明悉行进，不太求急速，但警戒必要严密。

戊、总目标应以先能接近国境为唯一要旨，务使进战退守皆能自如。

己、伤兵应特别设法处理与护送回国。

有些著述称，第5军军部、新编第22师、第96师与新编第38师于5月9日召开军事会议，研究回国行军行动，地点则说法不同，有的称在印道，有的称在卡萨（在印道东南方向约10千米处）。第96师师长余韶在回忆录中没有提到这次会议。这是有可能的，因当天接到蒋介石的电报指示，孙立人在此与第5军分道扬镳，从印道西行入印。据云，在会上，杜聿明与孙立人为回国路线发生争执。杜聿明坚持继续贯彻北进计划，或强攻夺回密支那，从八莫回国，或绕过密支那，从孟拱以西地区绕道，经野人山，翻越高黎贡山，返回云南。孙立人主张执行罗卓英的命令，向西撤入印度。

余韶执行命令很坚决。5月9日上午7时，其部以第286团为前卫，骑兵连、第287团第3营（陈国武营）、第288团、军炮兵团及战防炮营为主力，先后登车向孟拱出发。虽然是在大森林中的牛车道上行车，但是路两旁的树皮被先行的汽车擦光，成为天然的路标，循此而行，不需向导。第二天上午11时许，前卫部队抵达孟拱。

孟拱至密支那约30千米，前者位于西南，后者位于东北，换句话说是东西走向，不过以北纬为标不在同一条平行线上。第286团马上东渡过孟拱河警戒。

5月10日下午4时，杜聿明电令到达孟拱的第96师及军属部队改变行动计划，电令称："纳巴敌人已渡江，军即向大打洛—孟缓（孟关）之线转进，第96师及军属部队即向孟缓转进勿延。"

以前敢闯敢干的杜聿明经此失败变得小心谨慎，也许蒋介石两天前的指示也产生了作用。其实敌情并没有那么严重，渡江的日军不多，只有两三百人，但新编第38师第113团杨营毫不抵抗退走了，曾在仁安羌英勇无敌的第113团变得畏敌如虎，不战而退。第113团只听孙立人的，不听第5军。如今两军已分道扬镳，各走各的。杨营的不战而退，助长了敌焰，人为地使形势严峻起来。杜聿明认为，印道至孟拱的道路已被日军截断，只能放弃打开密支那取道回国的计划，西行北上。

杜聿明一错再错，在曼德勒撤退时，若举第5军及有关部队之全力，打通腊戍从滇缅路回国，是极有可能的，因奇袭腊戍一带的日军只有第56师团。若以执行蒋介石命令从密支那、八莫回国来理解，错不在他。但这一次不敢全力以赴从密支那或绕密支那回国，却从孟拱以西绕道回国，是个严重又愚蠢的错误。当然，杜聿明是个诚实人，后来也承认自己下令绕道回国是他最大的错误。

杜聿明这道命令使决心十足的余韶很纳闷。"我接到杜的电令后，心想密支那只有几百敌人，纵然打不开，也可以从那里强行通过，再觅路经江心坡回国，何必去孟缓。"几十年后，他的不解、他的痛惜之情还是不能释怀。

从当时的实际和后来发展的结局看，杜聿明这一着是严重的失策。后来第5军军部、新编第22师、第96师等在"人间地狱"野人山挣扎，损兵折将，杜聿明险些丧命，就是明证。想法归想法，余韶还是坚决执行命令，带部队折回到甘蛮，再由甘蛮到孟缓。

5 月 3 日，杜聿明去电要求第 96 师折回密支那下游，渡过伊洛瓦底江，择路回国。看到杜聿明要第 96 师来回折腾，况且密支那一带的敌情又发生了更严重的变化。这一回余韶火了，坚决不同意，回电杜说："既是回国，最好由我自己选择路线。"杜聿明同意余韶的意见，自行回国，但要求第 96 师把大炮抬回去。

杜聿明于 5 月 11 日率部自印道离开密曼公路，改道向西北方向进发。部队行走数日，道路越来越难走，两旁林木参天，遮天蔽日，阴森恐怖。这一带就是令人谈虎变色的野人山。

野人山是中国人的称呼，而缅甸人则称之为"胡康河谷"，意思是"魔鬼居住的地方"。野人山包括那加山以东大洛盆地及新平洋盆地，都是原始森林，古木参天，不见天日。其中河流交错，雨季水势汹涌，舟船难通。每逢雨季，不仅用兵困难，民间交通亦多断绝。可是到旱季，河川变成通道，除亲敦江外，一般都可徒步通行。

野人山原在中国版图里，20 世纪 50 年代地图可以查看，有争议的只在密支那北线的一些与中国边界交接的地方。历史上缅甸曾为中国藩属国，后为英国殖民地。20 世纪 60 年代初，中缅边界谈判，双方于 1961 年 10 月签订"边界议定书"，中国同意将野人山划归缅甸。

部队进入野人山，刚开始还可以用工兵开道，后来不行了。前方要么是密匝的森林，要么是断崖或河流，无路可通，工兵也无能为力。部队只好将所有车辆，坦克、大炮等重型装备焚毁。

行军的计划也一再变更，使部队在野人山来回折腾。部队先是按照先前决定的“径向大打洛—孟缓之线转进”，后侦悉日军以密支那为据点，派出部队围追堵截，控制了密支那以西、孟缓以北广大地区，截断了第5军从孟缓归国之路，5月23日，便放弃以上计划，执行蒋介石5月15日指示的“向清加林、卡姆特撤退”计划。部队于5月底到达清加林，蒋介石于5月30日急电杜聿明：“军既抵清加林、卡姆特，即应向印境或北向雷多前进，不必再越葡萄，以免中途被围。”杜聿明不得不执行命令，带领部队向印度方向转进。

第5军军部及新编第22师在野人山来回折腾，身临这险山恶水，人生地不熟，水土不服、气候不适，大雨瓢泼无遮无盖，又有野人、猛兽毒虫侵扰袭击，后勤供应不上，不病不死才怪。沿途不断有人病倒，有人死亡。特别是疾病流行，传播极快，无医无药，死亡失踪的官兵日益增多，其数字越来越惊人。

有生活医护保证的杜聿明到了大打洛也病倒了，他患上了可怕的丛林回归热病。这可把第5军参谋长罗友伦、新编第22师师长廖耀湘、军参谋处长李汉萍等将领急坏了。他们把军医叫来，交代他无论如何要把军长的病治好，甚至威胁：“若是军长性命出了问题，你的性命也跟军长一样结束。”军医们当然要全力以赴，他们把急需备用药都给杜聿明用上，并对罗友伦等长官说：“我们尽力了，也只能这样，就看杜长官的造化了。”

杜聿明进入野人山后的安全还要多亏一位名叫常胜的基层军官的悉心保卫与保护。

常胜，原名常得宝，后杜聿明疼爱他，给他改名为常胜，是杜聿明任团长时“抽丁”入伍的。杜聿明见这年仅18岁的小伙子聪明伶俐，便把他留在身边当勤务兵，部队入缅前提拔为警卫连连长。

常胜对杜聿明既崇拜又忠诚，甚至把杜当成再生父母，带着警卫连跟在杜聿明周围寸步不离。在大雨中行进，他将自己的雨衣披在杜身上，不让杜受半点潮湿；宿营时，他将士兵蒙背包的油布收集起来搭成帐篷，将自己的棉被垫在杜的身下，然后在杜身旁一靠，警惕着蛇虫甚至野兽对杜的突然侵袭或骚扰。部队断粮时，熟读诸葛亮《将苑》关于“军食未熟，将不言饥”等为将之道的杜聿明为了不影响士气和折服官兵，拒绝了部下送来的拥有特殊保证的食物，以至饥肠辘辘，常胜会把自己多日省下的食品偷偷给杜吃。

发高烧昏迷了两天的杜聿明突然醒来，虽然身体还是非常虚弱，骨瘦如柴，但毕竟烧退了，人清醒了命保住了。当他处理完这两天因昏迷而耽搁的重要军务后，回头望望，寻觅与他情同父子的常胜时，常胜却不见了。部属告诉他：常连长染上回归热病，无药医治死了。杜聿明顿时哽咽，不能自已。

第5军少将高参张剑虹也没能走出野人山。

张剑虹，原名张炎，1902年生，安徽凤台人，早年就读于上海同济大学，后投笔从戎，投入黄埔军校第三期步兵科，毕业后在国民革命军任职，参加东征、平定杨刘叛乱、北伐诸役。“四一二政变”后，李立三和聂荣臻到上海处理善后工作。在黄埔军校政治部工作过的聂荣臻被归属蒋介石指挥的国民党军扣留，幸好张剑虹在其部队任职，给予释放。后来，张剑虹到南京中央军校任战术教官，又转入教导总队任职，参加南京保卫战。第200师成军后，张剑虹到第200师任职，后任第5军少将高参，参加昆仑关会战和随第5军入缅作战，不幸殁于野人山。有的资料称张剑虹和司令长官部少将高参陈范牺牲于“1944年1月31日的云南龙陵激战中”。这是值得商榷的。一是1944年1月31日没有发生龙陵激战；二是龙陵战役后期才有第5军的第200师参战，也不必派军部少将高参参战。张剑虹殁于野人山较有可能。

据有关资料显示：殁于野人山的将级军官还有中国远征军司令长官部少将高参陈范（湖南凤凰人，中央军校高教班第五期）和司令长官部机械运输处少将处长丘易色（广东梅县人，西南联合大学机械工程系教授）。

蒋介石时刻关心着第5军，关心着杜聿明。当第5军电台电池用完与重庆失去联系后，即派飞机到野人山上空寻找，并空投食物、医药用品和电池，甚至在荒无人烟之地根本无法购买到物品的钱币。他还责令联勤部长俞飞鹏赴印度边境小镇列多具体实施救援计划。

1942年7月底，在各方援助下，第5军幸存官兵陆续挣扎着走出野人山，最后到了列多集中。清点人数发现：军直属部队撤退中伤亡3700人（不是全随军部撤退），新编第22师撤退伤亡4000多人。杜聿明听完统计报告无言以对，廖耀湘则号啕大哭，发誓不报此仇，誓不为人。

1942年8月，杜聿明奉调回国，行前在列多设下灵堂，奠祭中国远征军入缅殉国的将士，祭辞如下：

> 痛乎！我远征军烈士诸君也，壮怀激越，奉命远征，别父母，抛妻孥，执干戈卫社稷，挽长弓射天狼。三月赴缅，深入不毛。与寇初战同古，首建奇勋，为世人瞩目。再战斯瓦河、平满纳、棠吉，众官兵同仇敌忾，奋勇争先，杀敌无算。缅战方酣，不意战局逆转，我远征军官兵转进丛林，身陷绝境。诸烈士也，披荆斩棘，栉风沐雨，茹苦含辛，衣不蔽体，食不果腹，蚊蚋袭扰，

瘴气侵凌，疾病流行，惨绝人寰。惜我中华健儿，尸殁草莽之中，血洒群峰之巅。出师未捷身先死，壮志未酬恨难消。

悲夫，精魂忠骨，永昭日月。

兹特临风设祭，聊表寸心。

七里通受阻，胡义宾魂断深谷

在第96师入缅作战的前半阶段，副师长胡义宾负责师部及直属部队的行动。

1942年5月1日，根据北撤计划，第96师通过曼德勒的伊洛瓦底江大铁桥，到西岸，由此北撤。第96师分兵前进，余韶率第286、288团以及其他部队徒步先行，胡义宾率师部及第287团沿铁路边走边等火车，铁路可通向密支那。

虽然胡义宾所部是乘火车行进的，但其速度不比余韶所部的行军快。他们两部几乎同时到达一个车站点。因为铁路上常有英国人撤退时丢下的物资甚至是武器弹药箱，阻碍火车正常行进，途中的车站更为糟糕，停着的车厢很多，有的歪在轨外又部分堵在铁道上，火车开得慢，且必须时走时停清除这些障碍。

胡义宾考虑到步行的部队辛苦疲劳，建议均劳逸，相互交替，乘车部队下车步行，步行部队乘车前进。余韶觉得这个道理可行，就率第286、288团以及第287团第3营乘火车开拔。

看来老天还要让第96师官兵同甘共苦。列车行至半夜就在一座大桥上出事了。缅人故意把铁轨的螺丝钉拧松，让驰来的列车出轨。好在这招恶作剧没有造成严重后果。车上官兵除少数被碰撞伤及外表外，没有大碍，他们只得弃车步行。

胡义宾率领的师部及第287团2个营落在后面。当余韶于5月8日黄昏到达印道时，胡义宾与所部还远远落后于余韶所部。5月10日傍晚，胡义宾接到余韶转达的杜聿明命令，便奉命率部向大打洛—孟缓（孟关）一线转进。

胡义宾率部继续北进。部队到达印道后，与杜聿明所部不期而遇，随后步着第5军军部、新编第22师后尘行进。

从20世纪50年代初大陆舆地社印行的《世界分国新图》看，野人山地界的南底线在孟拱平行线上不远。据估计，胡义宾所部约于5月20日才进入野人山。

胡义宾的部队等于在为第5军军部殿后，部队的给养越来越艰难，甚至经常断炊。因为有约3万多印度、缅甸难民从这条缅北通往印度的古道通过，又有前行的第5军军部和新编第22师人马，沿途食物绝大多数被前行者拿去，胡义宾所部能得到的也只是残羹剩饭。迫于无奈，部队纪律慢慢地放松了，甚至有士兵抢劫食物，打死抗拒夺食的难民。这引起了美英联络军官的抗议，他们把状告到杜聿明那里去。当部队过了大打洛，在去新平洋途中，躺在担架上有气无力的杜聿明考虑再三，权衡利弊，还是命令胡义宾率部去追寻第96师总部。

一路上，胡义宾所部也经历了第5军军部、新编第22师和第96师一样的艰辛。行军路上的大部分地区，除道上有一线黄土外，余皆草木，密的地方连狗都钻不进去。路上不时能听到群猿哀鸣，其声甚为凄惨；不时能看到群猿在树上攀援跳跃，这些猿猴只只尖脸、长脚、黑毛，身长约二尺许。更为糟糕的是，草间树梢沾满蚂蟥，不断向人们袭击，人人身上多处被咬，伤口流血。挨近草木坐立，数分钟后，身上便有百十条蚂蟥。部队只能寻找空旷无落叶的干土地面，或靠或躺在地上面宿营。

胡义宾很机警。余韶每天晚上以无线电与他联络，他只报告一个大概的方向或地点，而没有说出自己的具体位置和下一步的行动。这是为了防备日军的窃听和截击。

5 月 28 日晚，胡义宾率部到达新平洋。新平洋在孟缓的西北方，距孟缓约 40 千米。第 96 师主力就是从孟缓东南侧东进北上回国的。余韶要他大胆从那沿师主力走过的道路回国。胡义宾不知是派兵侦察还是道听途说，坚称孟缓已有日军了。

胡义宾到了新平洋不知发生什么事，直到 6 月 21 日才到达孟缓。在这 23 天里究竟发生什么事？是否途中迷路耽误了一段时间？

从不是当事人的余韶的记载来看：胡义宾率部离开杜聿明部向东北转进，途中遇到原在曼德勒担任警卫的新编第 28 师的一个团，他们是在腊戍失守后辗转到此的，遂与胡部合并同行。

同行之后，具体行军路线如何？余韶没有交代。从后来胡义宾到了孟缓看，胡部与新编第 28 师的一个团先是向西北方面前进后又从别的地方调头南下，正像前面所说，孟缓是在新平洋的东南方向。部队就这样在野人山里来回辗转，以致花费了 20 多天。

这 20 多天，胡义宾都是率部在森林中打圈子，一面开路，一面找粮食。在人烟稀少、缅人与我为敌的野人山很难找到粮食，只能弄些野菜和芭蕉根充饥。官兵因饿因受毒虫侵害而病，因病而死日益增多，2000 余人死亡大半。他们误打误撞到了孟缓附近，发现第 96 师两个生病掉队的士兵，问了他们才知道孟缓就在眼前。根本没有日军，胡义宾连忙举起他的右手，不断地敲着自己的脑袋说："我该死！我该死！"

安全是没有问题了，但粮食怎样办？胡义宾突然想起不久前余韶在孟缓曾给的电话。孟缓是野人山中的一个县，人烟稀少，且已逃避一空，但贮有供应筑路工作的粮食。40天前，第96师到此发现了粮仓，他们携带可用15天的口粮，其余的留下，供后续部队使用。余韶曾电告胡义宾，此地有粮食可用。

胡义宾在孟缓取食又休息三天后往东面的孙布拉蚌进发。已到达葡萄的余韶知道胡义宾已到达孟缓，即派刘有道率4个连向孙布蚌去逐段掩护，并以1个连在七里通（麦通）接应。

这时，日军数百人已占领孙布拉蚌，以胡义宾所率部队的力量无力突破敌人的封锁，只好退守以待。余韶命令刘有道快速南下与胡义宾部一起夹攻敌军。刘有道率部行抵多多戛遇敌阻击。敌军虽然不多，但凭险固守，刘有道屡攻不克，只得折回。

胡义宾听从余韶指示，改道北上与余韶会合。

7月2日，胡义宾率部到达七里通。此时，七里通已被日军占领，日军在一边是陡峭的山峰，一边是悬崖的要道上构筑阵地，拦住通往葡萄去路。这里已不属于野人山了，再北上约40千米就是葡萄。胡义宾想：怯而退步，再退到野人山，结果也是很暗淡，不如拼死一搏，也许可以闯出一条生路来。于是，胡义宾从第287团中挑选一些体力尚好的官兵组成尖刀连，由他亲率向日军发起强攻。在组织反复冲锋时，胡义宾不幸颈部中弹，负重伤，身体失重从悬崖上跌入深谷，悲壮牺牲。其忠骸无法收殓而葬身异邦。

这一仗是第96师撤退回国的最后一仗，胡义宾入缅参战以来，九死一生，却殁于最后一役，令人扼腕痛惜！

不辱使命，陈启銮寻粮建奇功

凌则民牺牲后，第288团由漆云鹏代理团长，从曼德勒北撤后改由陈启銮代理团长。

第96师主力到达孟拱后，杜聿明命令该部转向大打洛—孟缓一线，余韶命令陈启銮率第288团为先头部队向孟缓进发。因为这一段有公路，是由华侨新近修建的，路好走，所以，陈启銮于5月11日傍晚到达了孟缓。

孟缓是个盆地，四面崇山峻岭，峰峦被云雾缭绕着，景色迷人。中间一块平原方圆四五十里，遍地野草，高可没人，足见是荒蛮之地。部队到了孟缓，已经断粮，当务之急是要搞到粮食。陈启銮所部既有前卫任务，又有筹粮任务。筹粮是要守住纪律的，缅人受日军欺骗，本对中国军队怀有误解甚至敌意，但上级交代绝对不能违纪筹粮，破坏军队与缅民或华侨的关系，败坏中国远征军名声。

真是“天无绝人之路”。正当士兵们在寻找野菜时，发现了三个英国士兵各自背着大麻袋“叮当”乱响由远而近走来，从熟悉的响声判断麻袋里可能是罐头食品。士兵们看到这三个英国士兵，想起缅甸战场老是上他们的当，帮英军打仗，英军却不信守协同作战诺言，擅自撤退保存实力，不由气打一处来，把英国士兵抓过来，把麻袋拿下，还准备出手教训解气。陈启銮带着几个随从寻找食物和检查官兵风纪，听到附近喧闹声，急忙走过去。他头脑较为清醒，及时地阻止部下破坏盟军团结的行为。找来翻译询问，才得知附近有一座大仓库，储存着大量食品，供修路华侨工人食用。由于战乱，工人以及管理人员已跑光了。陈启銮命令释放英军，报告余韶，做方案分配食物。这一发现可谓功德无量，它使生存濒临绝境的第96师粮食问题得以解决，还给后到的胡义宾部留下粮食。

陈启銮作战勇敢机智，处理问题有方。处理上述之事若像士兵们一样鲁莽，英国士兵受侮产生逆反心理，很可能不提供粮仓的线索，当时在兵荒马乱的孟缓，若非英军士兵提供线索，哪能想到附近有大量的粮食，部队又不准入民宅及楼房仓库破门翻箱倒柜寻找粮食，第96师官兵的口粮问题就难以解决了。陈启銮为第96师立下一大功劳。

陈启銮在战斗中表现也非常出色。采撷1943年12月20日美军司令部授勋表彰文件以说明。文件如下：

> 陈启銮少校，于民国31年4月20日在缅甸羊墨新（也真642高地，笔者注）一役英勇作战。时第288团奉命守卫羊墨新，为敌军所围，陈营长领少数员兵，不顾生命，穿过敌防线，突破重围，与其他部队重新联络。其光荣战绩，实为中国军队之荣誉。

几十年后，陈启銮的老师长余韶在回忆中还提起这事，说："第1营营长陈启銮复率部向敌右侧出击，敌军纷纷跳车逃窜，狼狈不堪。"那天的战斗，第288团有2个营，即第1营和第2营投入战斗，第1营3个连战斗顽强，伤亡很大仍死守阵地，又不时乘敌不备，出奇制胜。这在余韶的回忆录中都有介绍，谅不赘述。

抗战胜利后，陈启銮厌恶国共两党之间的内战，一直在国民党军队中担任参谋之类的闲职。辽沈战役后，他从东北回到家乡浙江临海，原本打算带妻儿在老家住上一阵后，再考虑自己的去向。不料，临海的国民党部队起义，把他看管起来，押送到杭州去，使他成为战犯被关押，后被送到山东济南的一个战犯管理所劳动改造，直到1959年12月全国第一批国民党战犯特赦，他才被释放。

陈启銮的妻子唐纫芝，是中国大学理学院化学系毕业生，她在读大四时于1946年4月在北平与陈启銮结婚。有一段时间，夫妻离多聚少。

中国远征军，特别是野人山的经历是陈启銮挥之不去的记忆。1977年中秋节前，正好是他60诞辰纪念又是从野人山死里逃生回到祖国35周年，他想到人生的起落哀荣，沧桑沉浮，特别是罹难野人山之袍泽，颇多感慨，赋《野人山纪实》诗一首：

茫茫野人山，沉沉云雾间。
源发喜马拉，东接高贡峦。
腐叶古累积，沟凹平无瘢。
失足顿灭顶，扶杖需细勘。
山中禽兽驰，地上蛇蟒盘。
蚍蜉藏草丛，蚂蟥落树端。
粮绝野菜挖，笑歌聊替馒。
战马宰杀尽，无盐烹食淡。
今日远戎死，报国已无惭。
男儿英雄色，马革裹尸还。
唯恨倭如贼，侵略黑心肝。
父母翘首盼，白骨已斑斑。
哀鸿传遍野，悲惨绝人寰。
谨将英魂奠，敬献薄酒膰。

陈启銮后来把 1943 年史迪威颁发给他的美军银星勋章弄丢了，对此念念不忘。20 世纪 80 年代，美国政府给戴安澜家属补发了抗战勋章。这事对陈启銮震动不小，1990 年 11 月 20 日他写信给美国总统老布什，要求参照戴安澜的做法，补发勋章，希望在他“有生之年能重见那枚抗战勋章”。两星期后，他因突患呼吸道梗阻而去世。

陈启銮在中国远征军中没有显赫的地位，只是一个代理团长，但他从出征入缅开始至失败归国，都有可圈可点的正面表现，他带着未能再看到记载他一生最光辉的荣耀的抗战勋章的遗憾而去世。

第四章　筹划反攻，中国驻印军边训练边修路

忽接命令，郑洞国离开鄂西战场
出任中国驻印军新编第1军军长

杜聿明回国后，退到印度的中国远征军如何称呼呢？约定俗成称为中国远征军驻印军或中国驻印远征军。英国人曾一度觊觎入印的中国军队，曾要解除中国军队的武装，但遭到孙立人的反抗而未能得逞。美国人的思维跟中国人不一样，不同意叫做中国远征军驻印军。经史迪威与蒋介石商议，称为中国驻印军，于1942年8月成军。这就意味着中国军队不能“赖”在印度，它的任务是要打出去的。根据中美协议，中国驻印军代号是“X”部队，后又重组的滇西中国远征军代号是“Y”部队。中国驻印军设立总指挥部，以史迪威为总指挥，罗卓英为副总指挥。

中美既有反法西斯战争的共同利益，又有各自国家的不同利益。装备是美国的，部队是中国人。中西的文化差异、体制差异、习俗差异以及个人的秉性差异等等必然会产生矛盾，若没有及时的沟通、协调以及相互包容，久而久之矛盾

就会爆发，直到水火不能相容。史迪威与罗卓英之间的关系就是这样。

矛盾到了无法调和，史迪威就把状告到蒋介石那里。他罗列了罗卓英的“十大罪状”，坚决要求撤销罗卓英的职务，还下了“哀的美敦书”。蒋介石为了中美关系大局，只好委曲求全，撤回罗卓英，另派他人。

官场很微妙。罗卓英走后，中国驻印军总指挥部不设副职，将新编第22师和新编第38师成立为新编第1军。这样给外界一种假象，罗卓英是调离，不是撤职。

新编新1军军长首选是邱清泉。邱清泉是黄埔二期生，与蒋介石同是浙江人，时任中央军校第七分校（西安王曲）副主任，也是蒋介石的得意门生。

邱清泉通过内部消息得知他将出任中国驻印军新编第1军军长，非常乐意。他已开始物色军部组成的人选，还请人教授外交礼仪以及吃西餐的方法。

邱清泉的老师徐庭瑶、老学长杜聿明获悉后极力反对。他们认为邱清泉脾气暴躁，恐与性格也比较急躁且对中国将领存有偏见的史迪威难以相处而影响中美关系，如让温文尔雅的郑洞国去更为合适。后来，蒋介石采纳了徐、杜的建议，任命郑洞国为中国驻印军新编第1军军长。

郑洞国

郑洞国，字桂庭，湖南石门南岳寺人，1903年生。郑洞国也是黄埔生，他考入黄埔一期是“冒名顶替”的。

黄埔军校创办与招生的消息秘密传开时，郑洞国正在湖南长沙商业专门学校（湖南大学前身）学习。他有意报考，却找不到路子。他试图找与他有亲戚关系的好友王尔琢商量，王已不见踪影。经了解王尔琢已南下广州了。郑洞国从军投身革命心切，说服了亲人，找熟人借钱赶到广州时，报名期限早已过去。正当他极为着急，待在旅馆中感到束手无策时，却遇到了王尔琢，还有来自临澧的黄鳌和贺声洋。黄鳌给郑洞国出了个主意，用他的名去参加考试。因黄担心一次考不上，先后报了两次名，郑可以冒他的名去考试。

郑洞国报考黄埔军校心切，就采纳黄鳌的办法去赴考，结果双双被录取。但假的就是假的，最终是会露馅的。

入学编队时，两个"黄鳌"都编在第 2 队。第一次点名，第 2 队队长茅延桢点到黄鳌时有两人喊"到"。茅延桢感到奇怪，训练完把他俩留下讯问才知道原委。茅延桢是秘密中共党员，黄鳌也是中共党员，郑洞国思想进步，有志投身黄埔救国救民，其志可嘉，可能是这些原因使他们达成默契，茅延桢暗中"包庇"了郑洞国。

郑洞国作战勇敢，毕业不久参加第一次东征，在前期战斗就立功被擢升为教导 2 团第 3 营党代表。他随何应钦从福建方面东征，也是作战勇敢指挥有方，在初战时由第 1 军第 3 师第 8 团第 1 营营长升任第 8 团团长。

郑洞国对外作战，表现也非常勇敢坚决。

1933 年春，时任第 2 师第 4 旅旅长的郑洞国奉命率部昼夜驰援古北口，在南天门阵地与日军血战两个月，终因部队伤亡过大，被迫由密云节节抵抗后撤。1935 年秋，郑洞国任第 2 师师长。

抗日战争全面爆发后，郑洞国率部参加保定会战，于保定城郊与日军苦战数日，总指挥刘峙、军长关麟征率军先行撤退，他独木难支，也被迫率孤军沿平汉路节节后撤，转战于河南山区。

之后，郑洞国历任第98军军长，荣誉第1师师长，第5军副军长兼荣誉第1师师长，新编第11军军长，由新编第11军改编的第8军军长。先后参加徐州会战、武汉会战、昆仑关会战、宜昌会战等重大战役，屡建功勋。

郑洞国在鄂西前线接到第六战区长官部司令陈诚转来赴重庆的急电时，正请假回老家湖南石门与家人小聚。他马上赶回地处湖北宜都的第8军军部，匆匆交代后即赴重庆。

蒋介石对郑洞国非常客气，宣布命令是在晚餐后进行的。郑洞国感到压力很大，他认为自己带兵打仗是有些经验，但在国外独立与洋人打交道是外行，搞得不好，自己身败名裂事小，倘丧师辱国，贻误抗战大局，则难以对上对下交代。

蒋介石一再勉励他要服从抗战大局需要承担工作，要敢于担当，为国家、民族做贡献。以他之才能性格，只要小心从事，是能胜任的，是能与史迪威搞好关系的。并交代他不必回鄂西了，就留在重庆组建军部。

1943年2月下旬，郑洞国一切准备就绪，即将离开重庆赴印度。蒋介石再次接见郑洞国，再三交代要与史迪威及其他盟军处理好关系，还特别指示，除新编第1军的新编第38师、新编第22师以外，中国驻印军总部的其他直属部队，如战车营、重炮团、工兵团等，虽不归他统属，亦要与他们加强联系，就便关照。

3月初，郑洞国率参谋长舒适存和副参谋长龙国钧等飞往印度加尔各答，稍事停顿，于中旬抵达中国驻印军兰姆伽营地。

舒适存是湖南平江人，也是个能干人，跟随郑洞国已多年。龙国钧是湖南长沙人，1906年生，黄埔军校第六期通讯科毕业。他从军令部科长到新编第1军任职。

兰姆伽位于加尔各答西北100千米处，属印度比哈尔邦，紧靠着《西游记》记载着的唐玄奘去西方取经的佛教圣地伽耶。兰姆伽营地原是第一次世界大战期间，英国关押意大利战俘的俘虏营，有200多幢楼房，可容纳两三万人。虽说是俘虏营，但各种训练和生活设施齐全，是个军事训练的好地方。

在兰姆伽基地，所有的教官都是美国人，助教一般是美军军士，翻译则由中国国内志愿参军的大学生担任。训练时军官和士兵分开，训练内容按照美国西点军校的军事教程进行。步兵受训的主要内容包括：队列操练、体格训练、战术理论、武器操作、单兵射击和格斗、丛林作战、夜间作战、侦察捕俘、反坦克战斗等。军官受训内容有：队列操练、体格训练、单兵射击、战术指挥、沙盘演练、无线电联络、步炮协同、地空协同、反空降等。由于预定作战区域缅北多为

正在练习投弹的中国驻印军士兵

丛林，因此，在训练学习中，除学习使用各类枪械、手榴弹、枪榴弹、60/81毫米迫击炮、火焰喷射器等各种步兵武器外，还重点学习丛林地带个人战术和班排小部队指挥战术，以适应将来丛林作战的需要。

实际训练中，无论是何种科目，美军都讲求循序渐进，而不是采取那些看似便捷实际上却不扎实的“花架子”。每一堂课美国教官都运用讲解、示范、实习和测验四个步骤的教学方法，即先由教官进行讲解，在讲解时辅以实物和电影。美军广泛利用电影进行教学，几乎每一堂课都要看电影，这样既不感到枯燥，也便于理解和记忆。教官讲完课后，第二步是由助教或演习小分队实地做给学员看，以加深理解和记忆。示范结束后，第三步则是实习，由学员自己来操作，这个步骤占用的时间最多。最后是测验，目的是考察当天的课程学得怎么样。有的训练方法是纯粹美国式的，如在丛林中练习夜行军，教官只将学员带到出发地，然后每人发一张地图、一只指南针，告诉学员目的地的方位和距离，然后就把学员丢下不管，自己坐汽车到目的地去等候了，学员们只能依靠自己想办法到达目的地，如果有人确实迷路的话，到规定时间目的地就会施放信号和烟火进行指引。凡亲身接受过训练的中国官兵，无不感到美军的这种训练方法非常有效。

以战车学校为例，学习课程有无线电通信、战车驾驶、射击、战车战术等等，技术军官不学战术而学战车构造，所有课程都是依次进行，学完之后再开始下一课程。学习驾驶时，先学习原地驾驶，将履带拆下后在车上练习发动、起步、换挡、停车等动作，练习纯熟后再装上履带练习实地驾驶，待进一步熟练后，则进行队形驾驶和夜间驾驶训练。接下来进入野外驾驶训练，驾驶场上结合天然地形地物，设置有各种障碍物，模拟实战条件下可能遇到的各种复杂地形。这一阶段通过后，战车驾驶课程才算完成，前后需要四个星期时间。射击科目同样也是四个星期的课程。在学完战车战术之后，就将进行最后的坦克连进攻实战演习，以检验学习成绩。演习时成员全由学员担任，除不进行实弹射击外与实战无异，演习时还有“敌方”飞机出现，以石灰袋代替炸弹对坦克进行模拟低空轰炸，演习气氛非常逼真。以上所有课程学习完毕，才能毕业，此时每人会得到一张战车学校的毕业证书。为提高实战能力，学完本兵种技术、战术后，还要学习其他兵种有关课程，如战车学校的学员仍要学习单兵丛林战斗技能。

正在练习发射火炮的中国驻印军士兵

通过受训，战士们迅速掌握了手中美制武器的操作要领，军官们也熟悉了在热带雨林地区进行进攻和防御的基本战术，更重要的是在训练中中国官兵逐渐接受了现代化的战争理论和思维方式，这无疑为他们日后的作战补上了重要的一课。特别是大批从军学生的到来，大大提高了部队的质量，在很大程度上提高了受训的成果。

部队的军事训练以及装备由美国负责，中国方面负责行政管理，英国提供给养。美国教官的训练抓得很认真很严格，装备的投入也很干脆很到位，就是改不了以老大自居、“警察思维”和财大气粗等毛病，包括史迪威。因此，虽然走了罗卓英，中国驻印军中的中美矛盾依然存在。

史迪威原来打算把中国驻印军改造为“殖民地式军队”，提出“要中国士兵，不要中国军官，尤其不要中国将领”，拟将驻印军营长以上军官由美国军官担任，并且先由美国调来300多名军官，准备接替中国军官的职务。这招当然受到具有强烈民族主义意识的蒋介石、中国高级将领以及中国广大官兵的反对。史迪威退而求其次，把这些美国军官改为联络官，赋予很大的权力，训练期间可以直接调动中国军队，中国部队长无权过问。同时，他要求按照美国军制，赋予担任中国驻印军参谋长的美国人柏德诺将军直接指挥部队的权力。美国这些将领军官“管天管地管人上卫生间”，事无巨细都管。有一件事是很能说明问题的。

中国驻印军总指挥部副参谋长温佐慈（温鸣剑）负责部队后勤事务，因需要卫生兵，没有通过史迪威和柏德诺，直接给重庆军政部拍发电报要求派遣。本来这是一件小事，结果史迪威和柏德诺大发雷霆，立即下令撤销温佐慈职务，勒令其马上登机回国，另派一位美国军官接替他的职务。这件事又正好发生于郑洞国到任不久，当然引起他和中国驻印军全体将士的不快。

温佐慈也是黄埔生，别名鸣剑，又名明鉴，广东大埔人，1906年生。进入黄埔军校潮州分校第二期（比照黄埔第四期）步科学习前，曾先后就读于大埔生才学校、梅州中学、中山大学历史系。毕业后历任陆军大学兵学教官、军政部机械化兵团营长、陆军大学第十三期战术教官，曾到美国参谋指挥大学和中国陆军大学正则班第九期学习。

全面抗战爆发后，温佐慈任补充旅参谋主任、代旅长，第67师副师长、代理师长。1938年8月授陆军少将军衔。后任第3战区干部训练团副教育长、代教育长。1942年起任第3战区新编第20师师长兼闽南守备司令。后被军委会调任中国驻印军总指挥部副参谋长。

郑洞国对中国驻印军中的中美矛盾是心中有数的。他后来回忆："我到兰姆伽营地，就明显感觉到部队中普遍存在着对美国人的不满情绪，其中中下级军官和士兵尤甚。那时期各师中下级军官，以及总部各直属部队的部队长，大都牢骚满腹，经常跑到军部来诉苦。有人曾对我说：班超当年扬威异域，我们今天到印度来却领略海外洋威，实在愧对祖宗。有个别人甚至不堪忍受洋人欺负，请调回国。至于孙、廖两位师长，因所处地位不同，言行尚属谨慎，但私下也时时流露出对美国人一些做法的不满。"

好在郑洞国对他到中国驻印军任职的使命非常清楚，正如他说："我在驻印军期间主要使命之一是协调中美军事人员之间的关系。"对温佐慈被解职强令回国这类事件，他也进行抗争，但见好就收，以不闹翻破坏中美联盟为前提。更重要的是教育官兵，晓之以理，努力训练，尽快"打回祖国去"，这才是解决矛盾的根本办法。

郑洞国虽为新编第1军军长，但权力很小。其军部只有三四十人的编制，没有任何直属部队。部队的指挥、训练、人事、经理、卫生等权力都收在史迪威总指挥的手中，他只有管理军风军纪等事务的权限。郑洞国处于这种尴尬的地位，毫无怨言。他深明大义，决心用善意、诚心和能力赢得史迪威的理解和信任。史迪威后来果然改变了对郑洞国以及中国高级将领的看法，放权让他们去指挥部队作战。

兰姆伽、列多营地，新编第30师、第14师和第50师先后换装受训

新编第1军所辖新编第22师、新编第38师，最初只有9000余人，其中新编第22师3000余人，新编第38师6000人。以后陆续由国内空运补充兵员，使每师达到1万余人。在建制上，每师辖步兵3团、炮兵1营（后来增加1营）、工兵1营、通信兵1营、辎重兵1营、卫生队和1个特务连，反攻缅北战役开始后，新编第38师配属1个战车营。每团步兵3营，迫击炮、平射炮各1连，通讯连，卫生队、特务排各1个，兵员约3000人。每营3个步兵连，1个机枪连。每连3个排，1个轻迫击炮班。

正在参加射击训练的中国驻印军士兵

新编第1军官兵个人装备完全更新，士兵扔掉老式“汉阳造”步枪，换上M4“汤姆式”冲锋枪，配上进攻型手榴弹，戴上防弹钢盔。中国驻印军在装备上已脱胎换骨，凤凰涅槃。

新编第1军在兰姆伽的训练工作在1942年年底基本结束。1943年初秋，军政部第二十五补训处编成的新编第30师由国内空运到兰姆伽接受装备和训练，归入新编第1军建制。

新编第30师师长胡素，又名胡魁梧，字白凡，江西清江蛟湖圩人，1899年生。中小学就读清江县高等小学和县立中学。中学毕业后到驻粤赣军总司令部服役，任副官、赣军讲武学校学兵队长，赣军第1师司令部差遣。后考入黄埔军校第一期，编入第3队。毕业后历任军校教导团第1团学兵队排长，教导3团连长、营长，参加两次东征和北伐战争。1926年秋任国民革命军第21师中校团附，后赴日本东京早稻田大学政治经济系学习。1929年回国后，任第21师政训处长、第30师第14团团长。1931年春起，任第3师第8旅少将旅长、军委会南昌行营少将高参、第93师参谋长。

全面抗战爆发后，胡素任中央军校教育处步兵科少将科长、教育处副处长。1938年任军政部第二十五新兵补训处处长、新编第30师师长。

副师长陈绍恒，原名文伯，云南镇雄人（一说广东梅县)，生年不详。黄埔军校广东分校步科毕业。抗战期间曾任新编第3军第183师第549团上校团长，后任新编第30师副师长。

参谋长吴行中，又名远志，贵州平坝人，1908年生。南京中央军校第六期工科毕业。后曾在中央军校军官研究班和陆军大学第十三期深造。

参谋主任唐伯三，又名别三，字伊樵，湖南常宁县江口人，1906 年生。南京中央军校第六期第 2 总队工兵科毕业，后到中央陆军步兵学校炮兵研究班学习。历任国民革命军排长、连长，炮兵第 5 团连长、营长。全面抗战爆发后，任第 5 军第 88 师炮兵团营长、团附，中国驻印军新编第 1 军新编第 30 师参谋长兼炮兵营长。

第 88 团团长杨毅，别号笃之，广东惠州县城内董公桥人，1906 年生。1926 年入黄埔军校第五期步兵科第 2 学生队学习。

第 89 团团长王公略，又名王兆华，江西万安县人，1904 年生。1925 年秋投入黄埔军校入伍生团，1926 年 1 月编入黄埔军校第四期炮兵大队第 1 队。

第 90 团团长陈星樵，四川营山人，1903 年生。南京中央军校第八期步科毕业。

炮兵组指挥官唐永康，别字保元，湖南资兴蓼江市人，1905 年生。南京中央军校第六期炮科毕业。

炮兵组副指挥官蒋桐，别字一飞，浙江金华人，1915 年生。南京中央军校第十期炮科毕业。

新编第 30 师到了兰姆伽后，非常珍惜来之不易的机会，服从教官，刻苦训练。虽然他们也遭遇到与新编第 22 师、新编第 38 师类似的被美军教官侮辱的事，但想起祖国大片国土还沦丧在日寇手中，同胞骨肉还在敌人铁蹄下遭受蹂躏，咬牙就忍受过去了。

蒋介石很关心远在印度受训的中国驻印军。1943 年 11 月底，蒋介石、宋美龄夫妇参加开罗会议归国途中特地赶到兰姆伽看望受训官兵。他们看见受检部队装备精良、队伍严整，官兵精神饱满、士气旺盛，深表满意，勉励全体官兵再接再厉，圆满完成受训任务，收复缅甸，打回祖国去。

蒋介石对新编第 30 师的看望关心及鼓励，让全师官兵深受感动和鼓舞，他们以“刻苦训练，掌握本领，收复缅甸，打回祖国去”口号给蒋介石夫妇以回应。

蒋介石在兰姆伽逗留期间，对生活条件要求不高，就下榻在新编第 1 军军部简陋的营房里。宋美龄的皮肤不是很好，很容易受感染，本来她又是大家闺秀，从小生活条件优越，但受中国驻印军的影响，毫无怨言。这一切反过来也从正面影响了中国驻印军广大官兵，他们深受感染，斗志倍增。

中国驻印军除了新编第 1 军三个师外，其总指挥部还拥有自己的直属部队。陆续建立起来的直属部队有：

战车第 1 营至第 7 营。指挥官白朗上校；副指挥官兼第 1 营营长赵振宇。

独立步兵第 1 团。团长徐懋禧。

重迫击炮第 11 团。团长林寇熊。

炮兵第 4、5、12 团。炮兵指挥官金镇；第 4 团团长蒋公权；第 5 团团长刘措宜；第 12 团团长侯志磬。

高射机关枪第 1 营。

汽车兵团第 6 团。团长曹聚义。

辎重兵团。团长曹开谏。

工兵第 10、12 团。第 10 团团长李乐中；第 12 团团长梁可发。

还有第 1 工兵营，独立通信兵第 3 营，教导第 3 团，特务营，运输第 1、2 大队，宪兵独立第 2 营。

直属部队还组织中美混合突击支队：

第 1 纵队：美军第 1 营，新编第 30 师第 88 团。

第 2 纵队：美军第 5307 支队，第 50 师第 150 团，新 22 师炮兵 1 连。

支队长黑路准将；第1纵队长肯利生上校；第2纵队长韩特上校。

以上直属部队中部队长是黄埔生的简介如下：

炮兵第5团团长刘措宜，别号独醒，湖南邵阳人，1909年生。黄埔军校第六期炮科毕业，后入陆军大学第十二期、陆军大学研究院第四期学习。全面抗战爆发后，任炮兵独立第6营营长，重炮旅第2团中校副团长、上校团长。第54军第198师炮兵主任，少将参谋长，中国驻印军炮兵第5团少将团长。

炮兵第12团团长侯志磬，字鹏举，广东梅县人，1905年生。中央军校第七期炮科毕业（郝柏村时在侯团任连长，为中央军校第十二期毕业生）。

汽车兵团第6团曹聚义，后改名曹艺，字树艺，笔名李儵、李由、陈卓卓，浙江兰溪蒋畈人，1909年生。其兄是曹聚仁。中央军校第六期炮兵科毕业。

曹聚义曾加入中共，在等待毕业分配时因叛徒告密，被迫出逃，隐姓埋名，改名李儵、李由、曹艺等。1930年7月入上海东亚同文书院，1931年7月任《涛声》周刊编辑，发表杂文80余篇，鲁迅著作中提到的李儵就是他。东北沦陷后，曹聚义爱国热情高涨，决心北上参加抗日，到河北怀来参加东北义勇军后援会。后又参加察哈尔抗日同盟军。同盟军失败后，曹聚义回到家乡，经老乡介绍于1935年到南京，任交通第2团装甲汽车队上尉队副。当年10月入中央陆军交辎兵学校汽车训练班第一期学习。毕业后，到汽车教育营任少校副营长。1937年年初，到太原任汽车第2营副营长，后转到西安兵站，负责国民党允诺供给陕北中共的物资的运输任务。全面抗战爆发后，曹聚义率汽车营转战山西，为前线的中国军队运输物资和部队。忻口战役期间，遭敌机扫射头部受伤。1942 年 8 月，曹聚义任中国驻印军辎重汽车兵第 6 团上校团长，率 4000 人从昆明飞越驼峰到印度接受装备和受训。1944 年 8 月，升少将团长。

汽车兵暂编第 1 团团长简立，金陵大学毕业，后入南京中央军校第六期第 1 总队交通科，曾加入中共。曾任国民革命军第 5 集团军伞兵团副团长，后任中国驻印军总部汽车兵暂编第 1 团少将团长，率西南联合大学从军学生从昆明飞赴印度。

汽车兵暂编第 2 团团长黄占魁，1930 年入中央军校第八期，后入英国皇家军官学校、美国炮兵学校、美国参谋大学。1943 年任国民政府军委会参谋总长办公室参谋，1944 年任炮兵团团长，1945 年出任中国驻印军总部汽车兵暂编第 2 团团长，率西南联合大学从军学生飞赴印度。

辎重兵团团长曹开谏，别号一东，江苏盐城人，1911 年生。南京中央军校第八期第 2 总队炮科毕业。入军校前曾在江苏省盐城中学就读。军校毕业后又到海军电雷学校第一期航海科、陆军炮兵学校国防要塞干训班第一期学习。全面抗战爆发前后，任海军电雷学校学员大队队附，第 88 师步炮大队连长，福建省保安团第 10 团第 1 营营长，陆军炮兵学校国防要塞干训班中校教官，第 26 集团军总部参谋处上校参谋、情报科上校科长，第 48 师第 144 旅副旅长，第 41 师辎重兵营营长和炮兵营营长，军政部国防要塞炮兵训练总队总队长，中国驻印军辎重兵团团长。

工兵第 10 团团长李乐中，字佐山，山东高唐城东大杨官屯前王架子庄人，1908 年生。1925 年秋赴广州报考黄埔军校，1926 年 1 月编入第四期工科大队普通工兵队。毕业后在国民革命军服役，后任中国驻印军工兵第 10 团团长。

战车营副指挥官兼第 1 营营长赵振宇，河南商城人，

1912 年生。1930 年 5 月入南京中央军校第八期，毕业后在国民革命军服役，1942 年秋到印度，任战车营第 1 营上校营长。

为了加强中国驻印军反攻缅北的军事力量，原属第 54 军的第 14 师和第 50 师于 1944 年 4 月从云南空运到印度列多，接受美国装备，经过短期训练后辖归中国驻印军，加入反攻缅北战斗。

第 14 师和第 50 师团以上干部大多为黄埔生：

第 14 师师长龙天武，湖南石门人，1905 年生。1926 年考入黄埔军校第五期炮科。毕业后在国民革命军任职。

龙天武对日作战很勇敢，都是冲锋在前，指挥靠前。1937 年的淞沪保卫战中，龙天武时任第 14 师第 79 团营长。他率所部在南北塘口作战，负伤不下火线，以致一日两次负伤。之后升任团长，又参加粤北、翁源、英德、南宁诸役，负伤三次。1944 年 4 月，师长阙汉骞升任第 54 军副军长，龙天武升任第 14 师师长。

副师长许颖，字绍衡，湖北沔阳人，1904 年生。南京中央军校第六期第 2 总队步科毕业。毕业后在国民革命军服役，入缅时任第 14 师第 42 团团长，后升任第 14 师副师长。

参谋长梁铁豹，原名仲超，湖南耒阳人，1904 年生。黄埔军校第五期步兵科毕业。

第 40 团团长王启端，湖南资兴人，1912 年生。南京中央军校第七期步科毕业。毕业后在国民革命军服役，入缅时任第 14 师第 40 团团长。

第 41 团团长龚益智，湖南长沙人，生年不详。南京中央军校第七期步科毕业。毕业后在国民革命军服役，入缅时任第 14 师第 41 团团长。

第 42 团团长宁伟，别号锦文，湖南邵东人，1909 年生。

中央军校武汉分校第七期步科毕业。历任国民革命军排长、连长、参谋等职。全面抗战爆发后，任第14师营长，后任中国驻印军第14师第42团上校团长。第50师师长潘裕昆是宁伟的连襟，潘裕昆把老婆的妹妹介绍给宁伟为妻。

炮兵指挥官王家峻，又名家俊，别号嘉进，湖北孝感人，1911年生。中央军校武汉分校第七期步科毕业。1931年起任汉阳兵工厂工务处见习，襄樊新编第4旅修械主任、军事教官。全面抗战爆发后，任第18军第23师战防炮连长，后入陆军机械化学校学习。1940年春调任中央军校第六分校（桂林）中校兵器教官。1942年5月再入陆军机械化学校技术军官班第六期及兰姆伽战车学校学习。1944年调任中国驻印军第14师炮兵指挥官。

第50师师长潘裕昆，别字元美，字孔希，湖南浏阳人，1906年生。1925年秋到广州投考黄埔军校，1926年1月编入第四期步兵第1团第6连学习。毕业后在国民革命军第1军服役。参加北伐战争以及蒋桂、蒋冯阎等战争。1935年入中央军校高级班学习。全面抗战爆发后，任第14师第83团团长。1942年4月赴缅甸协同英军对日作战，获英王乔治六世CB勋章。

副师长谢树辉，字白公，四川简阳人，1903年生。黄埔军校第六期第2总队炮科毕业。参加北伐战争。历任国民革命军排长、连长、营长、团附。全面抗战爆发后，任新编第1军第50师第148团上校团长，第50师少将副师长。

第148团团长王大中，字景云，四川永川人，1911年生。中央军校第十期步科毕业。毕业后在国民革命军服役。1938年任第95军新编第9师少校参谋兼干训班队长，后任第54军第50师第148团上校团长，1944年4月入缅对日作战。

第149团团长罗锡畴，湖南双峰石牛乡人，1902年生。南京中央军校第七期步科毕业。毕业后在国民革命军服役。

第150团团长黄春城，原名黄涛，湖南邵阳人，1902年生。黄埔军校第六期炮科毕业。毕业后在国民革命军服役。

黄埔生聚餐，曹聚义醉卧兰姆伽

美国人的训练管理理念充分体现着严肃和活泼。训练期间，训练场上，他们对学员的要求非常严格，休息放假，让学员充分地享受着自由，要活泼由学员去，不管不问。

兰姆伽营区内外都很繁华热闹。营区内有电影院、舞厅、咖啡馆、邮局、商店、照相馆等生活娱乐场所和购物通信设施；营区外有一个小镇，镇上有许多家餐馆、商店，还有赌场、妓院等。一到假期，官兵们可以自由活动。但中国军队有自己的规章制度，置身异国，对于保持良好的军纪风纪，他们还是严格管理的，有活动也是自己搞集体活动，反对自由行动。

郑洞国到兰姆伽之后的某个星期六，为了联络中国驻印军军官们的感情和增进中国军队的友谊和团结，经请示郑洞国同意，中国军官们由黄埔军校同学出面，召集了一个周末大聚会。这个建议得到全体中国驻印军军官们的热烈赞成和坚决响应，一下子形成了可开20多桌阵容的大聚会。来的军官除了孙立人等少数高级军官不是黄埔生，其余都是黄埔生。大家远离祖国，在座的许多人又经历了败走野人山和在印受到英美军官歧视等遭遇，郁闷的心情在酒桌上表现得非常突出。

“皇帝娶亲，规矩照常。”中国人的宴席座次是很讲究的，桌席的排列，每桌的座位排列都有一定的规矩。主席理所当然在郑洞国这一席，主位也理所当然留给郑洞国。安排与他同桌也有一定的规矩。舒适存、孙立人、廖耀湘、龙国钧等当然与郑洞国同桌。宴会的组织者把汽车兵团第6团上校团长曹艺（曹聚义）请到主席来，因为曹艺虽为上校团长，在场的上校团长比比皆是，但曹艺这个团长比较特殊，他是总指挥部直属团长，黄埔期别六期也说得过去。曹艺推辞不过，只好到主席就座。众军官看到这情景不断起哄喝彩，让曹艺一时增添了几分荣光和信心。

兰姆伽中国驻印军的食物供应非常丰富，应有尽有。这次宴会使用的酒是白兰地、威士忌等高级酒，西方人用的酒杯都是几两装的高脚杯。主席郑洞国举杯致辞敬酒干杯后，各桌出于礼节相互敬酒，主席当然是全场聚焦的目标，免不了要比其他桌多喝一些。敬酒的言辞充满着慷慨激昂和悲痛情怀，这能使喝酒的态度更加爽快和进酒的量度更加提高。

曹艺其时34岁，正当年华，为人直爽干脆，也是性情中人。他虽然没有经历兵败野人山的遭遇，但在整个场面的气氛以及战友们不同情怀表达的感染下，在酒桌上发扬着“有进无退”的黄埔精神，对敬酒的来者不拒，仰起脖子，一杯一杯地干，动作潇洒，酒杯干净彻底。

郑洞国入印以来，忍辱负重，折冲樽俎，维系着中美关系，但有时心里也很郁闷。这种场合让他很开心，暂时舒缓了心中的郁闷。他一时兴起，对着年轻能喝的曹艺说：“你敢代本席出去一桌一桌回敬吗？”

面对着名闻遐迩的老学长、中将军长郑洞国，加上喝了些酒有些兴奋，曹艺马上回答：“有何不敢？我黄埔精神就是有进无退。老学长下命令往哪儿冲就往哪儿冲！”

曹艺听从郑洞国指令，端起满杯洋酒走出本席，迈着轻快的步伐向其他席前去，逐席敬酒，每席一杯。敬了几席，曹艺已有七八分醉意了，走路不像开始那样潇洒自在，说话开始结巴。他挨次走到坐着新编第38师的团营连长干部那个角落，表达对他们在仁安羌取得胜利大展国威的由衷敬意。新编第38师席中有第114团团长李鸿。经人介绍李鸿，曹艺肃然起敬，满上一杯举起，僵硬的舌头已无法完整地表达，只能替之以与席上每人握手，表示致敬。李鸿眼看如此，连忙离席托住曹艺举杯的手，替他向同桌说情："曹老弟情真意切，不过，不要过量了，还是我们各干一杯，曹老弟抿一口就行。二十多桌呢，不好开玩笑的。"

曹艺这时已醉了，婉辞了李鸿的照顾，又窜改了两句古诗说："醉卧兰伽君莫笑，远征畅饮能几回。"说完咕噜咕噜灌下了一大杯，然后踉踉跄跄地向下席走去。

曹艺大醉，整整昏睡了三天三夜。酒醒后，传令兵温跃松告诉他：那天宴会是李鸿把他扶到原席的，是他散席后非要自己驾驶三轮机器车，让李鸿坐旁边一道回营房的。当时坐在车上的李鸿吓得心都提到嗓子眼儿，但车开得很稳当。是李鸿扶他上床的。后来副官也告诉他：郑洞国很关心这事，来电话询问情况。李鸿则每天上下午都来电话询问情况，其关心真是无微不至。曹艺听后既感激又惭愧。

这次宴会，是曹艺初识李鸿，他们却一见如故，并且建立了深厚的友谊。李鸿和史迪威一起成为中国驻印军中曹艺最难忘的人，事隔近半个世纪，他对与李鸿来往的往事还是念念不忘。

1944年春节，中国驻印军新编第22师和新编第38师兵分两路，直向孟缓（孟关）。几个月来，中国驻印军反攻缅北，节节取胜。捷报传来，曹艺对李鸿钦佩不已，决定选择春节这天去向李鸿拜年。

这时，李鸿正率部沿大龙河东岸向孟缓侧后迂回包抄。

曹艺只身驱车从列多出发，前去追赶。中印公路以印度列多为起点，随部队边进边开。道路是开通了，但路面尚未平整铺垫，坑坑洼洼，车行十分艰难，人在车上被颠簸得倒前仰后。路上未闻一枪一弹之声，使人有了安全感。驶过相当一段路程后，越往前，中国驻印军的岗哨越来越密集。再往前，隐蔽巧妙的前沿阵地便展现在曹艺的眼前。一位哨兵拦阻他前进并查看了他的证件。当知道是曹艺便带他通过一道战壕进入李鸿的前线指挥所。

新春佳节，在战火燃烧的前线遇见朋友，李鸿感到格外的亲切。李鸿告诉曹艺：日军也重视春节，双方已经订下了春节期间局部停止战斗的口头协议。果然是难得的短暂的和平。从前线指挥所可以听到对面传来的留声机以及无线电广播的声音，日军播音员还一再向中国驻印军恭贺新禧。

两人畅谈一番后，李鸿认为前方危险，不能掉以轻心，要曹艺早点回去。他说："双方养精蓄锐后，明天战火重开，必然较往日更加猛烈。虽有停战的口头协议，但也不排除日军狙击手的突然袭击。"

李鸿为曹艺的归程做了细心安排。他展开地图，和曹艺研究回列多的安全路线。并叫来了一位排长，交代他派一个精明能干的加强班，护送曹艺回去。

李鸿的心细如丝使曹艺感动不已，并感到局促不安，不由得喃喃表示谢罪。李鸿莞尔一笑地安慰曹艺说："你谢什么罪呢？我还想为你请功。不是么？人们总讥笑汽车团是逃走团、享福团，多少作战部队的官员眼红你们，千方百计图谋调进你们汽车团。今天竟然有你这位团长有福不享，有年节不去向上司拜年套近乎，却来前线拜年，可见你们心中有前方。有你这样的团长在后方支持，我们还有什么顾虑的呢？"

曹艺率领近4000名汽车兵子弟从昆明飞往印度经历着生命危险。其中有一架飞机在野人山上空触岩坠毁，所幸在飞机失控前，机上人员全部跳降落伞平安落在英军用地图上未标明的土著部落中。经过四天抢救，由后来的汽车兵团第6团副团长王伯兆（浙江嵊县人，黄埔六期）带队，由史迪威亲自过问，派几架飞机救援，在丛林中开辟山径，才使跳伞人员平安归来。

曹艺到了印度后也经历了与中国驻印军类似的艰难经历，为保持中国汽车兵团的基本编制呕心沥血。史迪威要求曹艺带来的一个团4000人按照美国汽车兵团的编制改编，成为900余人A种团或800余人的B种团。曹艺带来的这4000人都是在昆明汰弱留强的精锐，如果这样裁编，将使近四分之三的人离开中国汽车兵团。曹艺认为不妥，与美方负责此事的柏德诺参谋长进行40余次争论协商，终于达成折中方案，既不维持中国编制，也不套袭美军编制，而是搞出一个非驴非马的中国驻印军汽车团编制。这样保留了中国汽车兵团的基本编制，被裁减的人员分流到中国驻印军的其他部队和在印度因才录用安排出路。

曹艺率领的汽车兵团第6团奔驰在中印公路上，为反攻缅北运输物资武器、部队等，为战争的胜利做出很大的贡献。1944年夏，汽车兵团第9连驾驶80辆小吉普车，作为中美特遣队奇袭密支那的别动车队，在从未走过汽车的小径，开辟一条仅容小吉普车行驶的道路，运送中美特遣队到密支那，使这支神不知鬼不觉的部队从天而降于密支那，杀日军于措手不及，取得初战的胜利。

当缅北滇西胜利会师后，曹艺驾驶着汽车参加芒友胜利会师大典，并率领编成的第一列车队，从芒友直放中国昆明，使囤积在印度的援华物资源源不断运输到中国。

护路开路，李鸿率新编第38师第114团作规复缅甸的先行军

史迪威是个不言败的倔强老头，个性鲜明，主张坚决，认定了死理，一犁耕到底，九条牛也挽不住他，他对事业忠诚执著。1942年夏中国远征军失利，日军占领缅甸，失败主义的乌云笼罩着盟军的上空，只有他始终不服输。在此之前，英国亚历山大、中国高级将领鼓吹收复仰光，同古会战失败后筹划会战再战，直到缅甸战局一时无法挽回，他对此耿耿于怀。缅甸撤退时，他患上黄疸病。有人要他乘飞机走，他坚决不同意，大溃败中仍旧领着一伙人向西，陆则步行，遇水造筏，历尽千辛万苦，终于达到印度目的地。到了印度，他奔走于英、美、中三方，整合败退到印境的中国远征军，组建了中国驻印军，力争并排除了类似蒋介石在中国远征军第一路军时期撇开他直接指挥到下级的干扰，得到了中国驻印军的指挥全权。他力主驱逐盘踞在中印缅未定界和缅北滇西的日军，从旷古无人的区域开辟出一条公路，从陆地上把堆积在加尔各答的45000吨援华物资，运送到昆明去。

当美、英、中三方还为“安纳吉姆”“茶碟”等计划纠缠不清时，史迪威力主的这个行动已开始实施。

根据“安纳吉姆”计划的精神，经过中方与英、美联合参谋部反复磋商，中国驻印军总指挥部制订“中国驻印军反攻缅北”作战计划，主要部署是：

第一，方针。以协同友军歼灭敌人为目的，先向缅北进攻，夺取孟拱、密支那要点，然后经八莫向曼德勒前进，将敌压迫于曼德勒附近地区，包围而歼灭之。

第二，指导要领。一、于攻势前集中于列多附近地区，俟列（列多）新（新平洋）公路完成后，即向新平洋附近跃进。二、集中时，派有力部队占领新平洋以北各山路口，掩护集中及筑路跃进。三、集中后，分遣有力一部至葡萄附近，扫荡该地区以南及孙布拉蚌附近之敌，并与滇西兵团联络。四、应先发动攻势，将敌兵力吸引于缅北方面，使友军由缅南登陆。五、攻势作战分期实施，第一目标为孟拱、密支那之线，第二目标为卡萨、八莫之线，第三目标为曼德勒。六、请美空军对缅北敌各要点尽量予以轰炸摧毁，并支援本军地面作战。

第三，兵力部署。一、左侧支队，兵力约步兵 2 个团，及山炮 1 个营，由列多空运至葡萄，扫荡该地区以南及孙布拉蚌后，即向密支那前进。二、右纵队，以步兵 1 个团、山炮 1 个营为基干，由大洛经隆康，向孟拱西侧地区前进，并派遣一部掩护右侧之安全。三、左纵队（军主力 2 个师）沿公路，由新平洋向孟拱前进。四、军直属部队随左纵队前进。

从 1943 年春天起，中国驻印军官兵开始分批乘火车离开兰姆伽来到列多安营扎寨，集结待命。不久，从美国过来的美国工兵团和航空工程营也陆续到位。

行动必须先消灭预定道路上以及附近的日军，然后进行道路工程施工，随着行动的进展边开路边筑路。行动开始于 1943 年春夏之交，此时正逢雨季即将来临。

这条公路是中国印度互往的公路，后称中印公路，这条公路的开辟，史迪威功劳最大，因而亦称为史迪威公路，但谦虚的史迪威始终不同意以他的名字命名。

公路建设酝酿于 1940 年冬。中国东南沿海沦陷后，越桂、越滇线通往外界的交通运输也相继被日军切断，滇缅路也时续时断。中国政府为了确保中国与外界交通运输的畅通，于1940年12月责成交通部提出了修筑中印公路的方案。经勘测，拟将中印公路分为南北两线：南线由云南中甸（现香格里拉）经其宗、崖洼，进入崖阳、葡萄，越野人山，到达印度列多，后接近当地既有的铁路或水路，至加尔各答港或吉大港出海，形成新的国际通道。北线由中甸经德钦进入察隅，再至印度萨地亚。这两条线路因西藏地方政府阻挠和工程浩大艰巨而胎死腹中。

1942年2月，中国远征军出兵缅甸前夕，蒋介石访问印度期间，与印度英殖民统治者就修建中印公路达成协议，决定中印两国政府共同修建中印公路，公路改从印度列多，经葡萄、密支那到腾冲、龙陵。于是，中国政府成立中印公路筹建处，并开始勘测线路。公路工程计划于1942年4月开工，当年年底完工。与公路建设同步，还将铺设一条输油管道。此后，中国招募了6000多名云南籍民工，动用大量汽车，浩浩荡荡开进缅甸的八莫和密支那，开始施工。但不久，缅甸作战失利，中印公路被迫停工。

修筑中印公路的美军工程车

中国驻印军总指挥部任命新编第38师师长孙立人为前敌指挥官，率领第114团，以及中国工兵第10团、第12团和美国工兵部队组成先遣队，率先开始行动。其任务是肃清印缅边境隘口地区日军，掩护工兵团施工修路。

盘踞在缅北的日军是第18师团，原师团长牟田口已升任第15军司令官，其职由田中新一中将担任。

田中新一曾担任过日本大本营作战部部长，是一位计谋多端的军事专家。他上任后，对缅甸方面军事形势进行全面深入的调研且深入野人山实地考察，认为缅北日军将来的威胁主要来自于印度方向，因此要求部队加大对印度方向，特别是野人山的戒备。他把日军的前沿阵地推进至印缅边境介于新平洋以西以北地区的险峻山口，这条防线大致是正北和东北方向在纪杜河以南，西北在新平洋以北大家铺以南，在那里构筑了坚固的工事，并布下重兵。以下是他的一份作战计划，它很能说明他的敏锐战争眼光和缜密的思维：

一、对云南方面敌军的进攻，应力求将战场置于密支那东方地区歼灭敌军。

二、对胡康河谷方面敌军的进攻，应求将战场置于遥远的印缅国境狭隘的路口附近以奇袭一举歼灭。

三、敌军若由上述两方面同时来攻，究应向哪一方面寻求作战，虽需取决于当时的情况，但应尽可能以一部压制云南方面之敌，以师团主力攻击胡康方面之敌，力求达到各个击破。

李鸿率领第114团担任开路护路先锋军。新平洋是第一目标，这条道路上日军的据点在大家铺以南、新平洋以北。除了日军不时派出搜索队到印缅边境至据点之间行动时必须对付外，先锋军在这阶段与日军作战较少，主要的任务是护路，防止日军搜索队偷袭。

此时正值旱季，气候宜人。中国驻印军工兵第10团、第12团的官兵在李乐中和梁可发率领下，逢乔木灌木杂草挥动大刀、斧头、铁锯披荆斩棘，逢山谷河流打桩搭桥，遇堵路的山峰石头移山炸石，一路向前推进。刚开始几乎是原始的劳作，进度较慢。美军工兵第45团、第302团以及第823团航空工程营一来，他们带来了现代化的建筑机械，如开山机、碎石机、推土机、空气压缩机、抽水机等，进度明显加快。美国工兵几乎都是黑人，他们身体魁梧，体力旺盛，干起活来很有劲；中国工兵不怕苦不怕累，干起活来很玩命。他们似乎在筑路战场上展开劳动竞赛，你追我赶，快速地推动工程进展。中美工兵长短互补，相得益彰，在中印公路工地上一时成为佳话。

随着公路向前推进，敌情越来越严重了。为了釜底抽薪，李鸿决定让部队前进，拔掉日军据点。

鬼门关是大家铺通往新平洋的必经之道，在勘测预定的公路上。两边大山雄峙，山中有山，重重叠叠。隘口内，断壁嵯峨，树木杂草丛生。往东南延伸，两旁有十多个小山头，山上筑有坚固的工事，从两旁利用火力控制山下的道路。

李鸿带人冒险向前，潜入日军阵地附近侦察，决定派一个加强连近300人的突击队，在日军十几个固守的山头阵地中选择一个突破口。这个突破口要有利中国驻印军奇袭，又能在攻占后作为再进攻的最佳阵地。

突击队走小道攀山崖，潜行到敌人阵地前不远的地方，日军并没有发觉。当突击队到达预定地点时，由李鸿指挥推进到日军阵地正面前的炮兵开炮。四门七五山炮一齐轰击，把阵地上的日军打得胆战心惊，晕头转向，纷纷躲到山洞里或工事里。躲藏不及的被炸得稀巴烂，断肢飞了上天。

突击队几乎在炮声落下的同时出击，向日军阵地扑过去。躲在工事里魂魄失散的日军刚清醒过来，准备持枪抵抗时已被突击队的冲锋枪“突、突、突”点射击毙了。躲在山洞里的日军因有的洞口已被突击队员的炮火炸塌，无法冲出来。突击队的手榴弹和火焰放射器并用，把躲在山洞中拒降的日军消灭。这个山头有100多个日军被击毙或俘虏。

这一仗是中国军队第一次使用火焰放射器。该武器是盟军提供的用于摧毁堡垒的新式武器，系用化学药剂与汽油混合液压装在一个薄钢筒内，由射手背在肩上，用皮管连接喷射枪，打开喷枪按钮，溶液通过喷射出枪口后，自然燃烧成了一条火龙，射进敌堡垒内，火焰引起堡垒内物体燃烧，弹药爆炸，人员窒息死亡，或被燃烧而死亡，燃烧过的堡垒一时半会儿不能使用。它是攻克堡垒最有效武器。

之后，李鸿率领第114团乘胜前进，没几天就拿下了七个山头，剩下几个山头的日军见势不妙，不战自逃了。这一役共歼敌1000多人，使日军刮目相看，现在的中国军队已脱胎换骨，与之前不一样了。

接替战友，陈鸣人所率
新编第38师第112团也不赖

突破鬼门关日军防线后，雨季就来临了。经过几个月的开路护路以及攻打日军在鬼门关一带防线，第114团已疲惫不堪，孙立人命令李鸿就地休整，由陈鸣人率第112团接着开路护路。

这时，日军已退到新平洋以南一线，利用大龙河和大奈

河等河道天险布置防线。这一带地形更为复杂，加上雨季河水上涨泛滥，筑路的进度比以前缓慢，每天顶多约 1 千米。第 112 团随筑路进展，向前推进。

积跬步而成千里，光阴荏苒，至 1943 年 12 月 27 日，中印公路已开到新平洋了。

在修路的同时，史迪威一直在思量最好的战机。1943 年 10 月中旬，雨季一结束，史迪威命令新编第 38 师、新编第 22 师分三路向新平洋、于邦一线挺进。由此掀起了中日军队胡康谷地的争夺战。

胡康谷地由大洛盆地和新平洋盆地组成。郑洞国亲临其境，他是这样描绘的："这一地区多为原始森林，山高林密，河流纵横，雨季泛滥，一些地段水势汹涌，舟楫亦难通航，素有'绝地'之称。在地形如此复杂的地方与日军进行殊死搏斗，对于刚刚学会掌握美械装备，并不十分熟悉亚热带丛林作战的我军来说，无疑是一场严峻的考验。"

在兰姆伽训练期间，史迪威把丛林作战列为重要训练项目。他认为，中国远征军之所以在缅甸吃败仗，在野人山之所以损失那么多部队，很重要的一个原因，就是缺乏丛林作战经验。如果从战术的角度总结，基本是正确的。丛林作战的技能包括作战方法、丛林行军、丛林生存等，中国驻印军在美国教官的严格训练下无疑掌握了这些基本方法。但训练是一个方面，实战又是另一个方面。因为训练中给被训练者的难题是预定的，实战中突然遇到的难题则是不可测的。这正是郑洞国所担心的。史迪威是下了狠心要把中国军队训练成林中之虎，真正的林中之虎要在真刀真枪、玄不可测的自然环境中见分晓。

李鸿的第 114 团已在第一批先遣队的战斗中初见成效，但进了胡康谷地便是进入野人山的纵深和日军防线的纵深，更艰难危险和玄不可测的问题会层出不穷，这就看陈鸣人的第112团了。

1943年10月间，美国情报人员提供了一份后经实践检验为不准确的情报，称新平洋至于邦一带仅有少数日军。中国驻印军总指挥部立即命令新编第38师："着派步兵一团，占领大洛区及下老卡沿大龙河之线，以掩护公路及飞机场之构筑，及掩护盟军后续兵团安全进入野人山。"

陈鸣人率第112团奉命出击。双方交战后始知正面之敌是日军第18师团的主力第55、56联队，他们分兵据险把守在这一带。而且，日军机动性很强，会根据情况互相援助。战斗一开始就极为惨烈，双方互有伤亡。第112团拥有不错的炮火，又是刚入水的蛟龙，勇往直前，把日军据点，一个一个拔掉。10月29日，中国驻印军已攻占了新平洋，并乘胜向于邦前进。

于邦之敌依据坚固工事，顽强死守，缠住中国驻印军，等待他们主力部队来援，以便前后夹击，围歼中国驻印军。

陈鸣人所部经过一路的战斗，弹药越来越少，特别是炮弹所剩不多，大炮、迫击炮有的已不能使用。总指挥部参谋长柏德诺迟迟不肯调炮兵前来助战，中国驻印军的攻击一再受挫，伤亡较大，陷于苦战之中。不久，日军第55、56联队的主力赶到了。日军人多势众，又是刚投入战场的精锐之师，因而向中国驻印军反扑过来。

战局发生了逆转，中国驻印军的攻势转为守势。陈鸣人一边向师部求援，一边据险拒敌，或在丛林中化整为零，各自为战。

中国驻印军官兵是丛林初战，日军第18师团是号称"亚热带丛林之王"。双方就这样在这一战区周旋。日军以为中国驻印军还停留于中国远征军第一路军时期的作战水平，殊不知中国驻印军已今非昔比了。中国驻印军已掌握了在丛林里与日军“捉迷藏”的技能，敌追我跑，会利用地形地物躲藏、伪装，乘敌不备，杀他个措手不及，甚至连周边的同伙都不知觉。比如中国驻印军已掌握在丛林中利用老榕树等高大树木构筑阵地，这样敌军炮轰不着，枪打不到，而中国驻印军却可以利用遮天蔽日的树叶隙缝侦察日军动向，出其不意杀他个人仰马翻。还掌握断炊后如何利用丛林中的动植物，如蛇、蜗牛、蝙蝠、蚯蚓、飞鸟、蛇蛋、鸟蛋、鱼虾、树叶、芭蕉根、野果子、毛竹等作为食物以维系生命，补充体力。

曹聚义在《忆李鸿将军》一文中提到的“李家寨大捷”，最能体现中国驻印军丛林作战能力的提升。

陈鸣人所部遭日军重兵反扑围攻后，各营各自为战，“在大龙河东岸，112 团营长李克己率领一个加强连到了悬崖绝壁的一处绝地。前无去路，后有追兵，李营长情急智生，临危不惧，把部队领到右侧的茂密森林中，利用地物，将一棵枝叶繁茂的古榕树精心掏成一座堡垒，在树底，树干、树顶造成了层次分明而又上下呼应，左右贯通的立体防御体势。敌人在明处，我军在暗处，居高临下，能洞察敌人的一举一动，使敌人难以靠近。日军使用轻重武器都未能发挥作用。李营长稳住阵脚，便进一步选派了几组前哨，在堡垒的前沿构筑了巧妙的工事，并开辟了空投场，接受空投补给，这样坚守了两月有余，师长孙立人和第 114 团团长李鸿率领部队经过 20 余天艰苦跋涉，在此对日军来了个反包围，李营长才从李家寨打出来，一举歼灭了日军长久大佐的整个大队，彻底胜利结束了反攻缅北的第一个战役”。

若在中国远征军第一路军时期，置于这种处境，第 112 团再英勇善战，也会变得毫无用武之地，遭遇与戴安澜第

200 师一样的命运，哪能有“李家寨大捷”呢？

新编第 38 师首先派来的援军是第 114 团第 1 营。他们杀入重围后被日军重兵包围，与第 112 团失去联络，补给完全断绝。该营官兵以芭蕉、毛竹、树叶等为食，苦撑月余，击退并重创日军十余次疯狂进攻，阵地寸土未失。

新编第 38 师主力于 12 月中旬也赶来增援。第 113 团、第 114 团（欠第 1 营）及炮兵一营分别沿大奈河西岸和大龙河东岸地区，在密林中开路前进，秘密迂回至敌之侧背，发动奇袭。赶来增援的日军以及被第 112 团围攻的据点日军担心退路被切断，于邦防守兵力不足，被迫往后撤退，龟缩至于邦核心阵地内。

不久，新编第 38 师师长孙立人和史迪威先后到前线指挥和督战。史迪威肩荷卡宾枪，腰挂手榴弹，深入到最前沿的官兵中，对他们说着不是很流利却咬字很准确的中文：“孩子们，胜利，胜利，胜利是我们的共同目标；时间，时间，时间就是生命。再坚持下去就是胜利了！”说着大手掌比划着“V”字的手势，这一切一时让中国驻印军士气大振。

新编第 38 师在美空军和炮兵支援下，发动猛烈攻击，经激烈堑壕战，终于在 12 月 29 日攻克于邦。残敌在退逃中又遭伏兵夹击，损失惨重，几乎溃不成军。日军第 18 师团不可战胜的神话被新编第 38 师打破了。陈鸣人的第 112 团作为这次战役的先锋功不可没。

第五章　反攻缅北，中国驻印军越战越勇

胡康谷地战役，新编第38师三路并进

于邦之战后，中国驻印军完全控制了大龙河西岸各据点。此时新编第38师已全部开抵大龙河西岸，新编第22师先头部队亦到达新平洋附近地区。

大龙河位于缅甸与印度接壤的西北部，呈S形，上接印度阿萨密地区的南夫克河，流经与印度接壤的上缅甸西北部，南注入大奈河。于邦位于大龙河下游的西岸。

1943年12月28日，中国驻印军总指挥部命令新编第22师担任右路，向大洛攻击前进；新编第38师担任左路，沿新平洋至班腰之线以北地区，向太伯卡及甘卡等地攻击。

1944年1月初，左路军新编第38师分三路渡过大奈河及大龙河，以分进合击的态势直取太伯卡，并向甘卡挺进。

李鸿率领的第114团作为右翼支队于1月12日，进抵孟阳河以东地带。这一带的守敌为日军第18师团第55联队第1、2大队。日军凭借这一带山高林密，河流纵横，悬崖峭壁分布其间等地形，于必经之道的险要之处构筑坚固的工事，

中国驻印军攻击胡康河谷

布置兵力把守抵抗。仗的确不好打，第114团经过十多天的激烈战斗，才取得一些成果，先后共毙伤敌大队长以下300余名。中国驻印军的攻击目的地是太伯卡，如今在孟阳河至太伯卡一带的敌人据点尚未扫清，日军且有重兵把守于此，中国驻印军一时无力把他们吃掉，战局呈胶着状态。

新编第38师的左翼支队是第113团主力（欠第2营）。第113团在中国远征军第一路军时期在仁安羌战斗和后来北撤中担任后卫部队，遭受了一定的损失，也许是这个原因，故在反攻缅北之初几乎没有亮相登场。这时，该团团长已易为赵狄。原团长刘放吾由孙立人保送回国，到重庆陆军大学第七期将官班受训。刘放吾北撤进入野人山也是经历九死一生。他率领的第113团是新编第38师最后走出野人山的部队。那时，他躺在担架上，被卫兵抬着，披头散发，胡子拉碴，狼狈极了。去迎接他的孙立人师长一时都认不出这是一两个月前朝夕战斗在一起的袍泽刘放吾。

赵狄，原名耿，字挺画，浙江缙云人，1907年生。他与黄埔军校有缘分，曾入中央军校成都分校高教班学习，属于召回培训生，不是黄埔军校正期生。到新编第38师之前的经历不详，在新编第38师任第113团副团长。刘放吾回国读陆军大学后，赵狄升任第113团团长。

赵狄率第113团主力于1944年1月11日渡过沙色河，即向盘踞在大龙河东岸的日军发起猛烈进攻。蓄势待发的第113团官兵异常勇猛，势如破竹，直下大班卡、乔卡、宁鲁卡等据点，逐步向据守太伯卡的日军进逼。

是夜，约有一个加强中队的日军，乘着夜色，偷偷地摸到太伯卡对岸渡口，分乘四只大竹筏向西渡河。日军的意图显而易见，是要西渡增援太伯卡。

日军的阴谋躲不过第113团官兵雪亮的眼睛。第113团及时发现了日军的这一行动。为了不打草惊蛇，以便将敌人一网打尽，赵狄交代手下官兵不要惊动日军，命令第3营第9连利用黑暗悄悄绕到河边，等日军半渡才发动进攻，务必全歼渡河日军。

第9连的兵力从总量上看还少于日军一个加强中队，但具有击半渡之敌且出其不意的优势。第9连悄悄来到河边埋伏在有利的位置。当日军竹筏往河对岸驶出一段距离时，第9连集中所有火力突然射击。日军回过神来准备还击时，所有竹筏已被打翻，有的竹筏被炮弹炸得竹竿四散，到处漂流。第9连又用冲锋枪点射掉到水里还活着的日军，直到日军全部被击毙。这一下子干掉日军100多人。次日天亮，河面浮满敌尸，对岸的日军目睹这一切，胆战心惊。

第113团第1营作为另一方面进攻部队，也在其他兄弟部队进攻的同时在森林中开路前进，一路上清除了日军埋设的地雷，秘密地向太伯卡之敌右翼包围。1 月 30 日，第 1 营到达指定的位置，突然向太伯卡发起猛攻。防守太伯卡的日军是第 18 师团第 56 联队第 2 大队，他们做梦也想不到中国驻印军会走布满地雷的“死亡地带”，只好在仓促中顽强抵抗。

第 113 团第 3 营获悉第 1 营已在太伯卡右翼发起进攻，敌军左翼防御较为空虚，乘势沿大奈河北岸，向东即日军左翼发起进攻。日军凭依坚固的工事和复杂地形，顽强抵抗两昼夜，伤亡惨重，最后不得不向东南方向撤退。

1944 年 2 月1 日下午 2 时许，第 113 团主力完全占领了太伯卡，打开了由北向南进攻孟缓（孟关）的通道。

当新编第 38 师左右两翼支队与日军激战之际，孙立人另派第 112 团第 2 营，配属炮兵一连，组成左支队，在密林中开路前进，经一周时间悄悄迂回至敌后，出其不意地击溃宁便对岸之敌，继而在第 113 团第 3 营支援下，向甘卡挺进，与敌恶战数日，重创日军第 18 师团第 56 联队第 3 大队，于 1 月 16 日占领了甘卡。

李鸿率领的第 114 团在孟阳以东地区与敌对峙多日后，虽然有直升机直接供给粮秣弹药，但兄弟部队进展迅速，自己反而落后于人，经过认真思考，总结经验，重新调整作战部署，决定集中火力，采取中间突破乘势扩大战果的战术。1944 年 2 月 6 日，第 114 团集中全团的大炮、迫击炮向敌人发起空前猛烈的攻击，步兵冒着迷漫硝烟和枪林弹雨攻击前进。经过三天激战，至 9 日黄昏，终将守敌全歼，击毙日军第 55 联队第 1 大队大队长室禧大尉、中队长大森文一中尉以下近百名，缴获战利品甚多。此后，第 114 团在友军策应下，迭经激战，先后毙伤日军 200 多名，将森邦卡以北、孟阳河以东的日军全部肃清，并与第 113 团胜利会师。

在第114团激战孟阳河以东地区时，第113团和左支队第112团第2营捷报连连。他们先后将太伯卡东侧河套之敌，以及茂林河以北，茂林河、大奈河东南河套之敌肃清，彻底粉碎了日军固守大龙河东岸、大奈河南岸，拒阻中国驻印军渡河南进的计划。至此，新编第38师兵分三路的部队都已达到了作战目的，他们会合时可谓三军将士尽欢颜。

百贼河、孟关诸役，新编第22师所向披靡

廖耀湘接受新编第22师担任右路向大洛攻击前进的命令后，着手拟订进军计划。

其时，新编第22师的干部阵容产生了一些变动。郑洞国从第8军带来的原第8军第5师第14团团长赵霞任副师长兼政治部主任，原师政治部主任罗永年他调，原第64团团长刘建章升任师参谋长，其职由国内调来的熊杰担任。原第65团团长邓军林于1943年年底调国内任第96师副师长，其职由国内调来的傅宗良担任。陈膺华由第65团副团长升任第66团团长。该师军官序列具体如下：

师长廖耀湘，副师长李涛，副师长兼政治部主任赵霞，参谋长刘建章，参谋主任金柏源。

炮兵组指挥官罗先致，副指挥官游公弼，炮兵第1营营长张树帜，炮兵第2营营长李珍，辎重营营长伍文秀，工兵营营长田子永，通讯营营长孙经。

第64团团长熊杰，副团长赵照；第65团团长傅宗良，副团长罗英；第66团团长陈膺华，副团长汪君勃。

以上除了工兵营营长田子永和通讯营营长孙经不是黄埔生，其余都是黄埔生。新面孔的黄埔生简介如下：

赵霞，字湘廷，湖南沅江人，1907年生。南京中央军校

第六期步科毕业。历任国民革命军第1军第2师排长、连长、营长，第49师副团长。全面抗战爆发后，任第49师第192团上校团长，荣誉第1师参谋长，第8军上校参谋处长，第8军第5师第14团团长。参加过武汉会战和昆仑关战役。

金柏源，浙江诸暨人，1911年生。南京中央军校第十期炮科毕业。

罗先致，福建连城县莒溪市人，1904年生。南京中央军校第七期炮科毕业。

游公弼，字生甫，四川资中人，1911年生。南京中央军校第九期炮科毕业。

张树帜，别号子屏，绥远武川人，1910年生。南京中央军校第九期炮科毕业。

李珍，别字芳实，湖南永兴县第四区柏林塘所人，1916年生。南京中央军校第十二期炮科毕业。

伍文秀，湖南邵阳人，1907年生。南京中央军校第六期骑科毕业。

熊杰，湖南湘潭人，1907年生。南京中央军校第六期骑科毕业。

赵照，别字耀华，湖南宝庆东乡人，1901年生。黄埔军校第四期工科大队普通工兵队毕业。

傅宗良，湖南岳阳新墙人，1906年生。南京中央军校第六期炮科毕业。

罗英，湖南华容人，1904年生。黄埔军校第八期步科毕业。

汪君勃，安徽六安人，生年不详。黄埔军校第六期步科毕业。

1944年1月9日，新编第22师出师南进。傅宗良被委以重任，其第65团附工兵一营作为先遣队。

傅宗良率部渡过大奈河，沿左岸崎岖山地逐段开路前进。1 月 14 日，部队进至百贼河北岸。廖耀湘按照史迪威拟订的作战计划，命傅宗良团担任渡河攻击的突击任务，驱逐南岸之敌夺取登陆场。为了了解敌情，傅宗良派人潜渡到对岸侦察，发现百贼河南岸守敌不多，倒是有日军主力已集结在南岸，正要沿大奈河向北占领阵地。

傅宗良认为仅仅驱逐南岸之敌夺取登陆场意义不大，反而暴露中国驻印军行踪，若能潜渡将集结于南岸正往北的日军主力围歼，其意义更大：既出其不意，稳操胜券，消灭日军有生力量，又消除这支日军运动到其他方向威胁兄弟部队侧翼的隐患。

要改变史迪威的作战计划非同小可，但傅宗良认为一切必须从实际出发，战情发生变化，对策也应随之改变。他将新的作战计划上报廖耀湘和史迪威。史迪威接到傅的报告后不同意，要傅放弃新的作战计划，按原计划执行。傅坚持己见。史迪威勃然大怒，电告蒋介石。蒋介石认为事态严重，让廖耀湘制止傅宗良。

廖耀湘对傅宗良的作战计划反复斟酌，觉得傅的计划优于史迪威，便电复蒋介石，称新的作战计划是他批准的，并保证成败皆由他负责。为慎重起见，廖耀湘派李涛副师长赶赴傅宗良团督战。

这一折腾就过了近一周的时间。1 月 22 日晚，第 65 团在傅宗良率领下偷渡百贼河，悄悄地往日军集结地包抄过去。这一行动真是天助我中华也，神不知，鬼不觉，日军对中国驻印军的行动一点都没有察觉。

1 月 23 日凌晨，第 65 团发动全线猛攻。经过几小时激战，日军抵挡不住，纷纷退入核心阵地作困兽之斗。第 65 团遂以三面压敌，缩小包围圈。此时，敌我咫尺相接，火炮、重型迫击炮等重武器均暂时无用武之地。手榴弹、掷弹筒、轻重机枪、轻型迫击炮、汤姆冲锋枪等近战兵器的作用发挥得淋漓尽致。日军阵地四周火光冲天，杀声震野。至25日，日军大部就歼，少数残敌被迫向南逃窜，立即遭到中国驻印军阻击部队迎头痛击，几乎无一生还，日军第55联队冈田大队大队长冈田中佐重伤后饮弹自尽。战后，史迪威亲至战场清点敌尸，结果是617具。他对第65团倍加赞许，并为傅宗良请功，认为他“不像虎更像一只狡狐”。

新编第22师以英勇善战让盟军刮目相看。这一仗让史迪威改变了对中国军队的看法。之后，他把新编第22师指挥权全部交给廖耀湘。

第65团乘胜前进，1月30日占领大洛。圆满实现一个多月前总指挥部下达的作战目标。

大洛既下，第65团派出第3营由营长李定一（湖南永兴人，黄埔九期炮科）率领，越过近20千米的宛托克山，攀登高达900米以上的危崖绝壁，历尽艰险，先后击溃日军冈田大队残部和菊大队主力，由西直捣腰班卡。

兄弟部队第66团在团长陈膺华率领下由康道渡河，秘密开路南下，逐次击破日军抵抗，逼近腰班卡北端，迫使日军向孟关方面退却。

腰班卡、拉征卡、拉貌卡等据点克复后，中国驻印军稳扎稳打，稍作修整，于2月下旬起向孟关攻击前进。孟关为日军在缅北重要门户，志在必守，其第18师团主力纷纷向孟关集结，师团长田中信一亲自坐镇孟关指挥。

3月1日，熊杰率第64团担任正面攻击，在唐开以北地区与日军展开激战。其先头之第2营，遭敌优势兵力和猛烈炮火的三面围攻，形势数度濒于危急。该营官兵身处危局，毫无惧色，沉着冷静，勇猛拼杀。战至下午，日军攻势减弱，随后停止进攻。该营乘机整理和巩固阵地。

翌日，日军再度发起攻击，中国军队仍勇猛如昔，阵地岿然不动。敌在两天的进攻中也被消灭不少，至晚时渐渐不支，遗下六七十具尸体，向南溃退。

在第64团正面攻击的同时，第65团和第66团也从不同方向向般尼前进。在般尼至孟关公路上与增援孟关的日军遭遇。最先投入战斗的是第66团。第66团对这股日军在遭遇对峙后实行反包围，双方从3月2日激战至第二天，恰好第65团赶到。中国驻印军两支部队合力作战，日军支撑不住，除少数逃脱到般尼据点，大部被歼。

3月4日，新编第22师各团从北、南、东三个方面完成对孟关的包围，驻般尼的日军也在第65团一部的牵制下动弹不得。第二天，新编第22师主力以雷霆万钧之势，向孟关之敌发起全线进攻。中国驻印军官兵勇敢无比。在激战中，第64团第2营官兵冒着敌人密集的炮火，首先突入孟关北关，与日军进行巷战。第66团第3营随即冲至孟关西南侧，但马上遭到日军三面围攻，情势十分危急。该营官兵不怕牺牲，敢打敢拼，与日军展开肉搏战，终于突入孟关西关，然后向纵深前进，最后与第64团第2营在城内会合。

边修路边前进的中国驻印军

入夜，新编第22师其他攻城部队也从不同方向攻入孟关城中，城中残敌见大势已去，只好弃城南逃，中国驻印军完全克复孟关。是役，中国驻印军毙敌近千人，缴获武器、弹药及各种物资无数。

瓦鲁班、坚布山攻坚，赵振宇率战车营大展雄风

中国驻印军总指挥部直属部队中有七个战车营，七个营的部队长基本是黄埔军校正期生：第 1 营代营长赵志华，河北通县人，黄埔十期；第 2 营谌志立，湖北沔阳人，黄埔八期；第 3 营沈文，四川泸县人，黄埔十期；第 4 营谭宝林，四川成都人，黄埔八期；第 7 营鲍薰南，山东寿光人，黄埔九期；第 5 营王光沂、第 6 营钟明远身份不详。战车营的装备主要有三项：14.5 吨的轻型坦克、35 吨的重型坦克、三七防战车炮。随着中印公路以及前方道路已开拓通行，战车营开始派上用场。

首先投入战斗的是第 1 战车营，其营长兼战车副指挥官是赵振宇上校。赵振宇是河南商城县钟铺集人，又名赵汉勋，1912 年生，南京中央军校第八期毕业。

当中国驻印军步步逼近孟关时，乃以新编第 22 师为右翼，新编第 38 师为左翼，两师以大奈河、南比河相连之线为作战地境线，各以线以西及以东地区向南攻击。为了切断孟关之敌退路，总指挥部命令第 1 战车营和新编第 22 师第 66 团第 1 营在大奈河西岸秘密集结，沿孟关东侧，穿过一片原始森林地带，绕到敌人的侧后。

赵振宇率第 1 战车营在第 66 团第 1 营的协助下，克服重重困难，经过几天的行程，于 3 月 4 日到达预定地区，切断日军从瓦鲁班通往孟关的补给线，并协助主力部队攻击孟关。

克复孟关后，下一个目标是东南方向的瓦鲁班。第 1 战车营和第 66 团第 1 营沿公路东侧南下，实施超越追击。3 月 8 日，第 1 战车营进抵瓦鲁班西北侧，与日军遭遇。第 1 战车营竟能通过地势十分复杂的森林和沼泽地带，犹如神兵天降于眼前，这是日军始料未及的，一时惊慌失措，竟然不懂得如何组织抵抗。这一带地势较为平坦，最能发挥战车的威力。赵振宇乘坐在一部轻型坦克里指挥战车杀入敌群。战车横冲直撞，一边以炽盛火力向敌军扫射，一边左冲右突。日军不是被枪弹射杀，便是被战车撞死碾死，只有少数残敌落荒而逃。这一遭遇战，第 1 战车营击毙日军第 18 师团作战课长石川中佐、第 56 联队联队长山崎大佐以下官兵 450 余人。

第 1 战车营乘胜追击，冲入日军第 18 师团指挥部，将其指挥系统全部摧毁，缴获其司令部关防 1 颗、装甲车 2 辆、卡车及指挥车各一辆。首先冲进第 18 师团指挥部的战车是由第 1 连连长孙明驾驶的，后孙明受奖吉普车一部并受勋。

之后，第 1 战车营配合新编第 22 师和新编第 38 师攻击瓦鲁班。两年前，日军占领孟关时，认为瓦鲁班离孟关不远，对印度方面盟军的防卫来讲，这个地势险要的地方可以作为孟关的后方或纵深阵地进行布局。在防区里，筑有环形阵地，阵地之前设有雷区、陷坑、鹿砦、铁丝网等障碍物。战车营在飞机、火炮的火力支援下，勇往直前。能对战车造成最大威胁是日军的火炮，这些火炮在中国驻印军强大炮火压制下几乎不能发挥作用，甚至有相当一部分被摧毁。最能阻挡战车前进的是崎岖不平、上下错落、有沟有坎的陡峭的地形地物。在冲锋时，战车营有的战车防不胜防地陷入坡度较陡的沟坎里，但大部分战车还是在步兵掩护下向有敌防守的纵深进攻，在攻坚战斗中发挥了巨大的作用。

经过两昼夜激战，中国驻印军攻克了瓦鲁班以及附近的秦诺两个重要据点，歼敌千余人。日军第18师团师团长田中新一仓皇逃往坚布山。

坚布山为胡康、孟拱两谷地之分水岭。自隘口以北之高沙坎至南之沙杜渣，全长约10千米，山高达1000米以上，只有羊肠小道蜿蜒于山间，形成隘路。隘路两侧高山，地势险峻，森林密布，日军集中30余门火炮据险防守，使中国驻印军仰攻十分困难。

第1战车营再当先锋。总指挥部命令第1战车营支援担任正面仰攻的新编第22师。

3月18日，赵振宇根据地势派出战车营两个排十几辆坦克掩护新编第22师先头部队第66团出击。战车沿山路正面向坚布山的日军发动猛烈进攻。由于山高林密，火力不易发挥，战车在运动行进中常被大树阻碍致使前进缓慢，灵活性不足，其掩护作用大大削弱。激战多日，中国驻印军虽有所收获，将当面之敌逐次击溃，但付出较大的代价，第66团伤亡重大，战车营也损失了几辆坦克。

3月26日，傅宗良率第65团接替第66团，继续向高鲁阳攻击。

高鲁阳位于丁高沙坎至沙杜渣的正中，南北等距离各约5千米。傅宗良向师长廖耀湘提出正奇结合战术的建议，即由该团正面进攻，由熊杰率第64团主力翻越隘路以东之山地，突袭日军侧背，使敌两面受敌，不战自败。廖耀湘完全同意傅宗良的建议，立即命令熊杰率该团主力出发。

战局完全在傅宗良预料之中。防守高鲁阳的日军当发现侧背受到中国军队有力进攻时，一时手脚大乱，感觉大势已去，抵抗的斗志顿时消减。中国驻印军两面夹攻，战车营猛冲猛打。3月28日，中国驻印军攻克高鲁阳。

与此同时，新编第38师第113团（附山炮一连）与美军“加拉哈德”支队一部相互配合，也从另一方向向沙杜渣以南之拉班前进。该部经过近10日艰苦跋涉，于3月28日占领了拉班。随后向北猛袭坚布山日军侧背，使守敌陷入南北受敌的被动境地。

3月29日，新编第22师和新编第38师第113团向沙杜渣之敌发起总攻。日军经不住强大攻势，遗尸遍野，全线溃败。日军第18师团师团长田中新一再次逃脱。

胡康谷地战役从1943年10月底开始至1944年3月29日止，历时5个月约150天。是役中国驻印军南进150余千米，平均每天前进1千米，重创日军第18师团，先后毙伤日军12000余人，俘敌60余人，缴获大炮15门，机枪、步枪800余挺，其他弹药装备则不计其数。昔日曾称雄缅北战场的所谓“亚热带丛林之王”——日军第18师团，从此一蹶不振了。自此，缅北天险要隘，尽在中国驻印军掌握之中，通往孟拱谷地的门户被打开。虽然第1战车营投入胡康谷地战役较晚，但后阶段冲锋在前，夺关斩将，历史应记下一笔。

赵振宇后来赴台，任第1军第58师师长，其在中国驻印军的功绩，不能被后人忘记。

卡盟之战，郑洞国亲临前线冒雨督战

坚布山是胡康谷地和孟拱谷地的分水岭，坚布山既下，中国驻印军的下一个目标就是孟拱谷地。

孟拱谷地是沿孟拱河两岸谷地的总称，其地势狭长，南北纵长约120千米，东西横宽10千米左右，南高江蜿蜒流经其中。每到5月至10月雨季，洪水泛滥，山地泥深过膝，平地则一片汪洋。孟拱城位于谷地水陆交通中心，有孟拱河、南英河作天然屏障，与密支那、卡盟（加迈）等重镇成为掎角之势，为军事战略要地。

日军对于这块战略要地非常重视，认为它是中国驻印军南下必经之地和必取之地。为阻止中国驻印军南下，他们将第18师团残部及新增援的第56师团第146联队、第2师团第4联队全部布置在孟拱谷地，企图凭借有利的山川地势和费时许久修筑的强固工事，逐次抵抗，迟滞中国驻印军前进，以期在卡盟地区与中国驻印军决战。日军新增的两个联队归田中新一指挥，日军第18师团死灰复燃了。

卡盟在孟拱西北方向约15千米处，是孟拱的门户，两地之间隔了一条南高江。卡盟成为中国驻印军首攻目标。

坚布山天险攻克后，中国驻印军未及休整，即在战车营和美空军支援下马不停蹄南进，分路向孟拱谷地出击。新编第22师由南高江西岸沿公路南下，向卡盟推进；新编第38师一部沿南高江以东山地，越过丁克林地区后，向卡盟及以南地区进击，威胁敌之侧背，以策应新编第22师方面的作战行动。

新编第22师最早出击。3月30日，新编第22师主力开始南征。新编第38师虽然出兵南征稍迟一点，但也不落后于兄弟部队。两支部队以及后来的第50师第149团也加入战斗，经过近两个月的艰苦战斗，拔掉沿路的和卡盟外围的几乎全部据点，完成了攻取卡盟之前的任务。

日军不甘心失败，犹作困兽之斗，调整部署，调集重兵防守。为了挽回败局，日军急将原在瓦兰附近山地的第18师团第55联队主力、第114联队一部转移至卡盟对岸的支遵集结，其第56联队则退守卡盟西北的索卡道、南亚色等据点。同时，陆续以第2师团第4联队，第53师团第151联队、第128联队向卡盟增援，企图在卡盟以北地区与中国驻印军决战。于是，双方大军云集，在卡盟以北的沼泽地带中劈面相迎，一场空前惨烈的血战即将开演。

远在印度列多新编第1军军部的郑洞国时刻关注着前方战局，当他了解到孟拱谷地战场的卡盟决战即将开始，他再也坐不住了，迫切要求史迪威让他到卡盟前线督战。

随着史迪威与新编第1军将领的接触和了解，特别是在胡康谷地战斗中新编第1军将领临机制变、骁勇善战，让史迪威渐渐放弃过去对中国军官的偏见，改变不信任的做法，授予孙立人、廖耀湘指挥军队的大权。这些变化同样也在对待郑洞国身上发生。史迪威完全同意郑洞国的要求，让他奔赴卡盟前线督战并参与戎机。

这时，缅甸雨季已经来临。郑洞国不顾天气恶劣，冒险乘飞机飞赴卡盟前线。从临时机场到新编第22师司令部还有一段路程，路上因下雨和洪水泛滥有的路段已被淹没。郑洞国冒雨涉水前往新编第22师司令部。

这时，卡盟攻坚战的战斗已经打响。中国驻印军各攻击部队按作战计划勇猛前进，逐一扫清卡盟日军主阵地外围的据点。不甘心失败的日军也组织有力部队连续向中国驻印军左右两翼发动凶猛反扑。但是，日军的反扑是徒劳的，再凶猛的反扑也被英勇的中国驻印军官兵坚决击退。

郑洞国冒着枪林弹雨，到前沿阵地巡视、督战、慰问。眼前这一切，使他既惊讶又高兴。40多年后，这情景他还历历在目："由于终日大雨滂沱，洪水泛滥，低洼地面积水齐腰，给我军作战带来很大困难。前线官兵们几乎整日在泥水中滚爬冲锋，浑身上下都是湿淋淋的，有的战士干脆脱去衣服，只着一条短裤作战。许多部队的阵地周围都是沼泽，以至无法埋锅造饭，甚至连开水都没有，一连多日都以罐头伴雨水充饥。尽管条件艰苦恶劣，但部队上下同仇敌忾，士气极为高涨，从师长到一般士兵，大家摩拳擦掌，决心予日军以毁灭性的打击。”军长亲临前线，又到战壕里巡视并与官兵一起体验战场艰苦危险的生活，这无疑使官兵的士气更加高涨。

卡盟外围的日军前进据点，主要有西北方向、南亚江东岸由北往南的南亚色、索卡道及西岸的拉察加道（拉其卡道），还有与卡盟隔南高江一水之遥的位于江东的支遵。它们之间的距离大多是12千米左右。这一带属于新编第22师和暂时附于该师的第50师第149团的右翼部队的作战区域。

从1944年6月1日开始，新编第22师及第149团往南加紧攻击。其战术仍采取正面进攻和侧后迂回。当新编第22师迂回部队已切断南亚色、索卡道以南敌之退路时，为迅速攻取卡盟，乃重新部署，计划如下：

一、正面攻击部队分为两翼队，以第64团及第149团（欠第3营）配属总部之重迫击炮一连和山炮第1营主力为左翼队，由新编第22师参谋长刘建章统一指挥，沿公路及西侧谷地南进，与迂回部队协同歼灭索卡道附近之敌，再相机攻略卡盟；以第66团（欠第1营）附山炮兵一连为右翼队，沿公路西方山麓向南亚色前进，与迂回部队联络，向索卡道侧之敌攻击，以策应公路正面左翼队的战斗。

二、迂回部队及右侧支队（由曼山向伦京攻击之第65团1营）任务不变。

三、为加强火力，总部直属之一五五重炮兵第12团一连及新编第38师一〇五榴弹炮兵第3营一连，亦协同新编第22师作战。

新编第22师各攻击部队按计划向各战区前进，战斗虽然艰辛激烈，但最终都能如期进展，斩获日军几千人。

第149团是孟拱谷地战役初战之师，看到新编第22师和新编第38师连战皆捷，所向披靡，极受鼓舞，表示要在战斗中奋起直追，有所贡献。团长罗锡畴所率的两个营分兵两路前进。第1营由罗锡畴亲率于6月7日直扑索卡道在其南端仅8000码处，日军据险顽强死守。敌我鏖战三天，至6月9日始将日军完全击溃，先后毙敌120余名，缴获山炮1门、速射炮3门、卡车27辆、战马5匹、轻机枪3挺、步枪70余支。

第149团第2营则由公路西侧迂回，于6月7日进抵索卡道东北半英里处，即向日军发起猛攻。双方短兵相接，白刃搏斗，苦战三天，终于攻克了索卡道，并与在敌后抗击日军达周余之久的第65团第2营会合。

第149团果然出手厉害，经受激烈残酷山地深谷地带战斗的考验，取得较佳成绩，独自拿下索卡道。

在孟拱河左岸担任左翼作战任务的新编第38师也努力进取，节节胜利。特别是陈鸣人的第112团奇袭卡盟以南的色当要塞是最具特色的战例。

5月20日，孙立人命令陈鸣人率所部（欠第2营）附山炮兵一连、工兵一排，向东南迂回，经大奈河、瓦刺、棠吉河、西凉河、拉高等地，渡孟拱河切断卡盟以南的公路，截阻日军后方交通线。

陈鸣人受命后，仅携带四天口粮，率部于5月21日由澳溪轻装急进，秘密南下。陈鸣人与该部官兵攀高山，涉深涧，忍饥冒雨，日夜兼程辟路前进。日军为保障卡盟右翼侧背安全，在该团沿途两侧地区之沙马、大班、拉瓦、拉芒卡道等隘口，均分兵驻守。但陈鸣人派出搜索队前往侦察得知：日军基本上留守在据点里，很少派出搜索队巡逻。也许日军认为这一带是卡盟的后方而麻痹大意了。陈鸣人决定利用敌人的疏忽大意，带领部队秘密地从敌人缝隙间行军前进。果然，敌人对中国驻印军的行动毫不知晓。

5月26日，第112团迅速袭占了卡盟东南侧孟拱河东岸的拉高、拉斯、葫芦各据点。当晚，该团以一个连兵力防守上述据点，掩护中国驻印军侧背安全，主力则准备连夜偷渡孟拱河。

难题又出现在陈鸣人眼前。当时孟拱河河水暴涨，水流湍急，河面最窄处亦在200米以上，无法徒涉，又无渡河器材。陈鸣人深知军情紧急，好机会稍纵即逝，必须马上渡过河去。他也深知他的部下经历兰姆伽严格训练和反攻缅北一路上的实践，泅渡不成问题。

5月27日晨，过了河的第112团在陈鸣人率领下犹如猛虎下山，向卡盟之南的色当要塞迅猛扑去，一举占领了色当。第112团又挟胜利之威扩大战果，沿公路迅速向北向南两个方向席卷而去，切断了日军孟拱至卡盟公路这条日军唯一的补给线，占领了日军在这一地区的军用物资总囤积站。

中国驻印军奇袭之所以得手是由于第112团攻克的突然性和敌军警惕性的丧失。其实，第112团（欠第2营）的兵力与驻守这一地区的日军的兵力相当。日军各兵种部队共有千余人。他们长驻后方，不是一线作战部队，战斗意识不强，其驻地又处于卡盟的后方，警戒松懈。当中国驻印军发起突然袭击时，日军正三五成群在吃早饭，连瞭望哨岗也没人值勤，一时惊慌失措，狼奔豕突，几分钟后才有人拉响警报铃。

日军又产生另一个错觉，导致他们失败得更惨。当遭到中国驻印军突然袭击后，他们对攻击部队的规模进行错误的判断，以为部队是小股空降部队，漫不经心地派出少量部队应战，这给予了中国驻印军可以集中有限的兵力逐个消灭敌人的机会。

作战近日，中国驻印军把在要塞抵抗的日军全部歼灭，共毙伤日军700余人，缴获15厘米重榴弹炮4门，步枪359支，满载军需用品的卡车45辆，小轿车2辆，骡马320匹，汽车修理厂1所，粮库、弹药库11处，挽车100余辆，其他重要文件甚多。翌日晨，第112团复将公路西侧的重要高地完全攻克，占领日军库房20座，缴获骡马56匹、小轿车4辆，其他粮弹枪械及通信器材无数。

6月15日，中国驻印军各部先后进抵卡盟城西、北、南三面，卡盟以东的部队也在积极准备强渡孟拱河。卡盟指日可下。

6月16日，中国驻印军向卡盟发起总攻。这一天刚好是黄埔军校建校纪念日和国民革命军建军节，恰好是黄埔军校建校20周年。战前，郑洞国特地召集就近的新编第1军将领在新编第22师驻地做了战前思想动员。郑洞国说："在座的同志们大多是黄埔学生，都是经受黄埔军校教育才逐步成长。克服一切困难，努力完成任务是发扬黄埔精神最具体的体现。明天卡盟总攻击是这阶段最重要一战，又刚好是黄埔军校建校纪念日。校长在看着我们，祖国同胞在看着我们，母校的荣光也期待我们去增添。大家要发扬黄埔精神，一鼓作气，拿下卡盟，作为母校建校纪念日的献礼！"

新编第38师和新编第22师并肩战斗。第113团第3营在强大炮火及烟幕弹烟幕的掩护下，分乘橡皮舟强渡孟拱河。日军这时兵力有限、捉襟见肘，被中国驻印军各个方向的进攻死死地牵制在各自的阵地上，但仍集中各种火力疯狂向河面和对岸的中国驻印军阵地扫射，双方交火甚烈。第3营官兵不怕牺牲，奋勇顽强，终于在6月16日上午10时许一举渡河成功，进而攻占卡盟东南侧之637高地，瞰制卡盟。为了不让退缩卡盟城中的日军有喘息缓气之机，第3营一鼓作气往城里进攻，11时许攻入卡盟东北城区内。

新编第22师也从卡盟另两个方向攻城。第65团主力在团长熊杰率领下经与日军几番苦战，已进抵卡盟西北端。第65团第3营也迅速突入卡盟西南城区，与日军展开白刃格斗，逐屋逐街争夺。经过约四小时的激战，卡盟守敌除一些逃出城外，其余被全部消灭，新编第38师和新编第22师攻城部队在城内胜利会师。

卡盟一役，仅新编第22师即毙伤日军5000多人，其中先后发现日军遗下的尸体就多达1600余具，并俘获日军尉以下官兵89名。该师还缴获日军各种火炮30门、汽车200余辆、仓库30余所，其他军用品不计其数。屡经补充的日军第18师团主力，在此役中基本被中国驻印军歼灭。可惜的狡兔三窟的第18师团师团长田中新一再次漏网，使该师团番号能继续在缅北苟延残喘。

郑洞国始终在卡盟前线。战斗结束后，当他看到衣衫破碎、面黄肌瘦、浑身生满疥疮的日军战俘，欣喜和感慨之情油然而生：一是昔日威风凛凛不可一世的“大日本皇军”已日落西山奄奄一息了，世界反法西斯和中国人民抗日战争的胜利为期不远了；二是穷兵黩武、发动侵略战争终究会搬起石头砸自己的脚，给本国人民带来灾难。

密支那攻击战，胡素统领三个师作战

鉴于盟军在此之前三轮的密支那攻击战失利，根据中国驻印军总指挥部的命令，新编第30师师长胡素接替美军麦根少将，负责指挥密支那地区的作战。

密支那是缅北最重要的战略要地。它是缅甸克钦邦首府，东临伊洛瓦底江，是纵贯缅甸的中央铁路的北部终点，公路四通八达，河网密布，历来是缅甸水陆交通枢纽。它南连八莫，西通孟拱，东北通过孙布拉蚌、葡萄可以到达腾冲。周围多山，高度在海拔500米至1000米不等。缅甸中央铁路自南向北穿城而过，城外西北是一个地形略有起伏的小平原，遍地是丛林。城外西、北方各有一座飞机场。

占领密支那意义重大，其内容如下：

第一，中国驻印军将日军驱逐出缅北，进而威逼滇西，将缅北滇西战场连成一体，最终在滇西与中国远征军部队会合，全部歼灭以上地区的日军。

第二，从印度运载战略物资飞往中国云南的航线南移，避开危险的喜马拉雅山脉，降低飞行高度，提高运输效率。

第三，为中印公路修筑扫清最后障碍，加快公路建设步伐，早日通车。

正因为占领密支那意义重大，所以，早在新编第22师、新编第38师展开孟拱河谷战役的时候，中国驻印军就秘密策划攻克密支那的作战计划，其要旨是由美军梅利尔准将率领一支中美联合先遣支队，由胡康谷地出发，穿越多悬崖峭壁、森林茂密的库芒（苦蛮）山区，一路辟道前进，深入日军后方，偷袭密支那。

这支先遣支队分为两个纵队：K纵队由美军“加拉哈德”支队第3营、新编第30师第88团、新编第22师第4炮兵连组成，指挥官是美军基尼逊上校；H纵队由美军“加拉哈德”支队（欠一营）、第50师第150团、美军七五山炮兵一排组成，指挥官是美军亨特上校。

“加拉哈德”支队是一支人数2900人，训练有素、装备精良、擅长远距离渗透战术的美军突击队。它的产生来自于1943年8月19日的加拿大魁北克美英首脑会议。该会议做

中国驻印军美式中型坦克开入缅甸，支援中美混合联军的攻势

出了几项与中国有关的具体决定，其中一条是：由美国派遣一支人数约 3000 人的精锐突击队，到缅北与中国军队并肩作战。“加拉哈德”也称第 5307 混合支队。

先遣支队于 1944 年 4 月 29 日从太克里出发，翻越大小十几条河流纵横其间的库芒山，拔掉途中的雷多、丁克路高等日军据点。最先达到密支那的是 H 纵队，它直抵密支那西机场附近时间是 5 月 16 日。K 纵队在两天后才赶到密支那北约 10 千米的遮巴德。

据守密支那的日军兵力及配置情况是：第 18 师团第 114 联队第 3 大队及直属部队驻市区；第 56 师团第 148 联队第 2 中队及第 18 师团工兵第 12 联队第 1 中队驻西郊；第 15 机场守备队密支那分遣队及气象分遣队驻西机场；另有番号不详的两个中队驻北机场，其总兵力在 1500 人左右。以上部队由第114联队联队长丸山房安大佐统一指挥。

5月17日上午10时，中美联合先遣支队H纵队率先向密支那西机场发动突袭，至中午完全控制了机场。

中美联合先遣支队H纵队攻占密支那机场

黄春城率第150团于5月18日向密支那市区推进。日军凭借有利地形和坚固工事顽强抵抗，第150团推进艰难，每前进1米都要付出伤亡的代价。直到20日上午8时半才将车站攻克。

密支那城区只有第150团孤军奋战，该团一路攻坚，伤亡惨重，第3营营长郭文干也在攻击中英勇牺牲，已无法形成有力的攻势。若把第150、88团和5月17日下午到达密支那西机场的第89团主力都用于攻城，不给孤敌喘息之机，奇袭密支那必能成功。可惜得很，梅利尔将军没有这样做。日军趁机调集和组织兵力反扑，车站得而复失，黄春城忍痛于21日晨奉命撤至跑马堤附近。日军乘机跟进，恢复并加强了原有工事。奇袭失去意义，千载难逢的机会因指挥官的错误决策而丧失。第一轮进攻宣告失败。

两天后到达密支那前线的郑洞国知道这一战情后，扼腕叹息，他说："这时战局对我极为有利，倘我军乘第150团取得突破，日军全线动摇之际迅速调动后续部队增援该团扩张战果，以迅雷不及掩耳之势突入敌人纵深，则极有可能一举夺占密支那。可惜梅利尔将军在这个关键时刻犯了一个致命错误：他非但未能以留在西机场的第89团和美军'加拉哈德'支队主力增援第150团，反而分割使用该团兵力，使日军获得喘息时机，迅速调整部署，实施反击，以致我军坐失良机，不仅部队遭受严重损失，而且形成了后来密支那战役旷日持久的僵持局面。"

5月23日，史迪威总指挥偕参谋长柏德诺将军、郑洞国、胡素和潘裕昆飞抵密支那前线。史迪威对梅利尔大发脾气，痛斥其无能，撤换了梅利尔将军的职务，处分了黄春城，撤销了先遣支队。之后，调整了密支那战场的指挥体系，具体安排如下：

第一，撤销中美先遣支队组织及其指挥机构，所属中美部队归建。

第二，设立中美联军密支那前方司令部，由中国驻印军总指挥部参谋长柏德诺任指挥官。

第三，"加拉哈德"部队恢复原建制由亨特上校负责，另调美军第209、236工兵营加强该部队的兵力。

第四，新编第30师之第88团和第89团由该师师长胡素直接指挥。

第五，第50师之第150团和第14师之第42团，由第50师师长潘裕昆指挥。

黄春城打仗非常勇敢，在车站攻击和保卫战中，英勇顽强，虽是孤军作战，但毫无惧色。车站失守时，他很不甘心，仍率有限部队反攻，又把它夺回来。当敌人反攻猛烈时，他要求西郊的炮兵和空军支援。美军总联络官孔姆中校借故离开火线，以致第150团没有呼叫密码而使要求落空。车站失守后，黄春城仍率残部在附近死战。当时，第150团已弹尽粮绝，后方又补给不上。黄春城率官兵以白刃与敌拼杀，激战达旦，直到接命才撤退。

史迪威撤了梅利尔的职，也不分青红皂白撤了黄春城的职务，并把他遣送回国，使他在异邦杀敌报国之志难酬。黄春城回国后，不知所终。

战斗后废墟般的密支那火车站

从5月25日在密支那再次发起攻击至7月6日这四十几天里，中国驻印军又发起多轮进攻，但几乎都是无功而返。敌我双方呈胶着状态。

胡素被授权指挥密支那战场三个师的中国军队来自郑洞国的建议。

在孟拱谷地和密支那战场两头奔跑的郑洞国对密支那战场的局面深为忧虑。5月底他从密支那战场回到孟拱谷地战场后，在中国驻印军一贯小心翼翼、怕直接向蒋报告见忌于史迪威的他直接致电蒋介石，一面报告5月份缅北作战情况，一面请求到密支那前线指挥作战。请求电文如下：

一、此次我军奇袭密支那，初期战斗颇为成功，然该方面战事相持半月，犹未攻下，兹将原因分析如后：

1. 梅利尔准将缺乏经验，不谙日军情形，资绩职务皆不孚众望，且计划欠周全，致协同作战甚差，常陷于混战状态。

2. 部队建制过于分散，兼隶属美人指挥，故统一使用困难。

3. 敌情不甚明悉，攻击前均不明了任务与目标。

4. 敌于市内坚守据点，非至整个歼灭，决不退却。

二、刻下在密支那之我军计有新30师之88、89两团，50师之150团，14师之42团之一个营又一个连（现又空运去一部），新22师山炮兵第2营之两个连，重迫击炮团之两个连、工兵营之一个连、运输兵两个连，此外尚有美方5307支队之两个营，宪兵一队，英方高射炮两个中队（8门），土著游击军约一营（由印度卡克族及缅人组成），及英、美工兵一部。

三、今我战场既分为二，空间相隔遥远，史总指挥实不能兼顾，余先前已报钧座及史总指挥请求前往任何一处战场，并拟于6月5日赴前方，仍恳钧座电令史总指挥命职前往指挥。

蒋介石先是对郑洞国的请求有所顾虑，后觉密支那战局仍然胶着对我不利，便与史迪威沟通协调，史迪威为密支那战场已撤换了几任美军指挥官，手下可委以重任的将官几乎没有，同意郑洞国到密支那督战，并撤回指挥官麦根将军。

郑洞国于7月6日来到密支那前线，对密支那地形及日军防区分布点进行实地勘察，发现密支那全城主要有两个飞机场、1个火车站、7条街道以及几个山头。日军根据该市地形，分成四个防御区，加强工事，纵深配备，协同固守。敌人的各种火器、掩体，多配置于丛林、树根、谷壑、岩穴中，位置不易发现，且能封锁道路。其在市区的工事，均依建筑物构成据点，利用民房及街道两侧，预先构筑各种坚固掩体，重要据点间还以交通壕相连接，在街道进出口、十字路口及民房屋角均配置了重武器，火网十分稠密，整个城市形成了一个完整的防御体系。敌总兵力已增加到3000人以上，指挥官也调换为级别高于丸山房安大佐的第56师团第56联队联队长水上源藏少将。此君比丸山房安更加刁钻狡猾，更具指挥和协调能力。

郑洞国向史迪威建议，由资历较深的新编第30师师长胡素负责指挥密支那地区的作战行动，史迪威照准。郑洞国与胡素等中国将领商议，决定在卢沟桥事变七周年纪念日这一天，发动全面攻击。并要求各部队既要有攻克密支那的必胜信心又不能急躁冒进，面对有重兵把守又有完整防御体系的攻克对象，心急吃不了热豆腐，要创新战术，稳扎稳打，避免不必要的伤亡；占领了既定的位置后掘壕攻击前进，采取“蚕食”战术，步步为营，消灭敌人。同时各团抽出一营兵力（第42团例外）调至第一线后方作短期的对敌据点攻击演练，提高战术技能。

选择“七七”这一天最能唤起中国驻印军官兵杀敌勇气和斗志。7日下午1时，中国驻印军各部队在空军、炮兵掩护下，全线出击，勇猛扑向日军防区。其进展可观。下午6时，右翼第150团在江边三角地区进展约150米；第42团将火车修理厂全部占领。第42团刚由列多空运到达的第3

营立即投入战斗，超越该团主力，进逼市区，攻占了八角点据点，该团副团长宁伟、王竹章，第 3 营营长黄晋隆均在激战中身负重伤。其他各部队也经激烈战斗，有不同程度的进展。

宁伟，别号锦文，湖南邵东人，1909 年生。中央军校武汉分校第七期步科毕业，历任国民革命军排长、连长、参谋等职。全面抗战爆发后，任第 14 师营长、副团长，后任第 14 师第 42 团团长。

7 月 17 日，日军在城郊城边据点均被攻克，日军逐步退守市区，分成北、中、南三个防御地区。其所剩兵力分布如下：

一、北地区以第 114 联队直属队及第 3 大队、第 15 机场守备队密支那分遣队及气象分遣队担任守备。

二、中地区以第 114 联队第 2 大队及工兵第 12 联队一小队担任守备。

三、南地区以第 148 联队第 1 大队及第 15 铁道兵联队一部，第 55、56 联队伤愈官兵 200 余人担任守备。

至 7 月 25 日，胡素指挥的部队越来越多。新编第 30 师第 90 团从列多空运过来了，第 50 师第 149 团从孟拱谷地战场胜利归来，第 14 师第 41 团主力比以上两个团更早到达。这几支生力军的到达，使中国驻印军阵容扩大、士气提振，攻击力大为增强。

日军虽然负隅顽抗，但也有自知之明，其距离彻底失败为期不远，着手撤逃行动。7 月 31 日，日军强行驱赶市民至西打坡江边，冒着中国驻印军空军和炮兵的轰击搭制竹筏，准备渡江之用。8 月 1 日晨，中国驻印军在密支那以南的沿江警戒部队发现敌人三五成群，乘竹筏或汽油桶顺江而下，当予击沉或俘获，经审问和检查都是日军伤病官兵。日军斗志已经瓦解。

有鉴于此，指挥部于 8 月 1 日晚下达了最后的攻击令，命令各部队务必全力攻击，力求尽快全部干净地消灭残余日军。中国驻印军各部队乘势出击，发起进攻。

8 月 2 日，第 50 师师长潘裕昆考虑到密支那市北端日军仍凭借坚固阵地顽抗，正面强攻牺牲太大，乃于当晚以师工兵连为基干，征选精壮官兵百余人，携带轻便武器及通信器材，组成敢死队，分 15 个小组，趁夜幕掩护分别潜入敌阵地后方，将敌通信设施完全切断。第二天拂晓，第 50 师敢死队向敌指挥所及各预定重要据点发起猛烈攻击，日军顿时慌乱无措。中国驻印军正面攻击部队应声而起，不顾一切向日军冲杀。至上午 8 时，第 150 团及敢死队将市区第 11 条马路完全攻占。其他兄弟部队也在各自战区趁机发起攻击，肃清并占领许多敌营区。日军密支那最高指挥官水上源藏少将见大势已去，剖腹自杀。随后，中国驻印军各部队继续肃清残敌，至 8 月 5 日，完全占领了密支那市区。

密支那之战是整个缅北反攻战役中最为激烈艰苦的一战。中国驻印军付出了惨重代价，阵亡 2400 余人，受伤 4200 余人，耗时两个半月，歼敌仅 2000 余名。

胡素

“功成未必长厮守。”战后，在战斗总结会上，脾气暴躁的胡素公然指责美国指挥官无能，又把前期战斗失利的责任推卸给中国军队，激怒了中国驻印军参谋长柏德诺。柏德诺向史迪威反映胡素对美军指挥官的无礼，脾气同样暴躁的史迪威下令将胡素撤职，并遣送回国。其职后由唐守治担任。

胡素回国后，蒋介石全面了解胡素在中国驻印军的表现和被撤职的事由经过后，没有责怪他，准备择机重用，胡素也借机回老家探亲。1945 年 4 月，中国青年军第 210 师在江西瑞金成立，师长为刘安祺，刘未到职，由胡素代理。1946 年 2 月，胡素升任中国青年军第 20 师中将师长。不久又升任青年军第 9 军中将副军长。1949 年 9 月，胡素所部编入胡琏的第 12 兵团，他担任第 12 兵团中将副司令。10 月退往金门、台湾。1978 年 6 月，在台北病逝。

第六章　挥师南下，中国驻印军连战皆捷

密支那、孟拱整训，中国驻印军扩军整编

孟拱、密支那攻克后，中国驻印军实现了1943年春制定的“中国驻印军反攻缅北”作战计划的第一期作战目标。第二期作战目标是攻克卡萨、八莫一线。从1943年10月底正式出师反攻缅北以来至密支那战役结束，中国驻印军连续征战约十个月，部队十分疲惫，战斗减员需要整补，且雨季尚未结束，总指挥部决定各部队原地进行整训。

中国驻印军原为新编第22师和新编第38师，后又继续增加新编第30师、第14师和第50师，重庆军委会决定将所属5个师编组为两个军：新编第1军，辖新编第38师和新编第30师；新编第6军，辖新编第22师、第50师和第14师。新编第1军驻密支那，新编第6军驻孟拱。同时成立中国驻印军副总挥部，郑洞国任副总指挥。扩编后的中国驻印军序列如下：

总指挥：史迪威

副总指挥：郑洞国

参谋长：柏德诺

副参谋长：李申之

新编第1军：军长孙立人，参谋长史说

新编第30师：师长胡素（前）、唐守治（后），副师长文小三、陈绍恒、唐伯三（后），参谋长唐伯三

第88团团长杨毅，第89团团长王公略，第90团团长陈星樵

新编第38师：师长李鸿，副师长邓士富、何均衡，参谋长龙国钧

第112团团长陈鸣人，第113团团长赵狄，第114团团长彭克立

新编第6军：军长廖耀湘

新编第22师：师长李涛，副师长刘建章、郭彦，参谋长赵霞

第64团团长熊杰，第65团团长傅宗良、李定一（后），第66团团长陈膺华

炮兵指挥官：罗先致

第50师：师长潘裕昆，副师长杨温（广东惠阳人，军官讲习所毕业）、谢树辉，参谋长段麓荪

第148团团长王大中，第149团团长罗锡畴，第150团团长谭云生

第14师：师长龙天武，副师长许颖、彭战存，参谋长张羽仙（湖南零陵人，陆军大学四期）、梁铁豹

第40团团长王启端，第41团团长龚益智，第42团团长宁伟

炮兵指挥官：王家峻

中国驻印军直属部队仍照第四章略述。据目前掌握的资料，在中国驻印军有关部门供职的黄埔生将领还有：中国驻

印军训练处处长向军次少将、中国驻印军训练监督官王公亮少将、中国驻印军战车训练班副主任唐铁成少将、中国驻印军军务处处长景云增、中国驻印军军务处科长王志鹏上校、中国驻印军副官处处长李荫柏、中国驻印军上校作战参谋李汉冲、中国驻印军军事代表团成员柏园、中国驻印军战车团团长席代瑜。

扩编后序列中新出现的黄埔生简介如下：

中国驻印军总指挥部副参谋长李申之，别号眷如，湖南宝庆东乡人，1901 年生。南京中央军校第六期第一总队炮兵大队第三中队毕业（与李涛、傅宗良同队）。后到英国炮兵学校、美国驻印度军官学校炮兵研究班深造。全面抗战爆发后，任中央军校第十四期炮兵队长、炮兵营长，中国驻印军新编第 1 军上校炮兵团长。后任新编第 22 师炮兵指挥官，随后又升任中国驻印军总指挥部副参谋长。

新编第 1 军参谋长史说，别字习之，浙江富阳人，1910 年生。中学就读浙江省立第一师范学校。1927 年 8 月入南京中央军校第六期第一总队交通科学习。1930 年中央军校毕业后，入军委会交通处供职，后调中央军校任中校战术教官。1935 年 4 月毕业于陆军大学第十期，留陆军大学任教，后任军委会参谋。全面抗战爆发后，任第 9 集团军总司令部参谋处上校作战科长，随张治中参加淞沪抗战。后历任湖南省政府高级参议、湖南省保安处第一科科长、中央军校长沙分校少将教育科长、中央通讯兵学校教育处少将处长、军委会政治部军务处少将处长。后调任新编第 1 军参谋长。

新编第 30 师副师长文小三，湖南沅江人，1908 年生。南京中央军校第六期警宪班毕业。毕业后先后进入陆军大学第十期和德国陆军参谋学院学习。曾任第 54 军第 198 师副师长，1942 年兼任河口戒严司令部副司令，同年被免职。后调任新编第30师副师长。

新编第38师副师长邓士富，又名仁富，广东汕头内村圩人，1900年生。黄埔军校第二期步科毕业。历任国民革命军第1军第1师排长、连长，第26师第3团营长，南京卫戍司令部警卫师中校团附。1936年任第2师第6旅少将旅长。1938年任第52军第25师副师长，参加徐州会战。新编第1军扩编时调任新编第38师副师长。

新编第38师第114团团长彭克立，湖南望城人，1910年生。从军之前曾在长沙广雅中学专修部、湖南省立第一中学肄业。从军后入湖南第4路军教导总队工兵科结业。后毕业于中央军校洛阳分校第五期步科（比照黄埔第九期）。全面抗战爆发后，历任财政部税警总团学兵团第1营连长、营长，国民革命军第66军新编第38师第114团第1营营长。新编第1军扩编时继李鸿升任新编第38师第114团团长。

新编第22师副师长郭彦，别号国士，四川隆昌人，1906年生。南京中央军校第六期第一总队交通科毕业。中央军校交通技术学校肄业，法国陆军装甲机械学院毕业。历任中央交通辎重学校教官、中央机械化学校少校教官、军委会参谋本部中校参谋、陆军辎重学校中校主任教官。全面抗战爆发后，任军政部辎重1团中校团附，新编第1军战车团上校副团长、团长，中央军校第七分校（西安王曲）学员总队少将总队长。先后参加昆仑关战役、远征军入缅战斗。先在新编第22师任机械化兵指挥官，扩编时升任新编第22师副师长。

第50师参谋长段麓荪，湖南南县人，1907年生。黄埔军校长沙分校毕业（比照黄埔第六期）。新编第1军扩编时任第50师参谋长。

第14师副师长彭战存，别字铁如，字铁儿，江西萍乡北路仙迹人，1902 年生。萍乡中学毕业后投入黄埔军校第四期步兵第 1 团第 7 连，其连长为陈赓。毕业后到北伐军东路军指挥部参谋处见习，后任第 21 师第 63 团中尉连附、第 21 师政治部上尉组织科长、第 11 师第 61 团 6 连连长。1930 年起任第 18 军第 11 师第 31 旅第 62 团中校营长、第 66 团团附、第 11 师师参谋主任。全面抗战爆发后，任第 11 师上校参谋主任、第 11 师第 66 团团长。1938 年 3 月任第 11 师少将参谋长、第 67 师第 199 旅旅长。1940 年 3 月任第 79 师副师长兼政治部主任。1943 年春起任第 54 军参谋长兼第 14 师副师长。调中国驻印军任第 14 师副师长。

中国驻印军训练处少将处长向军次，湖南石门人，1906 年生。黄埔军校第五期工科毕业。历任国民革命军排长、连长、营长，第 87 师团长、旅参谋主任。全面抗战爆发后，任第 88 师参谋长、副师长，第 90 军少将参谋长，第 185 师副师长，第 55 师副师长。1943 年年底调任机械化装甲学校少将研究员，机械化装甲学校驻印军战车训练班少将副主任，驻印军训练处少将处长。

中国驻印军训练监督官王公亮少将，四川叙永县新丰街人，1901 年生。黄埔军校第一期第一队毕业，在校期间加入中共，参加东征、北伐，曾任第 1 军第 3 师副团长、教导总队大队长等职。大革命失败后被中共派到苏联基辅军校工兵科和苏联红军大学学习。1931 年夏回国后脱离中共投身国民党，曾任税督总团驻青岛陆海军中将司令。1943 年任第 13 军副军长兼师长。1945 年调任中国驻印军训练监督官，中途被调回。

中国驻印军军务处处长景云增，别字沛霖，河北易县人，1911 年生。南京中央军校第九期炮科毕业。

中国驻印军军务处科长王志鹏，浙江黄岩人，1904 年生。黄埔军校第二期经理科毕业。1926 年起任国民革命军第 1 军第 2 师第 6 连党代表，参加第二次东征和北伐。1927 年起任中央军校政治部上尉课员、高教班少将股长，中央军校经理科中校教官。1931 年任财政部税警总团中校经理科长。1942 年起任中国远征军司令长官部中校参谋、中国驻印军总指挥部军务处上校科长。

中国驻印军副官处处长李荫柏，别字新铺，湖南湘乡杨家滩人，1906 年生。南京中央军校第七期炮科毕业。

中国驻印军作战参谋李汉冲，别字鹏，广东梅县人（一说福建上杭人），1908 年生。入南京中央军校第七期步科前在徐江师范大学中文系学习。1930 年起任第 78 师上尉书记、闽西保安团上尉副官。1936 年 6 月任第 37 军第 91 师少校作战参谋。1939 年任第 95 师中校参谋主任。1942 年冬任中国驻印军上校作战参谋。

中国驻印军军事代表团成员柏园，又名泰勋、太宣、魁元，湖南宁远人，1903 年生。1927 年入江西国民党军当兵，后任排长。1930 年考入南京中央军校第八期炮兵队。后历任武汉甲午台、黄二台台长，四川奉节要塞炮兵学校干训班主任。1939 年任贵州防空学校中校主任教官、四川万县要塞二总台上校副团长。1941 年任国民政府军委会驻印度军事代表团成员。

中国驻印军战车团团长席代瑜，别号钝朴，湖南永州伍家桥人，1906 年生。黄埔军校第四期工兵科毕业。参加北伐战争。历任国民革命军总司令部通讯营排长、连长，军政部交通署无线电处少将参谋、中校科长。全面抗战爆发后，任中央交通辎重学校教育处技正、中央机械战车学校训练教官、中国驻印军战车团团长。

胡素被撤职遣送回国后，因李鸿自反攻缅北以来，在长达一年半的艰苦作战中，表现出卓越的指挥才能，战功显赫，国民政府军委会擢升他为新编第30师少将师长。

李鸿长年在新编第38师，与该师共荣辱。这次的确是擢升重用，一般人要经过副师长这一级，李鸿却跳级提拔，但他宠辱不惊，还是对新编第38师依依不舍。当他准备去新编第30师履新时，孙立人劝他不要去，要他留着等待担任自己仍然兼着的新编第38师师长一职。孙立人马上去电向蒋介石建议，史迪威也非常赞同这个做法。蒋介石收回成命，重新任命李鸿为新编第38师师长。在短时间内收到两张师长任命书，在国民革命军中是少见的，这件事也在国军中传为佳话。

李鸿升任新编第38师师长后，其第114团团长职务由彭克立担任。彭克立任前为第114团第1营营长。从彭克立从军的经历来，他属于书生投笔从戎，后到中央军校洛阳分校第五期学习，比照黄埔军校第九期。彭克立在第114团表现突出，故李鸿在离任时推荐重用彭克立。

关于彭克立继李鸿任第114团团长有不同说法。有的著述认为是第114团副团长王东篱继任。笔者认为是彭克立，主要根据有原第114团第1营第1连上尉连长张义栻的回忆，还有《中国古今将帅名典》的人物案例词。

谢树辉提拔为第50师副师长后，其职由王大中担任。

许颖提拔为第14师副师长后，其职由宁伟担任。

在中国驻印军整训扩编期间还发生了总指挥易职事，史迪威被召回美国，索尔登将军接任。

史迪威于1942年1月到中国战区任蒋介石参谋长，东南亚司令部成立后任副总司令，工作两年八个多月。他的工作做得有声有色，虽然在中国远征军第一路军时期，他参与指挥，吃了败仗，但他卧薪尝胆，立志打败日军。他领导中国驻印军及在缅印美军反攻缅北，取得了辉煌的胜利。他来时为中将，担任中国战区、缅甸和印度的美军陆军的指挥官。1944年8月1日，他升为四星上将。

廖耀湘（右）、史迪威（中）与孙立人（左）合影

曹艺认为：“史迪威是典型的美国军官，他受命对日作战，他蔑视英国人畏日如虎，充满了失败主义。东南亚盟军最高司令蒙巴顿认为史迪威不服命令，曾要求免除史迪威最高副司令职务。他竭尽主张改造国民党部队，训练装备30个师，以期从陆上反攻日本，终于还是在蒋介石要求下被罗斯福召回美国。”

史迪威生活简朴，联系群众，痛恨奢靡腐败。他的帐篷里只放四个子弹箱，两个叠起来做几案，两个放在两头当坐凳，设备比当兵的还单调。他经常轻装简从在中国军队里来去，在他的总指挥部办公室是找不到他的。有人说他不懂享受，一个罐头、一瓶柠檬水就当作一顿午餐。

郑洞国评价史迪威说：“尽管他对中国将领素有偏见，性情也比较急躁，在一些事情的处置上对中国方面不够尊重。但应当承认，他毕竟是一位正直的、很有才华的军事将领。在对日作战问题上，他的态度不仅始终是认真、积极的，而且颇具战略眼光，在指挥上很有一套办法。最难得的是他身为异国高级将领，却毫无官架子，待士兵们十分友善，喜欢同他们交朋友，慢慢赢得了不少中国将士对他的钦敬，许多人亲昵地称他为‘乔大叔’。在后来的缅北反攻战役中，每当战事处于紧张时刻，只要‘乔大叔’瘦削高大的身体出现在阵地上，总会引起战士们的热烈欢呼，部队的士气更加高涨起来，再艰难的任务也会毫不犹豫地去完成。”

1944年10月19日，马歇尔发电召回史迪威。史迪威到了缅北前线与朝夕相处的中国驻印军将士匆匆告别就回国。两年后，史迪威在美病逝。

攻打八莫，新编第1军和新编第6军兵分两路

1944年10月上旬，缅北雨季刚过，中国驻印军和英军一部兵分三路向南挺进，实施“中国驻印军反攻缅北”作战计划中的第三个目标的行动。三路分别如下：

右路英军第36英印师，沿密支那至曼德勒铁路走廊，进攻卡萨；中路新编第6军由铁路以东之原始森林经和平迂回攻击伊洛瓦底江边的瑞古，切断八莫日军后路，并阻止日军经水路向八莫增援；左路新编第1军则沿密支那至腊戍公路，向八莫攻击前进。

三路大军的进军目标是攻取曼德勒，有各自的取向。对中国驻印军这两路人马来说，左路新编第1军是进攻八莫的主力，中路新编第6军为协助新编第1军的偏师。

八莫是座历史悠久的古城，北距密支那约200千米，位于伊洛瓦底江的右岸，太平江南侧，东面是高黎贡山的南支——东加亲山脉。水路南通曼德勒、仰光，也可以小舟逆江行驶，直达密支那、孟拱，乃至卡盟。陆路除密支那至八莫的公路外，另有一条从八莫出发，沿着当年诸葛亮“五月渡泸，深入不毛”走的那条蜿蜒曲折的石板道，就可以到滇西重镇腾冲。由此看来，八莫是个水陆交通要地。

从密支那向八莫挺进，路途艰险。要跨越南太白河、南

山河、貌儿河、大平江等江河。八莫城四周湖沼遍布、地势起伏、丛林密布，地形地貌与密支那相仿。日军自从攻略缅北后，即以八莫作为进犯滇西的战略基地，并在城内及四周修筑了极为坚固而隐蔽的工事。八莫易守难攻。

八莫的日军守军司令为原好三大佐。原好三是日军第2师团搜索联队的主官，该部有1300余人。密支那战况紧张的时候，日军将这支部队由缅南方面紧急调往增援，不料刚刚到达南坎，密支那已被占领。日军驻缅主帅本多政材中将改以该搜索联队作基干，加上八莫守军第2师团第16联队第2大队、野炮一个大队，战车10辆及从孟拱、密支那战败后逃到八莫的第18师团第55联队第2大队残部，共5000余人，混合编成一个支队，由原好三大佐指挥，担任八莫的防御。本多政材给原好三下了死命令："无论如何，你要给我守住八莫！"

日军以八莫城为核心向北构筑了三道纵深防线，即由南到北的飞机场、莫马克、庙堤。日军以约一个大队的兵力，向北推进至庙堤、那龙公路及两侧高地，构筑阻击阵地，企图迟滞中国驻印军对八莫的攻击。以后因新编第38师进军神速，才迫使日军放弃了这一带阵地，退守到太平江两岸。

10月中旬，李鸿率领经过休整的新编第38师，由密支那沿密八公路向南挺进，势如闪电，锐不可当，半个月拔除敌据点十余处。10月27日，新编第38师到达离八莫约35千米的庙堤。李鸿留下第113团从正面佯攻庙堤，自己则率第112、114团主力离开密八公路，强夺太平江上游的铁索桥，然后迂回包抄，指向八莫后方，切断八莫之敌与后方的联系。

赵狄求胜心切。当他侦察到庙堤之敌只有一个中队兵力后，即率部出击，于10月29日一举歼灭庙堤守敌。

赵狄带领将士打扫战场时发现了一块碑碣，碑石上刻有“威远营”三个大字，左刻：大明征西将军刘筑台誓众于此。誓词是：六慰开拓，三宣恢复。从夷格心，永远贡赋。洗甲金沙，藏刀鬼窖。不纵不擒，南人自服。右刻：受誓孟养宣慰司、木邦宣慰司、孟密按抚司、拢川宣抚司。万历十二年三月十二日刻。赵狄读罢，浮想联翩：曾几何时我中华强盛，疆土广大，四方臣服，如今积贫积弱，国土任列强侵占瓜分。他不由叹息良久，暗下决心要为振兴中华鞠躬尽瘁！

太平江正面，河面宽 120 米，水流湍急。日军依南岸险峻的山势，修筑了许多强固工事，并以火力控制了所有渡口，而江北岸却地势平坦，使中国驻印军渡河行动处处受到日军瞰制。这也是新编第 38 师主力不从正面攻击渡江的一个重要原因。

威远营碑石的激励使赵狄取胜决心更加坚定。他率部几次试探渡河，均因日军以强大火力封锁江面而未成功。但他不气馁，誓死孤军渡江。他认为明攻强渡不行，只能寻找日军防守的死角偷渡。

11 月8 日，赵狄选派出六名水性好的精干士兵，偷偷游过太平江，寻找日军防守上的破绽。日军的防守布局不够均匀，有的地带设有防守据点，有的则空缺，无兵把守。赵狄就钻了日军这个空子，先让第 3 连悄悄渡江，随后全团跟上，兵不血刃渡过了太平江。

第 113 团发扬一不怕苦、二不怕死、连续作战的精神，马不停蹄地扑向莫马克、马子淀等日军第二道防线。日军依赖太平江天险，完全没有料到中国驻印军竟然会神不知鬼不觉地摸过江来，一时大乱，只得仓促抵抗。经数日激战，第 113 团攻占了八莫外围的大小村落和三个飞机场。

新编第 30 师在唐守治师长率领下，作为二线兵团也紧跟而来，取代了新编第38师在太平江北岸的防务，并以一部渡江，与第113团取得联络，准备攻打莫马克和曼西。这时李鸿率新编第38师迂回成功，赶到莫马克。在他统一指挥下，新编第38师相继发起对莫马克和曼西的攻击。两地分别于11月14日和11月17日被攻克。

新编第6军在廖耀湘率领下也从另一方向向八莫进军。10月中旬，新编第22师作为中路军先锋，在师长李涛率领下自孟拱乘火车进抵和平，随后徒步向东进入遍布原始森林的崇山峻岭之中，经远程艰苦跋涉于11月1日到达伊洛瓦底江北岸附近。正好此时，总指挥部给他们空运来了渡河材料。

11月5日凌晨，天色朦胧，新编第22师的先锋部队乘橡皮舟悄悄渡江，建立了滩头阵地，掩护主力续渡。日军想不到中国驻印军会在此处渡江，仓促应战，很快被击溃。11月6日，新编第22师占领了卡利，随后穷追不舍，当天深夜攻击至瑞古。瑞古之敌和伊洛瓦底江南之敌一样，也想不到中国驻印军行动如此神速，其守军第2师团第16联队一部慌乱抵抗一阵即向开勒支方向突围，转向八莫逃窜。11月7日，新编第22师占领了瑞古。

为了配合左路新编第1军攻击八莫，阻敌增援，并切断八莫日军后路，新编第22师仅以第64团防守瑞古，主力则于11月11日分两路纵队向曼大及其西北山地前进。左纵队傅宗良的第65团几度与日军激战，于翌日攻占曼大。右纵队陈膺华的第66团行动较为迟钝，直到11月14日才抵曼大。不过，该团一到即派一部攻占了西口，将功补过。第65团继续前进，于11月17日在八莫市南端与新编第38师第113团会合，加入对八莫日军的进攻。

八莫城攻击战已于11月15日打响。从密支那机场飞来的一批又一批的美军轰炸机穿云破雾，以雷霆万钧之势飞临预定的轰炸地点上空。刹那间，炸弹犹如冰雹般当空泻下，日军的各个据点及要害部门被淹没在熊熊火海之中，指挥系统被炸毁瘫痪，城内许多建筑倒塌。

日军的武士道精神和极强的应变能力在战斗中表现得非常突出。中国驻印军强大的炮火给予日军很大的杀伤，但日军不言放弃，仍拼死顽抗。

日军为确保城区各主要阵地，集中战车、火炮和战车肉搏队，轮番向中国驻印军发动自杀性反扑，敌我反复厮杀，阵地犬牙交错，战斗呈白热化状态。由于彼此相距太近，甚至混战场上敌中有我，我中有敌，导致有时各种火器暂时失去作用，双方只能以刺刀相拼。有一次一股日军借晨雾掩护袭入第 113 团第 1 营阵地，第 1 营的一名机枪射手被敌人刺死，副手也受了伤。但这位副手毫无惧色，他一手按住敌人

在缅甸八莫镇的战斗间隙里中美坦克手相互交谈

刺过来的枪，一手紧紧抓住对方的喉咙，用力一拉，结果连这个敌人的舌头都从喉管里扯了出来。

日军看到既有工事被炮火摧毁，即利用复杂的地势，迅速修筑了众多分散的抵抗巢，每个抵抗巢配备一轻机枪射手、一步枪狙击手、一掷弹手，各抵抗巢间以火力相互策应，使中国驻印军步兵难以接近。中国驻印军攻击部队使用迫击炮将其逐个清除，才渐次突入城区。

在攻城的激战中，八莫城郊机场却在为李鸿举行授勋仪式。11 月 30 日，一架银灰色的运输机在八架战斗机保护下，降落在八莫机场，从舷梯走下来的是中国驻印军总指挥兼印缅战区美军总司令索尔登中将、副总指挥郑洞国、新编第 1 军军长孙立人，以及中美记者多人。上午 9 时，在新编第 38 师临时指挥部的草地上，举行为李鸿授勋仪式。在军乐声中，中美两国国旗在草场右侧临时竖起的旗杆上冉冉升起，索尔登代表美国总统罗斯福授予李鸿银星勋章。

身材魁梧的索尔登面向李鸿和新编第 38 师官兵代表宣读了罗斯福的嘉奖词和授勋词：

> 中国驻印军新编第 38 师第 114 团李鸿上校，于胡康河谷战役中，勇于作战，长于指挥，在敌人炮火下，亲率所团进行战斗，在于邦孟阳河一带摧毁敌阵，为盟军南进扫清道路，建立了功勋。李上校之过人英勇及其领导部属之才能，诚为我盟军的莫大光荣。
>
> 罗斯福（签字）
>
> 美利坚合众国
>
> 凡受此奖章者，仅以下文为祝：

兹证明，美利坚合众国大总统根据1918年7月9日国会通过的议案，颁给中国驻印军新编第38师第114团李鸿上校银星勋章一枚，以为作战英勇之奖赏。

陆军部部长史汀生（签字）
副官处处长郁立友（签字）
1944年7月14日于华盛顿

授勋使新编第38师以及中国驻印军的其他官兵备受鼓舞，斗志更加旺盛，加速了攻克八莫的进程。12月14日，新编第38师以及新编第22师两个营相继攻克了八莫城区主要据点，南北两路合围的铁钳开始向敌人核心阵地合击。混战中，日军守城指挥官原好三大佐被击毙。日军感到解围无望，把所有重伤兵员近千人活沉于西南的伊洛瓦底江中，而残部于夜间沿江滩向南突围。突围日军大部被击毙于江滩上，仅有百余人散窜到八莫以南山地。12月15日中午，中国驻印军完全占领八莫。

此役，中国驻印军击毙日军原好三大佐以下2400余人，俘敌池田大尉等20余人，缴获零式战斗机2架、战车10辆、火炮28门、轻重机枪95挺、步枪1200余支。中国驻印军阵亡军官20人，伤33人；士兵阵亡273人，伤695人。

八莫之役为整个缅甸战场的胜利奠定了基础，英国政府和印缅战区盟军最高指挥部为纪念这一战役之伟绩，特令颁布将八莫至莫马克的一段公路命名为“孙立人路”，八莫市区中心马路命名为“李鸿路”。

自鸦片战争100多年来，只有列强以征服者的名字命名中国街道，如今以中国人的名字命名外国街道，这使每个中华儿女感到无上荣光与自豪。命名这一天，八莫市民和华侨各界人士，公推代表100余人来到新编第38师师部，向李鸿献上一柄两尺许的缅刀和一只精细的银制花纹筒，上面分别镌刻着“敬赠常胜将军新编第38师李鸿师长”和“常胜将军李鸿师长留念”等字样。

消息传到国内，国人精神大振。当时的《湖南日报》将在缅作战的廖耀湘、李鸿相提并论，进行专题报道，其醒目标题为《昔日曾、左，继有黄、蔡，今有廖、李》，把廖耀湘、李鸿与湘籍名将曾国藩、左宗棠、黄兴、蔡锷相提并论，引廖、李为湖南人的骄傲。

卡萨英军遇险，中国驻印军再次为盟军保驾护航

从孟拱密支那南下进军，中英军队有所分工，中国驻印军担任中路和左路，右路由英军第36英印师担任。从当时日军的兵力部署看，其重兵分布于八莫、瑞古一带。显然，右路的日军不多，英军的压力是比较小的。

第36英印师畏敌如虎，南下进军之初，一路上小心翼翼，如履薄冰。前进了一大段路程，居然没有遇到日军阻击，英军便渐渐地胆大起来，放松了警惕性和作战的心理准备。当又过了一段路程后，突然铁路两侧响起了激烈的枪炮声。原来这一带有日军的铁道守备队，充其量也只有不足一个大队。他们探知有英国部队沿密支那往曼德勒铁路两侧南下，在英军的必经之地设伏。他们事先来到铁路两侧地势较高处，隐蔽埋伏。毫无打仗准备又大摇大摆行进的英军突遭猛烈炮火的攻击，顿时惊慌失措，在慌乱中一边组织抵抗，一边发报向担任中路的新编第6军求援。

廖耀湘接到求援电报后，马上调动作为本军预备队的第50师驰援英军。潘裕昆不明就里，认为英军一个师遭遇日军

包围，日军兵力一定雄厚，敌情一定严重，马上调集全师出发。当到达前线实地侦察后，得知日军充其量不到一个大队，居然把一个师的英军围困，不禁哑然失笑：大英帝国，人高马大，装备精良，一个师打不过不到一个大队的日军，其战斗力真是差到什么地步，难怪一年半前在仁安羌7000多名英军被1000多名日军围追需要中国军队去解围。想当年鸦片战争、第二次鸦片战争、八国联军等侵华，英国佬对我中华是那么凶残悍猛，横行霸道，为所欲为。想起这些民族耻辱，潘裕昆不由把旧恨新仇都算在眼前正侵我中华、杀我华侨的日军强盗身上，命令部队从两侧出击。正与英军僵持的日军突遭第50师这支生力军的攻击，又有英军从包围圈里反攻，抵挡不住，很快就被击溃。

经此一险，英军第36师变得有些胆量，后来进军比较顺利，虽未能如期攻克卡萨，但不再给中路和左路的中国驻印军制造麻烦和累赘。

其实，像这种盟军给中国军队添麻烦的事，在反攻缅北过程中也屡屡发生。在中国远征军第一路军时期，英国恳求中国军队入缅帮助他们防守缅甸，但英国自私自利，不战而退，每遇险情，就要中国军队去解危，又屡屡违约，导致中国远征军的惨败。退守印度后，史迪威极力要求英国配合中国驻印军，投入反攻缅甸的战斗，英国在近一年半时间里扯皮推诿，直到日军进攻印度英帕尔平原，伤及了它的要害，才出兵投入反日战争，以实际行动承担同盟的义务。

1944年6月中旬，此时日军主力被中国驻印军吸引在卡盟一带，双方准备决战。英军空降部队第77旅乘虚进袭孟拱城，不料在孟拱城东南2英里处遭到日军反击，形势危殆。6月17日，英军第77旅旅长急派人向新编第38师请求支援。请援信云：“该旅向孟拱攻击，因敌阵地坚固，不但进展困难且伤亡惨重，士气低落，目前情况极为危殆，仅能维持24小时。如无支援，即向东南山地退却。”英通信员到达新编第38师师部时，夜幕早已降临。

孙立人看完信，心里不是滋味。作为盟军，相互援助是义不容辞的，现在的形势与当年仁安羌求援的形势好多了。当时新编第38师对缅甸熟悉不多，危机四伏，中国远征军司令长官部的领导看法不同，新编第38师还是义无反顾派出第113团先行驰援，解救了仁安羌英军。现在英国有难，中国势必相救，英国却还要以不相救即退却为要挟。具有战略眼光又一向以大局为重著称的孙立人对英军责任意识差、大局观念缺乏和做人品格不端等等不地道的表现嗤之以鼻，不予计较，马上命令李鸿率第114团星夜出发。李鸿受命后，召集部队，要求抛掉辎重和一切不必要的用品，轻装向孟拱东北地区疾进。

此时，天下着倾盆大雨，漆黑一片，伸手不见五指。道路上的泥泞没过脚腕，整个天空只有偶尔闪电才出现一线光明。第114团经过一夜强行军，于第二天早晨抵达距孟拱城2.5千米处的孟拱河北岸。

此时，孟拱河因暴雨水涨河深，河面水流湍急，汹涌澎湃，河面水宽达400米，舟渡危险。李鸿为了迅速解救英军，还是决定让该团冒险偷渡。

6月18日晚，第114团官兵分批乘橡皮筏悄悄渡江，日军毫无察觉。

6月20日晨，第114团潜行到进攻英军的日军侧背，突然向日军发起进攻。数量不是很多的日军支撑不住，纷纷退往孟拱城，英军的危局解除了。

在战斗中，第114团第1营（营长彭克立）以一个排兵力接替英军一个营的战斗任务。当时英军官兵以为中国军队有轻敌之意，颇为惊奇和担忧。但中国军队那个排接防后攻击顺利，经与日军反复拼杀，日军弃尸数十具，逃之夭夭。

战后，英军旅长亲到第114团团部，收集战斗资料，并要求李鸿介绍成功的作战经验。李鸿指出中国军队的主要经验有两条：一是官兵的战斗意志；二是科学的战术。就这次英军进袭孟拱城之战而言，英军犯了一个严重的错误，在正面不足200米宽的地域，一次性投入一个营的兵力。虽然步兵冲锋前英军先用猛烈的炮火轰击日军阵地，然后以密集的队形向前猛冲，但是日军组织了浓密的火力网，完全能阻止英军的进攻，这使许多英军官兵做了无谓的牺牲。一旦伤亡惨重就会影响部队的战斗意志，英军的惨痛失败就在于呆板的攻击战术和不懂得合理安排进攻兵力。

李鸿的分析和总结让英军旅长及其幕僚听后钦佩不已，他们不约而同地向李鸿竖起大拇指，连声说："中国军队OK!"事后，一些中外新闻媒体也对中国驻印军驰救孟拱英军进行报道，其标题为《新38师再创仁安羌奇迹，英军再次死里逃生》。

中国军队也解救过美军。孟关之战期间，由于新编第1军主力将日军第18师团吸引于孟关及以东地区，故在左翼担负抄袭日军后方任务的美军"加拉哈德"突击队千余人，一路几乎毫无阻拦，进展迅速。

1944年3月4日，当"加拉哈德"突击队前进至瓦鲁班附近小河东面时，突遭日军两个中队兵力的袭击。就美日两军的兵力论，美军是日军的三倍多。不知何故，美军不敢再攻击前进，一面构筑临时工事顶住日军攻击，一面向中国军队连连求援。就距离而言，靠得较近的部队是新编第38师。孙立人闻讯急派赵狄率第113团星夜驰援。

从地图上看，直线距离不是很远，但要翻山越岭，钻丛林涉河流，急行军花了两昼夜的时间。3 月 6 日，第 113 团占领了位于瓦鲁班东北 1 英里的拉干卡，击退阻堵美军的日军，完成驰救任务，同时又使中国军队从另一方向逼近瓦鲁班。

克南坎，唐守治率新编第 30 师勇往直前

在新编第 38 师猛烈攻击八莫之际，中国驻印军为早日打通滇缅公路，派遣左路新编第 1 军二线兵团新编第 30 师，超越新编第 38 师，沿八（八莫）南（南坎）公路向南坎挺进。

南坎位于瑞丽江南岸，与中国境内瑞丽市弄岛乡隔江相望。西北通八莫，东北至龙陵，南达腊戍，为中缅交通要冲。

南坎地形为一长形谷地，长约 60 千米，宽约 10 千米，四周为群山围拱，瑞丽江迂回曲折穿过。日军入侵缅北以后，一直在此驻有重兵，储存了大量粮草、弹药，并构筑了半永久性工事，使该城成为其东侵滇西和拱卫缅北的重要基地。

日军原准备长期守八莫，争取时间集结更多的兵力来阻止中国驻印军南下和滇西远征军西进。由于新编第 38 师进军神速，八莫日军危在旦夕，迫使南坎日军倾巢而出，驰援八莫日军。

南坎的日军共有不久前刚从朝鲜调来的第 49 师团第 168 联队，炮兵第 18 联队第 1 大队，第 18 师团第 55 联队，第 56 师团第 146 联队一部，工兵、辎重兵各一大队，这些部队由第 18 师团第 55 联队联队长山崎四郎大佐统一指挥。

唐守治胆大心细，在进军南下之前研读了南坎一带的地

图，进军途中又认真观察南坎一带的地形。他发现南坎四周高山环抱，中间低洼平坦，要攻克南坎，夺取其四周的制高点是关键。

唐守治把新编第30师一分为三，沿八南公路及两侧山地长驱疾进。12月3日，该师先头部队第90团第3营在康马、南于附近地区与由南坎出援八莫的日军不期而遇。

第90团第3营一边与敌相持，一边以迅速抢先攻占了位于八南公路西侧的5338高地。占领5338高地意义重大，它可以居高临下，完全把日军堵在山脚下，以逸待劳，提高火力对日军的杀伤效率。从敌我兵力看，是敌众我寡，但中国驻印军抢占有利地形。虽然日军人多势众，又拥有数量不少的火炮，给中国驻印军造成一定伤亡，但进攻多日还是没有办法突破阵地。

山崎大佐恼羞成怒，亲自指挥。12月9日这一天，日军集中一五〇重炮两门、山炮8门、平射炮16门，朝中国驻印军阵地猛烈轰击，随之步兵仰攻而来。中国驻印军部分阵地在日军炽盛的炮火轰击下毁塌，官兵有所伤亡，一时被日军小股部队渗入。中国驻印军官兵面临危局，毫不惊慌，沉着勇敢，奋力抵抗，击退日军多次大规模的进攻，并及时组织力量将渗入我阵地的日军全部歼灭，恢复了固有的阵线。

鉴于南坎方面中国驻印军的兵力较为单薄，孙立人速令作为预备队的新编第30师第89团星夜由曼西向第一线增援，同时由八莫抽调新编第38师第112团，作为左侧独立支队从拜家塘东侧，秘密向敌人右后方迂回抄袭。

12月14日，山崎大佐获悉八莫城破，日军败局已定，若突破5338高地，再赶去八莫增援，已没有意义，便把心中的懊恼发泄在缠着他让援助八莫日军裹足不前的中国驻印军身上。他命令日军炮兵向5338高地发射了3000余枚炮弹。整个阵地顿时变成了一片火海和焦土。炮击之后，日军步兵以密集队形向阵地蜂拥而上，连攻击战术也不讲究，简直是一种自杀式的冲锋。第 90 团第 3 营官兵以寡敌众，表现得极为顽强。敌人炮击一停，中国驻印军官兵即跃出掩体，集中所有轻重火力向敌冲锋队猛烈扫射。但日军凶顽异常，前面的倒下了，后面的踏着同伴的尸首，凶神恶煞般继续向前猛冲。

中国驻印军官兵也以死相搏，杀敌绝不心慈手软，誓与阵地共存亡。激战中，营长王礼宏阵亡，部队伤亡很大，生存下来的官兵们怀着复仇的决心，顽强地坚持战斗，狠狠地打击敌人。

这一天，日军先后发动了 15 次大规模冲锋，都无功而返，在中国驻印军阵地前丢下了 1260 多具尸体，鲜血从山腰流到山下日军的临时指挥所。日军由于伤亡过于惨重，再也无力向中国驻印军发动新的攻击，加上中国驻印军的后续部队源源而来，只得遗弃大量武器装备，纷纷向密林溃逃。

当第 90 团将山崎大佐的主力缠住时，杨毅率领第 88 团附山炮一连及工兵一部从左翼乘虚向马支攻击前进，切断正面日军突击部队的交通线。该团于 12 月 17 日攻占马支，继而分兵两路向东西席卷，其势犹如秋风扫落叶，于 19 日攻克了卡的克和卡龙，21 日又占领了邦渣，前后歼灭日军一个大队。

作为左侧独立支队的第 112 团在陈鸣人率领下，向南坎进逼。12 月 23 日，第 112 团正面攻击，新编第 30 师前后夹击驻守南开的日军，将南开之敌及来援之敌击败后，于 26 日逼近南坎外围。至 28 日，两支部队相继攻占了瑞丽江北岸的所有日军据点。

据中国驻印军侦察组侦察得来的情报显示，地势狭长的南坎，其东南山地最为险要，日军在此修筑了坚固的工事，并将主力配置于此，准备长期固守。此方向又是中国驻印军进攻南坎的正面，若中国驻印军从正面攻击一定要付出巨大的代价。孙立人经认真思考和权衡比较，决定不从正面攻坚，而采取正面佯攻，迂回奇袭战术，即以新编第30师一部正面佯攻，主力则由南坎西南侧实行大迂回突进。

1945年1月5日，新编第30师第89团和新编第38师第114团一前一后出发，攀越南坎以西的古当山脉，于7日进抵西朗附近山区。适逢天降大雨，山洪暴发，泥泞没膝，人马俱难通行。这一切艰难险阻难不倒中国驻印军官兵，他们马不停蹄，冒雨疾进，先后于西朗附近偷渡瑞丽江，向南坎南郊的崇山深壑间钻隙突进。

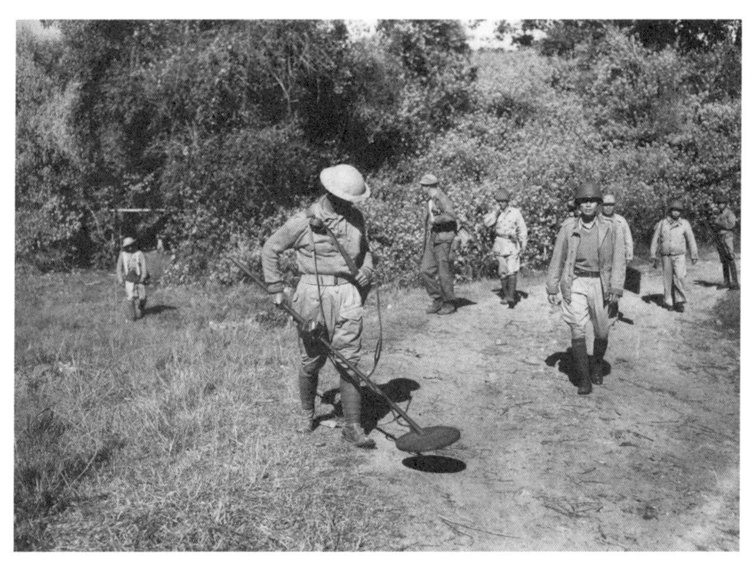

孙立人率随员们进入缅甸南坎

与此同时，新编第30师第90团在团长陈星樵率领下也秘密沿江南下，于11日拂晓在大雾掩护下悄悄渡过瑞丽江，由东北向敌南侧进击。

1 月 14 日，中国驻印军各路迂回突击部队先后进抵南坎西南侧的森林地带秘密集结，实现了预定的计划。担任正面攻击的第 88 团肃清瑞丽江北岸的残敌后，佯作准备渡江状，给日军造成了一种假象。

1 月 15 日，一切准备就绪的中国驻印军在战车、火炮和空军强大火力支援下，向南坎发动突袭。直到这时，据守南坎外围据点和城内的日军才发觉自己已陷入四面包围中，仓皇进行抵抗。中国驻印军猛烈炮火像长了眼睛一样非常准确，弹无虚发，打得日军伤亡惨重。随后中国驻印军从南北两方向发起进攻，日军无法阻挡，幸存的狼狈逃窜，不幸者横尸战场。首先进入南坎城的是第 90 团第 3 营第 7 连。这支部队在坚守 5338 高地时战绩辉煌，攻坚也是无坚不摧，勇往直前，势不可挡。中国驻印军于当天中午全歼守城之敌，攻城之战又消灭日军 1780 余人，山崎大佐侥幸逃脱。

夺芒友取腊戍，
新编第 30 师、新编第 38 师再立新功

中国驻印军攻克南坎后，重庆最高统帅和盟军都非常高兴。因为南坎离畹町不远，中国远征军在滇西攻克了松山、腾冲、龙陵、芒市等重镇后，正向畹町进军。两个方向已经“走了 99 公里路，只剩最后 1 公里路了”。这“最后 1 公里路”打通，中印公路也就全通了，其意义重大。军委会要求中国驻印军、远征军各自努力，再加把劲，争取早日会师。

新编第 1 军坚决服从命令，继续向日军进攻。

南坎败退后的日军不甘心失败，仍垂死挣扎，纷纷退守在南坎、芒友公路沿线的险峻山地，以及南坎以南老龙山地

区的既设阵地，据险死守。

有鉴于此，新编第1军兵分两路：新编第38师沿南芒公路向芒友挺进；新编第30师负责围歼老龙山地区之敌。

李鸿自率新编第38师主力向芒友方向正面攻击前进，一路势如破竹。1月19日相继攻克了色伦、般和，21日再克闹场、曼伟因、苗西和4561高地，并与西进的中国远征军第53军第116师取得联络。至此，芒友西南外围日军据点均为新编第38师主力攻克。李鸿还命令彭克立率第114团由敌左侧山地向东压迫，使敌左右不能相顾。当新编第38师主力粉碎了日军对4561高地反攻后由正面公路南下攻克芒友时，第114团已向南巴卡快速突进，切断芒友日军退路。

1月24日，新编第38师向芒友发起猛烈攻击。芒友虽只是缅北的一个小镇，但驻守的日军非常顽强，不容小觑。

中美盟军在芒友举行胜利会师大会

这场战斗经历了四天，还得到中国远征军第53军的配合，才把日军消灭和赶出芒友。中印公路终于全线打通了。

1945年1月27日，历史不会忘记这一天，当中国驻印军和中国远征军在芒友会师时，两支部队虽然服装不一，官兵们甚至素昧平生，互不认识，但他们如阔别多年的老友相见，激动万分，握手拥抱，欢呼这来之不易的胜利。

1月28日，中国驻印军和中国远征军在芒友举行胜利会师大会和中印公路通车典礼。会师大会和通车典礼既隆重又朴素，这符合蒋介石和美国盟友的性格，再说反法西斯战争还在艰苦进行中，中国大陆战场和美军太平洋越岛战场任务还很艰巨战斗还很残酷。中国驻印军尚未实现其反攻缅北作战计划的第三期目标，滇缅公路缅甸段尚未打通。

就在芒友会师庆典这一天，一场残酷的战斗在离芒友不远的南巴卡附近的康梭进行。

退守老龙山地区的日军第56师团残部在康梭被彭克立

庆祝中印公路通车典礼会场

率领的第 114 团包围。为了救援这些苟延残喘的同伙，日军第 2 师团第 4 联队附战车 8 辆、重炮 4 门，赶来增援，与第 56 师团残部联合夹击第 114 团。

彭克立打得兴起，从团指挥所冲了出来，冒着日军的炮火，亲赴前沿阵地。团长以身作则，全体官兵士气高涨，与兵力多于我方的敌军展开你死我活的鏖战。日军依仗重炮、战车，以为能击败中国军队，然而几番疯狂的进攻都被第 114 团打退，一昼夜过去，中国军队阵地岿然不动。

李鸿获悉第 114 团正在南巴卡与敌激战，而且是敌众我寡，匆忙告别在芒友参加大会的老首长和黄埔同窗，亲率新编第 38 师主力由芒（芒友）南（南巴卡）公路南下驰援。

双方在此激战了五天，日军死伤惨重，亲临前线的日军第 56 师团师团长松佑三中将被迫率少数残兵败将向南落荒而逃，中国军队遂于 2 月 8 日进占南巴卡。

南巴卡之战是攻取滇缅公路重镇腊戍的外围战，腊戍前沿还有一个日军的重要据点新维。

新维位于南杜河北岸，是旧滇缅路上的军事重镇，也是腊戍以北的重要支撑点。其地势狭长，周围高山耸立，十分险峻。孙立人决定以新 30 师主力由南巴卡沿公路及其西侧地区向新维进攻，另以新编第 38 师第 112 团自公路东侧经曼文一带高地，向新维方面挺进。

唐守治亲率该师主力于 2 月 8 日从南巴卡出发，一路上只是遭遇到日军的小规模抵抗。部队长驱直入，2 月 17 日进抵新维郊外。陈鸣人率领的第 112 团进军也一样顺利，于 2 月 18 日进抵新维南郊。

中国驻印军两支部队先后到达新维郊外，新维日军惊恐万分，其慌忙之状让在外围察看地形的唐守治师长尽收眼底。唐守治当机立断，率领该师主力向日军发起猛烈进攻。

日军在中国驻印军强大炮火轰击和步兵多次冲击下，伤亡惨重，阵地呈动摇状。日军感到固守无望，反其道而行之，把城里的所有日军拼凑起来，约有两个中队兵力，在火炮和战车的掩护下疯狂反扑。唐守治命令部队与日军拉开一段距离，同时命令炮兵向日军方向的中远距离射击，压制日军炮火，把向前冲锋的日军战车及跟随在后的步兵消灭。日军的炮火马上被压制，日军的8辆战车被炮火摧毁，跟随在战车之后的日军死的死、逃的逃。

唐守治看到日军已是残兵败将，又是惊弓之鸟，立即发起总攻击。2月20日晨，中国驻印军攻入城里，经过一阵巷战，全歼守敌，攻克新维。

新维距腊戌45千米，公路两旁是绵延不绝的山地，平坦的地势很少，易守难攻。孙立人根据这种地形，采取分兵三路南下的进军行动：新编第38师主力在战车营的配合下，沿公路南下；另以该师第113团沿公路西侧前进；新编第30师第88团沿公路东侧前进。

日军在新维至腊戌之线进行纵深防守：以第56师团搜索联队增援新维以南闹亨南北之线，以第56师团第168联队附战车一中队配置曼坡，另一部在芒利，第56师团第146联队附炮兵一大队、战车队则配置于腊戌。日军还利用新维至腊戌间险峻地势，构筑坚固工事和各种障碍物，并埋设地雷，企图进行较长时间的防御。总之，日军还有将近三个联队的兵力，具有一定的实力，并有防守的决心和充分的准备。

日军的战斗力已今非昔比。新编第38师在2月26日就连克闹亨、纳秀和芒利三个据点，日军第56师团搜索队及第168联队在损失惨重后，纷纷退守腊戌。

腊戌是缅甸铁路的终点，滇缅公路的起点，分为新旧两城。新城建在海拔1000米的山顶，旧城位于新城东北的山脚下，火车站在旧城的正西。新旧腊戍城与火车站呈等边三角形，各相距2500米，成为掎角之势。新城居高临下，可俯瞰老城和火车站，所以腊戍日军最高指挥官第33军参谋长山本清卫中将将主力集中在此，并在城中修建了许多钢筋水泥堡垒。

孙立人决定先攻老城和火车站，最后攻新城。攻克腊戍对孙立人、李鸿、陈鸣人、赵狄以及新编第38师的老兵来说，别有一番滋味在心头。约34个月前，日军第56师团师团长渡边正夫指挥该师团千里奔袭腊戍，夺取了中国远征军的后勤基地，切断了中国远征军回国退路，导致中国远征军全盘计划崩溃，全军不得不往缅北撤退，败走野人山，十万雄师仅剩四成。今番正是雪洗奇耻大辱的好机会，新编第38师参战部队在李鸿等将领鼓动下，劲头更足，勇气倍加。

3月5日，李鸿率领第112团和第114团等部队首先向旧腊戍、火车站、飞机场等发起攻击，战斗仅持续了一昼夜，以上等地便被中国驻印军攻克。

3月7日，中国驻印军对新腊戍发动总攻。中国驻印军强大炮火向敌各主要阵地猛烈轰击，继之以30余辆战车为先导，后面紧跟着步兵直扑新腊戍。中国驻印军是仰攻，在地形上处于不利，加上日军的火力还是非常炽盛，战斗遇到一定的困难。中国驻印军战车营毫不畏惧，猛冲猛打，驾驶员加快速度，往敌阵直冲，左冲右突，挡之者倒，将敌人工事和火力点逐一摧毁。当晚，第112团占领了半个新城。

这时杨毅率第88团从左翼和赵狄率第113团从右翼赶到并投入战斗。日军首尾左右不能相顾，死的死，逃的逃，来不及逃的就投降。至3月8日上午，新腊戍之敌除了山本清卫和松山佑三带领残部逃脱外，全被歼灭。

中国驻印军攻克腊戍意义重大，这不仅是雪洗 1942 年夏天的奇耻大辱，收复腊戍而已，而且可以直下曼德勒，威胁棠吉、同古等地，东逼景栋而取泰国、越南，使整个东南亚反法西斯战争局势有利于盟国，昆明、重庆的大后方的威胁也得以消除。

会师乔梅，第 50 师孤军为中国驻印军画下圆满句号

第 50 师随新编第 6 军从中路进军。中国驻印军原拟以新编第 6 军主力直趋腊戍，切断腊戍至畹町间的公路，阻止滇西、南坎之敌退却，并截击腊戍方向来援之敌，有效地策应左翼新编第 1 军的作战。这时，国内形势吃紧。日军从 1944 年 4 月发起打通大陆交通线的豫湘桂战役，于 11 月下旬进抵贵州的独山、都匀一带。重庆、昆明震动。最高统帅部急召新编第 6 军回国救援。

12 月 1 日，新编第 6 军的第 14 师和新编第 22 师奉命停止前进，集结于西于，后分批空运回国。第 50 师转归新编第 1 军建制，接替新编第 22 师在瑞丽江北岸的阵地。

1945 年元旦，潘裕昆将第 148 团留于西于至芒卡一带防守，亲率该师主力由西口、西于地区向南进击，与日军在万好地区激战。日军立即派遣第 18 师团第 114 联队残部、第 56 师团第 113 联队残部共 800 多人前来增援。潘裕昆决定不让日军集中一起，分兵分割各个击破敌人。他便将师主力分兵几部，杀入敌阵，使敌首尾不能相顾。这时的日军战斗意志已大不如前，一遇险情便惊慌失措，失去胜利信心。1 月 4 日，万好被中国驻印军攻克。中国驻印军乘胜追击，瑞丽江北岸所有日军完全被肃清。

新编第38师从新维南下腊戍之际，第50师已渡过瑞丽江，南下向细包和乔梅（梅苗）区间穿插。沿途大仗没有，小仗连续不断，这些地段的日军大多是从别的地方溃逃来的，不堪一击，很快就被消灭。

2月23日，第50师在南都（南渡）遇到了劲敌。日军在南渡驻守足足一个加强大队的兵力，凭借既设的坚固工事抵抗。

潘裕昆把该师主力第149团和第150团兵分两路，左右夹击敌人。为了既能消灭敌有生力量，又能减少自身的伤亡，潘裕昆认为有必要对南都进行较彻底的侦察和了解。师参谋长段麓荪带着师司令部上尉参谋陈开仁以及其他随从对南都一带进行实地侦察。

陈开仁，广西北流人，1916年生。中央军校第十六期步科毕业。他精于作图，把侦察了解到的情况绘画出一份详细清晰的地图，南都的地形地貌以及敌人的工事也标得清清楚楚。“知彼知己，百战不殆。”罗锡畴率第149团从左路，谭云生率150团从右路，两支部队勇猛冲锋，日军事先被猛烈的炮火炸得伤亡惨重，剩余的已胆怯万分，意志薄弱，在中国驻印军凌厉攻势下土崩瓦解。

南都既下，第50团主力乘胜进军，下一个目标是西保（西徐）。西保离南都有几十千米，南都至西保有条公路，但因战乱，中国驻印军南下时曾派出轰炸机对缅北以及其他日军占领地区的交通线进行轰炸，许多路段已被破坏，加上雨季时山洪暴发，不少路面被冲刷。道路的艰难迟滞了进军的速度。当然还有战略配合的原因，这时，腊戍之战正在进行中，第50师担负着从右侧保证新编第38师安全的任务，不能一味往前进攻，使新编第38师右侧空虚，让日军有机可乘。

腊戌攻克后，第50师开始向西保进攻。西保之战也是一场硬仗，从保存下来的“陆军第50师缅甸西保战役有功官兵勋绩表”以及后来当事人的回忆来看，这个判断是符合事实的，尽管有的回忆录对西保之事仅有“沿南都至西保的公路展开追击，3月16日攻占西保”的简单记载。

尤广才，山东人，1917年生。中央军校第十六期步科毕业。时任第50师司令部特务连上尉连长。西保战斗结束后，他受到表彰，表彰词谓：“忠勇果敢，指挥从容，行动坚决，于3月16日攻破敌坚固阵地，一举追敌至数英里，使敌不逞而抵抗。”

笔者目前无法看到西保战斗的全面详细资料，但表彰词中的“破敌坚固阵地”和尤广才作为师司令部特务连连长也参加战斗等，似可以说明，西保战斗不是一场简单、小规模、很顺利的战斗，连师司令部特务连都投入战斗，可见攻克战非常艰难，守敌很顽固，第50师官兵伤亡不在少数，战场上中国驻印军兵力已捉襟见肘，没有更多兵力投入战斗，所以才派遣特务连投入战斗。特务连冲向敌人阵地，说明后续兵力不足，不得不动用警卫部队了。

尤广才

尤广才的回忆也可以证明西保战斗的激烈。尤广才提到该连的第1排排长丘新江，是他的“生死战友，他们同吃、同住、同一条火线作战。西保战役，他率第1排首先冲进敌人阵地，与敌人肉搏，打败敌人，紧跟追击。他是马来西亚华侨，黄埔军校第十八期”。战斗已到肉搏战，这说明战斗的激烈，已到了白热化程度。

3 月 16 日，第 50 师攻占西保，然后分兵两路向东西扫荡。东路与新编第 38 师会师细包；西路于 3 月 30 日攻占曼德勒东北的乔梅，与进抵乔梅以北的英军第 36 师会师。这时，中国驻印军接到命令，停止战斗，原地待命。

中国驻印军最后的战斗是由第 50 师来承担的，第 50 师独自为中国驻印军反攻缅甸画下了一个圆满的句号。当然，许多官兵感到杀敌意犹未尽，应该杀到曼德勒、棠吉、同古一带，才能报仇雪恨。但战争是政治的继续，战争必须服从政治。

第七章　反攻滇西，中国远征军喋血奋战

百折不挠，国民政府军委会重组中国远征军

1943 年 2 月，重庆国民政府军委会将退至滇西的中国远征军第一路军，以及新增加的第 11、第 20 集团军，重新组织中国远征军司令长官部，以陈诚为司令长官，黄琪翔为副司令长官。同时，将原中国远征军第一路司令长官部撤销。

重组的中国远征军所属及其序列的形成有一个发展过程，直到 1944 年 4 月才基本形成，之后还发生一些变化。其所属及其序列如下：

司令长官陈诚（后由卫立煌代任）

副司令长官黄琪翔

参谋长萧毅肃，副参谋长司可庄

司令长官部高参蓝啸声

司令长官部副官处处长邱行湘

司令长官部少将训导处处长陈世光

司令长官部后勤处处长吴锡照

第 11 集团军总司令宋希濂（后由黄杰代理总司令），副

总司令黄杰、施北衡，参谋长成刚，副参谋长欧阳春圃

第 2 军军长王凌云，副军长钟松、张金廷

第 9 师师长张金廷（后陈克非）、副师长朱学孔、参谋长蒋治英

第 25 团团长李剑霜，第 26 团团长邱健，第 27 团团长（不详）

第 76 师师长夏德贵（后刘平）、副师长张正非

第 226 团团长（不详），第 227 团团长（不详），第 228 团团长段国杰

新编第 33 师师长杨宝谷、参谋长任同堂

第 97 团团长（不详），第 98 团团长（不详），第 99 团团长（不详）

辎重团团长段寿清

第 6 军军长黄杰（后史宏烈）、参谋长傅亚夫

预备第 2 师师长顾葆裕（后杨宝谷）、副师长彭劢、参谋长熊起厚

第 4 团团长吴心庄，第 5 团团长李颐，第 6 团团长方诚

第 93 师师长吕国铨

第 277 团团长（不详），第 278 团团长（不详），第 279 团团长（不详）

新编第 39 师师长洪行，副师长、代师长龚贤湘

第 115 团团长（不详），第 116 团团长（不详），第 117 团团长江望山

辎重团团长郑殿起

通讯营营长冯行之

战车防御炮营营长梁中介

第 71 军军长钟彬（后副军长陈明仁升任）、副军长向凤武、参谋长冯宗毅

第87师师长张绍勋（后黄炎）、副师长谢叔周、参谋长王信文

第259团团长（不详），第260团团长（不详），第261团团长（不详）

第88师师长胡家骥（后熊新民），副师长彭锷、熊新民，参谋长傅碧人（后易瑾）

第262团团长（不详），第263团团长（不详），第264团团长（不详）

新编第28师师长刘又军，副师长何卓、王治熙

第82团团长黄文徽，第83团团长董惠，第84团团长鲁岂愚

云宁守备区司令官张浩

辎重团团长吴涛

第20集团军总司令霍揆彰，副总司令梁华盛、方天，参谋长魏汝霖（后张纯）

第53军军长周福成，参谋长刘德裕

第116师师长赵镇藩（后刘润川）、副师长兼政治部主任宋卿湘，参谋长张绍贤

第346团团长张儒彬，第347团团长（不详），第348团团长毛芝荃

第130师师长张玉廷（后王理寰）、副师长李寿千、参谋长王冠英

第388团团长佟道，第389团团长魏宏烈，第390团团长傅广恩，辎重团团长刘宝华

第54军军长方天（后阙汉骞），副军长叶佩高、郑挺锋，参谋长刘廉一，副参谋长文锷

第36师师长李志鹏，副师长朱振华、熊正诗，参谋长胡冀烜

第106团团长谷宾，第107团团长麦劲东，第108团团长李定陆

第198师师长叶佩高、副师长杨培德，参谋长杨丽岩

第592团团长陶正纲，第593团团长廖定藩，第594团团长覃子斌（后董锋）

直属特种部队

第8军军长何绍周（后李弥），副官处处长石建中

第82师师长王伯勋、副师长王景渊

第244团团长曾元三，第245团团长（不详），第246团团长田仲达

第103师师长熊绶春（后为梁筱斋），副师长陈永思、郭惠苍，参谋长谭国铎

第307团团长程鹏，第308团团长文安庆，第309团团长陈永思（代团长王光炜）

荣誉第1师师长汪波（后王伯勋），副师长周开成、潘华国、方济宽

第1团团长李桢干，第2团团长周藩，第3团团长赵发毕

炮兵指挥官邵百昌（后吕钦璜）

炮兵第7团团长郑琦（后陈竞清），第10团团长杨宗藩（后胡克先），第21团团长杨友梅

工兵指挥官傅克军，参谋主任周鑫

高射炮第49团第2连

重迫击炮第2团团长廖活民

辎重团团长雷震波

工兵第2团团长林松

独立工兵第15团团长钮铭先

要塞工兵第1团第1营

通讯兵第 3 团第 3 营第 11、12 连

宪兵第 20 团团长魏志超

兵站总监蒋炎

兵站参谋长李竹林

滇康缅特别游击区总指挥郑坡

中国远征军新兵征补师管区司令李奇中

第 200 师师长汪波（后高吉人、罗友伦、廖慷），副师长郑庭笈、熊笑三，参谋长吕省吾

第 598 团团长叶敬，第 599 团团长郭琦，第 600 团团长董翰

中国远征军司令长官陈诚与黄埔的渊源很深。黄埔军校刚开办时，陈诚就到了黄埔，他是跟着黄埔军校筹办人之一邓演达来的。那时他只是一个上尉特别官佐，即候差军官，不显山不露水，与后来同称为“黄埔八大金刚”的何应钦、顾祝同、钱大钧、刘峙、陈继承、蒋鼎文、张治中比较，逊色很多。黄埔军校组建校军教导团时，钱大钧、何应钦、顾祝同、刘峙、蒋鼎文、陈继承都是营团级干部，陈诚只是炮兵营里一位连长。那时有几个黄埔一期毕业生也官至连长，有的甚至是营党代表，如郑洞国、蔡光举、唐震等。但陈诚后来居上，成为国民党军事集团中的一个重要山头，这个山头以“土木系”著称，因陈诚是靠“十一师”“十八军”逐步发迹发展起来的。

陈诚在做发言讲话

陈诚担任中国远征军司令长官的同时，还担任第 6

战区司令长官兼湖北省政府主席。1943 年 5 月，日军进攻鄂西，陈诚匆忙从云南楚雄赶回湖北恩施，指挥第 6 战区部队对日作战。旅途的奔波和战事的操劳使他胃病加重，无法“两肩挑”，担负起这么繁重艰巨的责任。蒋介石只好物色一个合适的人选顶替陈诚。挑来选去，没有更好的人选比得过已赋闲两年的卫立煌。

卫立煌，字俊如，安徽合肥卫杨村人，1897 年生。15 岁当兵，行伍出身。“廖案”发生后，卫立煌从许崇智粤军补充旅旅长任上改任国民革命军第 1 军第 3 师第 9 团团长，从此与黄埔系结缘。

史迪威（右一）与中国远征军司令卫立煌（左二）

卫立煌这一辈子与陈诚很有“缘分”，且不说他俩都是蒋介石手下的得力干将、国民党中央军早期几个“王牌师”的师长，仅在 20 世纪 40 年代，他俩就发生了两次职务的交接替代。中国远征军司令长官是第一次，第二次则是 1948 年初卫立煌接替陈诚任“东北剿总司令”。两次的原因都是陈诚生病不能视事。

1943 年 11 月，卫立煌接陈诚任中国远征军长官司令。

下车伊始，卫立煌将长官司令部由楚雄搬到保山县马王屯。

保山是云南第一大县，北自白庙起，南到辛街止，全长37.5千米；西自太保山脚起，东至哀牢山脚止，横宽12.5千米。保山即三国时的永昌府，当年诸葛亮远征南蛮的战略基地。这里有诸葛亮的点将台、诸葛堂等，附近一带以诸葛亮命名的地名比比皆是，老百姓信仰诸葛亮，在家中供着他的神位。从保山县城至怒江前线约有70千米。

卫立煌走马上任后，积极加强反攻准备，其主要工作是：一、鼓舞士气，做好思想动员工作，和师长以上的军官一一谈话，团结他们，协调他们的关系；二、完善接受美械装备，进一步加强训练，使官兵掌握使用武器的技能；三、深入基层，走访土司部落头领，安抚和动员民众支援前线；四、亲临前线，侦察和了解地形地貌。

这时的卫立煌指挥着两个集团军和若干直属部队，其麾下有许多黄埔生将领，此前尚未介绍的，现介绍如下：

第11集团军副总司令、代总司令黄杰，别号冰雪，字达支，湖南长沙东乡人，1901年生。中学毕业后经陈嘉佑推荐报考黄埔军校第一期，编入第三队，与陈赓、孙元良、李仙洲、霍揆彰、杜聿明、侯镜如等同队。

青年检阅大会中之总指挥、中央军校教育长黄杰

黄杰作战勇敢，在北伐和中原大战中负伤。1932年3月，担任国民革命军第2师中将师长。此时，黄埔

一期生担任中将师长者寥寥无几。

黄杰也是黄埔生中较早参加抗击日本侵略战争的将领。1933 年 3 月，他率领第 2 师在长城一线的南天门、古北口等地抗击日军，给日军以重创，全师阵亡官兵 3000 余人。因作战有功，获得国民政府授予的“青天白日”勋章。黄杰率部驻守保定时，曾对河北省和平、津两市的大专学生进行暑假军事训练，其中不少学生后来加入了抗日行列。全面抗战爆发后，黄杰升任第 8 军中将军长，并仍兼税警总团总团长，率部参加淞沪抗战，在大场、蕴藻浜、苏州河一带与日军浴血奋战两个多月。

1938 年 5 月，黄杰率第 8 军参加兰封战役。蒋介石赏罚分明，因归德失守，将黄杰的军长职务撤销。此后四年多时间里，黄杰从事军事教育，曾任中央军校教育处中将处长、桂林中央军校第六分校主任、中央训练团大队长。

1943 年 1 月，黄杰升任第 11 集团军副总司令兼第 6 军军长，驻防滇西，并曾兼任国民政府军委会驻滇干部训练团教育长。

第 2 军副军长钟松，别号常青、长青，浙江松阳人，1900 年生。黄埔军校第二期炮科毕业。历任黄埔军校第三期军械处第一库库长、入伍生总队连长，国民革命军第 21 师营长、第 6 旅第 12 团团长。1936 年任第 20 旅旅长。全面抗战爆发后，任第 61 师师长。1939 年 6 月授陆军少将军衔。1942 年任第 2 军副军长。

第 2 军副军长、第 9 师师长张金廷，别字金铤，山东高密西乡吴家庄人，1905 年生。黄埔军校第三期毕业。后任国民革命军第 1 军第 1 师排长、连长，总司令部补充第 2 团第 1 营营长。1932 年 2 月，张金廷在第 88 师司令部中校参谋任上参加“一·二八”淞沪抗战。曾任第 9 师第 17 旅第 35

团团长。全面抗战爆发后，张金廷任第19集团军第9师第25旅第49团团长，率部参加淞沪保卫战、南京保卫战。后又参加徐州会战和武汉会战，先后担任第9师第25旅旅长、第9师副师长。1939年11月任第9师师长，率部参加桂南会战和枣宜会战。1943年，第2军归属中国远征军调驻滇西，张金廷被派往印度兰姆伽战术军官学校参加第一期培训。1944年10月7日任第2军副军长。

第2军第9师师长陈克非，别号钟灵，又名文彦，浙江天台人，1903年生。黄埔军校第五期政治科毕业。历任国民革命第1军第9师排长、连长、营附，第9师第51团副团长、团长。全面抗战爆发后，任第2军第9师第49团团长、师参谋长、副师长。1944年10月任第9师师长。先后参加淞沪保卫战、徐州会战、武汉会战、昆仑关战役，第二、第三次长沙会战。

第2军第9师副师长朱学孔，别号恶紫，四川邛崃南路道佐场人，1904年生。黄埔军校第五期步科第一学生队毕业。

第9师参谋长蒋治英，湖南新田人，1905年生。南京中央军校第六期毕业。历任国民革命军第2军第9师排长、连长、营长、团长。1943年参加中国远征军，布防滇西卡拉山区、顺宁等地，担任保卫中国运输线任务，后升任第9师参谋长。

第9师第25团团长李剑霜，山东广饶中李村人，1901年生。自幼读书，中学毕业后在本村和城坞村教书五年。黄埔军校第三期毕业。后被派回广饶进行国民党党务活动。1927年3月，国民党广饶县党部成立，李剑霜任党部组织委员。1929年，李剑霜到国民党军队服役。1934年任第9师总务科少校科长，后改任少校营长、副团长、团长。

第9师第26团团长邱健，号希寰，广东郁南人，生年不详。中央军校武汉分校第二期（比照黄埔第七期）毕业。

第76师师长刘平，又名进德，号涤清，字开瑀，湖南湘潭人，1908年5月生。黄埔军校第四期步兵第2团第5连毕业。1936年任第2师第8团团长，1939年任第52军第195师第565旅旅长，参加长沙会战。1944年2月任第2军第76师师长。

第2军第76师副师长张正非，别号学愚，浙江仙居人，1905年生。南京中央军校第六期毕业。

第2军新编第33师师长杨宝谷，湖北沔阳人，1906年生。1925年秋入黄埔军校入伍生队受训，1926年1月编入第四期步兵第2团第6连。毕业后历任国民革命军第1军排长、连长、营长。1933年参加南京中央军校高教班学习，1935年毕业，任团长、副旅长。全面抗战爆发后任旅长。1938年12月入陆军大学乙级将官班学习。1940年2月毕业。1940年1月，军政部第十四补充兵训练处3个团新兵组成新编第33师，任副师长，同年8月任代师长。1942年7月，任师长，率部参加宜昌战役，后转调为中国远征军，驻守滇西。1944年12月任预备第2师师长。

新编第33师参谋长任同堂，字重远，号耀庭，山东广饶人，1906年生。黄埔军校第六期毕业。全面抗战期间历任第2军第9师参谋处长，第2军参谋处长，新编第33师参谋长。

第6军军长史宏烈，别字剑峰，别号潜峰，江西南昌人，1902年生。1924年春入广东大本营讲武学校学习，同年11月转入黄埔学校第一期第六队学习，参加第一、第二次东征和北伐战争。历任国民革命军第1军第1师排长、连长、营长，第8师教导团团附，第6路军总指挥部特务团上校团长，第8师师长。1933年后任预备第2师师长，新编第11师师长。1937年2月授陆军少将军衔。全面抗战爆发后，任第6军副军长、军长。

第6军参谋长傅亚夫，江西渝水县珠珊镇石山村人，1908年生。南京中央军校第六期第一总队步科毕业。历任国民革命军排长、连长、营长、团中校参谋长，第16军参谋处上校科长。全面抗战爆发后，任预备第21师参谋处处长、独立团上校团长、补充第10旅少将旅长，第6军参谋长。

第6军预备第2师副师长彭劢，字庆云，湖南长沙白沙乡报母村人，1910年生。1926年冬考入黄埔军校武汉分校第二期（比照黄埔第七期）学习。毕业后在国民革命军服役，1942年初任预备第2师参谋长。同年5月，彭劢率部渡怒江进入腾冲，发动民众，协助组建腾冲抗日政府，训练地方抗日武装，开展游击战争。后升任预备第2师副师长。

预备第2师参谋长熊起厚，别号笃生，贵州麻江人，1908年生。南京中央军校第八期第一总队步科毕业。1933年起任国民革命军第38军（滇军改编）军部教导大队排长、连长、教官，第38军补充团营长、团附、上校团长，云南省军管区司令部编练处处长兼昆明中学上校军训副总教官。全面抗战爆发后，任昆明警备总司令部预备第2师参谋长，后划归中国远征军。

预备第2师第4团团长吴心庄，江西进贤人，1905年生。黄埔军校第六期毕业。

预备第2师第5团团长李颐，湖南醴陵人，1908年生。黄埔军校第六期第一总队工兵大队第四中队毕业。历任国民革命军排长、连长、营长。全面抗战爆发后，任第6军预备第2师第5团营长、副团长、上校团长，曾到印度兰姆伽军官战术学校学习。

预备第2师第6团团长方诚，安徽潜山水吼岭人，1910年生。南京中央军校第八期毕业。

新编第39师第117团团长江望山，别字公化，湖南湘乡人，1907年生。黄埔军校第六期炮科毕业。

第71军副军长、军长陈明仁，字子良，湖南醴陵人，1903年生。1924年年初入大营讲武学校学习，同年11月转入黄埔军校第一期第六队学习。毕业后参加东征。在第二次东征攻打惠州有功，升国民革命军第1军第2师第4团营长。后留校任军事教育管理干部。1928年12月，陈明仁从中央军校调任第10师第28旅第56团上校团长。1930年，升任第10师第78旅少将旅长。1933年9月，升任第80师中将师长。在攻打19路军的战事中表现不力，被蒋介石撤职，改任驻赣第四绥靖区司令部参议、第2师参谋长等职。

1938年春，陈明仁从陆军大学毕业后调任军政部第六补训处处长。6月，转任预备第2师师长，率部参加武汉会战，在九江地区抗击日军进攻。1939年11月，率部参加桂南会战。1941年11月，预备第2师调入云南归第11集团军。1942年3月，陈明仁升任第71军副军长。其职由顾葆裕接任。1945年1月，任代军长，6月升任第71军军长。

第71军参谋长冯宗毅，湖南湘乡人，1909年生。南京中央军校第六期步科毕业。

第71军第87师师长张绍勋，号粹精，广东廉州人，1909年生。黄埔军校第五期步科毕业。全面抗战爆发后任第78军第36师第108旅第216团上校团长。参加淞沪保卫战。1939年任中央军校第七分校学生总队总队长。1942年6月接向凤武任第71军第87师少将师长。1944年11月，其职由黄炎接任。

第71军第87师师长黄炎，湖南益阳人，1907年生。南京中央军校第六期步科毕业。

第87师参谋长王信文，原名幸文，湖南长沙榔梨市人，1904年生。黄埔军校第六期工兵科毕业。1937年任衡郴师管区政治部副主任，1942年任第11集团军总部参谋，1944年任第71军第87师参谋长。

第87师团长王多年，辽宁凤城人，1913年生。中央军校第十期步科毕业。

第71军第88师副师长彭锷，别号健青，湖南湘乡新桥镇洞口坝西叶冲人，1907年生。南京中央军校第六期第一总队步科毕业。历任国民革命军排长、连长，湖南全省抗敌自卫军第2大队副大队长，保警第1团副营长、营长，湖南省国民军训委员会教导团教官、副团长。全面抗战爆发后，任补充旅第2团团长、副旅长，第6战区预备第2师副师长。1944年任第71军第88师副师长。

第88师副师长熊新民，湖南常德人，1904年生。1926年10月考入黄埔军校第六期入伍生总队，后转到南京中央军校第六期学习。毕业后分配到教导师当班长。1930年起历任排长、连长、营长。全面抗战爆发后，历任第36师第106旅参谋主任、第212团团长，第88师第264旅第528团团长。1939年5月，第88师缩编为三团制，任第263团团长。1942年4月，任第88师副师长。

第88师参谋长易瑾，湖南大庸人，1910年生。黄埔军校武汉分校第二期（比照黄埔第七期）毕业。毕业后在国民革命军任职。1937年8月，任第89师营长，该营打响淞沪保卫战第一枪。

第88师参谋长傅碧人，原为第88师第263团团长，1945年1月升任第88师师参谋长。

新编第28师师长刘又军，又名刘铸军，广东兴宁径心圩人，1901 年生。先在西江陆海军讲武学校肄业，后经戴戟推荐考入黄埔军校第一期，编入第一队，与徐向前、贺衷寒、蒋先云、邓文仪、宋希濂等同队。毕业后留校任黄埔军校第三、四期学生大队区队附，军校教导团 2 团排长、连附、营党代表，参加东征和北伐。1928 年后任国民革命军第 20 师营长、团长、参谋长。全面抗战爆发后，任第一战区和第 34 集团军野战补训师师长，后继刘伯龙任新编第 28 师师长。

新编第 28 师副师长王治熙，号淦南，湖北云梦人，1906 年生。南京中央军校第六期步科毕业。后到日本陆军士官学校研究班学习。抗战期间曾任陆军步兵学校西南分校教育处处长。1942 年 9 月调任第 71 军新编第 28 师副师长。

新编第 28 师第 82 团团长黄文徽，别字翊新，湖南湘阴杨梅铺人，1908 年生。黄埔军校第六期第一总队炮兵大队第三中队毕业。

新编 28 师第 83 团团长董惠，生年不详。南京中央军校第七期毕业。

第 71 军辎重兵团团长吴涛，字汉民，湖南宜章人，生年不详。黄埔军校第六期步科毕业。抗战爆发后任第 9 集团军第 36 师第 216 团第 2 营营长，参加淞沪会战，后任第 71 军辎重兵团团长。

第 20 集团军总司令霍揆彰，别号嵩山，湖南酃县西乡八合团人，1900 年生。1924 年夏经谢晋、刘况推荐报考黄埔军校，编在第三队，与黄杰、陈赓等同队。毕业后，任军校教导团排长、连长，参加第一、第二次东征。1926 年 7 月，任补充第 1 师第 3 团少校团附（团长陈诚）。同年 11 月，该部改称第 21 师第 63 团，随东路军北伐，霍揆彰先后担任营长、团长。

之后，霍揆彰一直在陈诚的系统中成长。1928 年 9 月，任第11师第32旅第64团团长。1930年年底，升任第11师独立旅旅长。1931年1月，任第18军（军长陈诚）第14师补充旅旅长。同年9月，升任该师副师长。1933年9月，升任第14师师长。1937年5月，晋升陆军中将。全面抗战爆发后，霍揆彰率部参加抗战，先后参加淞沪保卫战、武汉保卫战、第一次长沙会战。在战斗中相继升任第54军军长、第20集团军副总司令兼洞庭湖警备司令。1942年，升任第20集团军中将总司令。1943年，第20集团军调入云南，加入中国远征军序列。

霍揆彰

第20集团军副总司令梁华盛，原名梁文琰，广东茂名杨柘乡里道坑村人，1902年生。其父梁海珊、叔梁桂山是同盟会会员，曾为辛亥革命光复粤省南路地区做出贡献。梁文琰爱看粤剧，崇拜岳飞，体育很好，曾夺得高（高州）属六县体育运动会国术比赛冠军。1924年夏由莫绍宣、李怿豪推荐报考黄埔军校第一期，编在第三队。在校是“血花剧社”的骨干，多次担任要角，追求进步，加入了中共。

黄埔军校毕业后，梁华盛任军校教导1团3营7连2排排长，参加第一次东征。在棉湖之战表现不俗，梁华盛战后被提升为连长。后参加第二次东征和北伐战争。国共合作分裂后，梁华盛服从中共组织调派到家乡任中共南路特委委员和廉江县工农革命军总司令，领导了1927年8月1日的廉江梧村垌起义。起义失败后，梁华盛与中共组织失去联系，后经其父及家族前辈劝说，投入国民党阵营，改名梁华盛。

在国民党军队中，梁华盛历任第2师第2旅副旅长兼第4团团长，第83师第247旅少将旅长，第92师中将师长。

梁华盛抗日态度坚决，作战勇敢。1933年3月至5月，率部参加长城抗战，在古北口、南天门英勇抗击日军。全面抗战爆发后，他从陆军大学特别班第三期毕业，担任预备第4师师长，在衡阳戍军。1938年1月，该师改为第190师。为勉励官兵抗日斗志和表明抗日决心，梁华盛要求全师官兵一律在衣袖上都绣织有“忠勇”二字，其师号称“忠勇师”。1938年7月，梁华盛率部据守鄱阳湖的姑塘、隘口一带，与入侵的日军陆海军展开激战。该师中两个团伤亡过半，让日军一时无法越雷池半步。8月中旬，该师经过补充后奉命扼守德（德安）星（星子）公路两侧。梁华盛研究形成的“阵地战中的运动战”战术应用于战斗中，顶住日军飞机、重炮轮番轰炸、毒气弹攻击和步兵疯狂进攻，守住了阵地，又大量杀伤了日军，达到阻滞日军的目的。战斗还在进行中，日本东京电台著名心战播音员“东京玫瑰”播称：日军最怕的一是宋哲元第29军大刀队，一是梁华盛的“忠勇师”。

1939年10月，梁华盛升任第10军军长，兼任钱塘江南岸总指挥。1940年冬，调任第四战区政治部中将主任。1943年春，调任第20集团军中将副总司令，兼国民政府军委会驻滇干部训练团教育长。

第20集团军副总司令方天，字天逸，江西赣县人，1903年生。黄埔军校第二期毕业。参加两次东征，后任黄埔军校第四期入伍生第3团第9连副连长。国共合作破裂后，在钱大钧的教导第3师任连长、营长。该师改编为第18军第14师后升任团长。1932年，入陆军大学第十一期学习，于1935年12月毕业。

全面抗战爆发后，方天升任第11师副师长，率部参加淞沪保卫战。1938年夏，升任第94军第185师师长，率部参加武汉保卫战。1940年5月，参加枣宜会战。1941年年初，升任第18军中将军长，辖第11、第18、第19师。1943年5月，指挥第18军参加鄂西会战，因作战有功，被授予“青天白日”勋章。战后调任第54军军长，下辖第14、第50、第198师，驻防昆明。1943年冬，移防祥云、弥渡，加入中国远征军序列，后升任第20集团军副总司令，其职由阙汉骞任。

第20集团军参谋长魏汝霖，别号泽民，河北满城人，1907年生。黄埔军校武汉分校第一期炮科（比照黄埔第六期）毕业。历任国民革命军第139师少将参谋、炮兵营长，第32军参谋处中校科长。全面抗战爆发后，任第20集团军总部参谋处少将处长。1941年冬任第20集团军总司令部参谋长，后调重庆任国防研究院研究委员，其职由张纯接任。

第20集团军参谋长张纯，字绍寅，湖南湘乡人，1907年生。黄埔军校第五期毕业。入黄埔前曾在武昌约瑟中学、北京国立法政大学、西北陆军干部学校就读。全面抗战爆发后，历任第73军副参谋长、陆军大学战术教官、第20集团军总司令部少将参谋长等职。

第53军第116师副师长兼政治部主任宋卿湘，别字汝舟，湖南新田县石鼓寨人，1904年生。黄埔军校第三期毕业。曾任省港罢工委员会工人侦察总队模范大队大队附。1926年7月任国民革命军第1军第3师排长、连长、营长，参加北伐战争。1930年，因案被捕入狱，1933年获得释放。全面抗战爆发后，任第6师司令部军官训练处秘书、主任。1941年任第53军第116师政治部主任、副师长等职，成为东北军硕果仅存的第53军中为数不多的黄埔生高级将领。

第53军第130师副师长李寿千，字伯俊，山东维县人，1905年生。黄埔军校第三期毕业。

第54军军长阙汉骞，字拔云，湖南宁远人，1902年生。1925年秋到广州报考黄埔军校，后编入第四期步兵第1团第7连，连长陈赓。毕业后留校任第五期学生队区队附。1927年7月，随第五期学生由广州到南京举行毕业典礼。8月，参加龙潭战役。1929年，任中央军校武汉分校第七期学生队少校区队长。

阙汉骞真正在部队带兵是1930年后。历任教导第3师学兵连连长、第5团第1营营长等职。同年11月，教导第3师改称第14师后，任第83团第1营营长、中校团附，第79团上校团长。全面抗战爆发后，阙汉骞参加淞沪保卫战，战斗中火线提拔为第14师第40旅少将旅长。1938年，升任第185师副师长，参加武汉会战。1939年，升任第14师少将师长。当年9月，参加第一次长沙会战。1943年，升任第54军副军长。1944年7月，升任第54军军长。

郑挺锋，别名庭锋，海南文昌人，1905年生，郑介民胞弟。黄埔军校第四期步兵第2团第6连毕业。（与杨宝谷同连队）历任国民革命军第9师排长、连长、营长。1934年任第83师第498团上校团长。1935年任军委会别动总队参谋组长、大队长。全面抗战爆发后任第50师第150旅旅长、副师长。1941年任第54军副军长。

第54军参谋长刘廉一，别号雄、荣勋，别字德焱，湖南长沙人，1909年生。黄埔军校第六期毕业。历任国民革命军排长、连长、营长，军政部长何应钦中校侍从副官，军政部办公厅上校科长，第54军少将参谋长。

第198师副师长杨培德，别字诺夫，湖南常德人，1908

年生。南京中央军校第六期毕业。历任第40军连长、营长，第198师团长、副师长。

第54军第198师第593团团长廖定藩，别号汇源，湖南湘潭人，1906年生。中央军校洛阳分校第一总队步科毕业(比照黄埔十期)。历任19路军第61师警卫排长，第50师第150旅连长，第593团营长、团附、上校团长。先后参加保州会战、鄂南会战。

何绍周

第8军军长何绍周，贵州兴义县城内泥漕街人，1903年生。1924年夏由范石生推荐报考黄埔军校第一期，编入第4队，与胡宗南、冷欣、张世希、彭善、范汉杰等同队。毕业后历任国民革命军排长、连长、营长、团长等职。在其叔何应钦关照下，到北京陆军大学深造，毕业后到黔军何知重第103师任副师长。全面抗战爆发后，何绍周参加淞沪保卫战，其所部在江防总司令刘兴指挥下，担任封锁长江防务。1938年夏，在武汉保卫战中，何绍周升任第86军第103师师长，隶属第9战区张发奎的第2兵团，率部防守九宫山，后参加救援田家镇之战，与日军展开激烈战斗。

昆仑关战役后，郑洞国升任新编第11军军长，第86军番号撤销，所属第103隶属新编第11军。不久该军改称第8军，何绍周升任第8军副军长。1942年，何绍周调往顾祝同第3战区任第88军军长，参加了浙赣路对日作战。该军辖新编第21师、30师和32师。防守金华一带。何绍周指挥部下在防区要害处构筑工事，设铁丝网，挖坦克壕，埋地雷等。日军在进攻金华时，何绍周率第88军主力，狠狠打击日军，有力配合了防守金华正面阵地的段霖茂的第79师。日军付出重大伤亡的代价后，才夺取了兰溪和金华两城。日军师团长酒井直次骑马到前线督战时，因触发地雷，当场毙命。这是我国自抗战以来在战场上击毙的第一个日军师团长，使日本侵略者的疯狂气焰受到沉重的打击。

1943年春，何绍周接替郑洞国任第8军军长，调往滇西，辖荣誉第1师、第82师、第103师。

第8军副军长、军长李弥，字炳仁，号文卿，云南腾冲人，1902年生。1924年，李弥到驻广州的滇军第7师师部当勤务兵、副官。1925年秋，考入黄埔军校第四期入伍生总队，后编入第四期步兵第1团第5连。毕业后任国民革命军第3军军官教育团中尉排长，该团团长为朱德。1927年初，私自离队，到四川第20军第4师任职，后任第22军第1师第2团营长。1930年，升任第59师350团上校团长。该师系贵州地方部队，1932年秋驻防湖南永丰时，陈诚奉命派兵将该师包围缴械，武力吞并。李弥率第350团不屈突围。蒋介石不追究李弥所为，将该团编入周浑元的第5师。

李弥

1938年至1940年间，李弥先后担任新编第23师第1旅少将旅长和第5师副师长，率部参加第一次长沙会战和桂南昆仑关战役。1940年5月，升任第8军荣誉第1师师长，参加枣宜战役。1942年，升任第8军副军长，兼任芷绥师管区司令。1944年5月，第8军开赴滇西，纳入中国远征军序列，参加滇西反攻，后升任第8军军长。

第8军第82师副师长王景渊，贵州贵阳人，1910年生。1928年起加入黔军，历任排长、连长、营长、副团长、黔军第2师参谋长。1935年10月，入中央军校第十二期学习。1938年毕业后，历任第103师副官主任、团长、副师长，后转任第82师副师长。

第82师第244团团长曾元三，贵州松桃人，生年不详。中央军校洛阳分校军官训练班（比照黄埔七期）。《松山战役中国远征军主要将领的最后归宿》称曾元三为第245团团长。

第82师第246团团长田仲达，湖南古丈人，土家族，1906年生。黄埔军校第六期毕业。曾任财政部税警总团第3团第1营营长。全面抗战爆发后参加淞沪保卫战。1938年春，任中央军校长沙分校军官大队队附。1940年春，任第8军第103师参谋主任，后任第103师第308团团长。1942年，任第8军第82师第246团团长。

第8军第103师师长熊绶春，字霖生，江西南昌人，1907年生。黄埔军校第三期毕业。毕业后在国民革命军第1军任排长、连长，参加东征和北伐战争。1927年，赴日本留学，就读于步兵专门学校。1931年回国后，任特务第1团副团长，率部参加1932年的淞沪保卫战。1933年以后，历任步兵学校教官、河南省保安处学兵团团长、河南保安第3团团长等职。

全面抗战爆发后，熊绶春历任郑州警备司令部参谋长、沙市警备司令部参谋长、渝北警备司令部参谋长等职。1939年，调任第103师少将副师长。1942年春，升任第103师师长。

第8军第103师参谋长谭国铎，湖南宁乡人，1907年生。南京中央军校第六期步科毕业。

第8军第103师副师长陈永思，字铁肩，四川西昌人（一说贵州绥阳人），1912年生。中央军校第十期毕业。抗战爆发后升任第8军第103师第309团团长，1944年秋任第103师副师长。

第8军第103师第309团代团长王光玮，字瓯民，贵州遵义人，1908年生。南京中央军校第七期毕业。

第8军荣誉第1师师长汪波，别字安澜，湖南新化长寿乡均乐院人，1906年生。黄埔军校第三期毕业。1926年7月随军参加北伐战争。1928年4月任第六期步兵第二大队第五中队少校区队长，1929年起任第1师第1旅补充团连、营长、团附等职。1936年任陕西潼关警备司令部参谋主任。

全面抗战爆发后，汪波重返胡宗南的部队，任第1军第2师第6旅第12团团长。1939年，任第34集团军第1师第2团团长。1940年，任荣誉第1师副师长。戴安澜殉国后，别字安澜的汪波继任第200师师长。1942年8月，转任荣誉第1师师长，率部参加第二次长沙会战。后率部转战滇西。

荣誉第1师副师长周开成，又名周鼎、周涤洲，湖北潜江人，1905年生。黄埔军校武汉分校第五期步科毕业。历任国民革命军排长、连长、营长、团附。全面抗战爆发后，任第8军第2师第7团副团长、代理团长，荣誉第1师第1团团长。曾率部参加昆仑关战役。加入中国远征军序列时任荣誉第1师副师长。

荣誉第1师副师长方济宽，字驾敖，别名普航，辈名承祖，又名金福，安徽太湖北中镇浮丘村人。出身于佃农之家，其家境贫寒，少年时私塾辍学即外出谋生。后在堂兄方驾舟指导下赴广州报考黄埔学校，入第五期步科。毕业后参加北伐战争。“九一八”事变后，方济宽北上参加方振武将军的抗日义勇军对日作战，后又参加长城古北口抗日。

全面抗战爆发后，方济宽随第2师开赴抗日战场，参加平汉铁路保定保卫战。后又参加台儿庄战役、武汉会战、长沙会战、桂南会战和鄂西会战。

黄埔军校毕业后，方济宽历任国民革命军排长、连长、营长，陆军部兵站总监部科长，第17军政治部秘书，第2师（师长郑洞国）政训处处长，第52军第2师上校政治部主任，第70军少将政治部主任，后调任第8军荣誉第1师副师长兼政治部主任。

荣誉第1师副师长潘华国，字静如，湖南南县人，1906年生。黄埔军校第五期政治科毕业。参加北伐战争。历任独立第2师排长、连长、营长、团长及第40军第1师政治部主任。1930年入中央军校高级班进修，复升学陆军大学第十期，参加重庆国防研究院第一期深造。1935年任中国驻德国大使馆武官，并被派赴波、俄、法、英、美、日等15国考察，研究国防建设。

全面抗战爆发后，潘华国奉调回国，历任湖南省民众组训处处长、国民军训处处长、军管区编练处处长等职。1940年任第8军参谋长，后转任荣誉第1师副师长。

荣誉第1师第1团团长李桢干，号警予，湖南安仁人，1903年生。黄埔军校第六期毕业。

荣誉第1师第2团团长周藩，字支政，湖南酃县人，1910年生。黄埔军校第五期炮科毕业。1936年，任中央军校教导团中校炮兵教官。1939年春，任第5军荣誉第1师参谋主任，参加昆仑关战役。1944年，任荣誉第1师第2团团长。

荣誉第1师第3团团长赵发毕，贵州人，生年不详。黄埔军校第九期毕业。

司令长官部炮兵第 7 团团长郑琦，字恒之，浙江鄞县东乡人，1907 年生。南京中央军校第七期炮兵科毕业。

司令长官部炮兵第 10 团团长胡克先，四川成都人，1907 年生。南京中央军校第六期炮兵科毕业。

司令长官部重迫击炮第 2 团团长廖活民，原名文芳，别字仁庄，广东惠州人，1898 年生。黄埔军校第四期炮兵科毕业。曾任第 20 军炮兵队长，第 53 军少将炮兵指挥官。参加长城抗战、长沙会战等役。

司令长官部工兵指挥部（交通指挥部）参谋主任周鑫，别字灿明，江西波阳人，1900 年生。黄埔军校第三期毕业。历任国民革命军第 1 军第 2 师排长、副连长等职，随部参加北伐战争。后入工兵学校学习，毕业后任职工兵部队。抗战爆发后，任陆军工兵学校渡河教官等职。1943 年任中国远征军司令长官部工兵集训处教育组副组长，后任工兵指挥部参谋主任。

司令长官部直属部队第 200 师师长廖慷，别号盛康，别字健民，广东兴宁人，1905 年生。黄埔军校第三期步科毕业。参加北伐战争，任黄埔军校第五期教导队排长、第 1 军第 22 师连长、营长、团长，独立第 9 旅少将旅长，军政部少将高参兼第三新兵补充训练处处长。全面抗战爆发后，任新编第 5 师师长。1945 年 5 月，接罗友伦任第 200 师师长。

第 200 师副师长熊笑三，字肃三，湖南长沙人，1905 年生。南京中央军校第六期毕业。历任国民革命军排、连长和骑 2 师中校团附。全面抗战爆发后，历任第 200 师团长、副师长。参加昆仑关战役。

第 200 师参谋长吕省吾，又名吕基和，字唤民，福建晋江青阳柯前村人，华侨出身，1905 年生。南京中央军校第七期毕业。后又入陆军大学、美国指挥参谋学校深造。

第200师第598团团长叶敬，字植三，福建顺昌漠市镇人，1905年生。南京中央军校第七期毕业。

滇康缅特别游击区总指挥郑坡，别号蓉湖，浙江奉化人，1902年生。1924年夏入黄埔军校第一期第三队学习。1927年起历任国民革命军排长、连长、副官主任、参谋、总务科长。全面抗战爆发后，任军委会办公厅上校参谋、江苏盐务局监察兼盐运总队长、内政部警保总队少将总队长、浙江省第2区保安副司令、滇康缅特别游击区总指挥。

滇缅边境少将司令兼中国远征军司令长官部兵站少将参谋长李竹林，字华侬，湖北长阳人，土家族，1906年生。南京中央军校第七期毕业。后到中央训练团政治研究班深造。毕业后留校任中央军校第九、十期教官，中央军校武汉分校教育处步兵科军学研究委员兼主任教官。先后奔赴抗日前线，参加淞沪保卫战和武汉保卫战。后转任远征军司令长官部兵站参谋长。

中国远征军新兵征补师管区司令李奇中，号洪广，湖南资兴人，1901年生。黄埔军校第一期第二队毕业。在校期间加入中共，参加南昌起义和湘南起义，任红4军第12师第36团团长。1929年在广州被捕，出狱后与中共失去联系。全面抗战爆发后，任军委会参谋部作战参谋、第6军第102师少将副师长、中国远征军新兵征补师管区司令等职。

重组的中国远征军中最早殉国的黄埔生将领是李竹林。

俗话说："兵马未动，粮草先行。"滇缅边境一时聚集近15万人马，后勤保障工作极为重要，军委会因李竹林的忠勇廉洁任命他为滇缅边境少将司令兼远征军司令长官部兵站少将参谋长。

1943年夏，日军派兵袭击中国远征军在滇缅边境的兵站。李竹林率兵站的警卫部队奋起抵抗。虽然最后击退了敌人的进攻，保护了兵站军事物资的安全，但李竹林在激战中中弹牺牲。

五月渡泸，第54军第198师充当先锋

1944年5月10日，中国远征军司令长官卫立煌了解到第20集团军各部已都到达指定的位置集结并完成攻击准备，马上下达命令："着第20集团军所部，于1944年5月11日黄昏开始强渡怒江，限次日拂晓前全部到达西岸，并向高黎贡山盘踞之敌攻击前进！"

第20集团军自栗柴坝渡口至惠仁桥段强渡怒江，主攻北线

第20集团各部正在准备渡江之时，司令长官部特急命令又到："预备第2师游击营于10日晚在邦瓦寨附近，受到日寇步炮联合800余人强大围攻，着第54军先遣一个团渡江增援，不得延误！"第54军军长方天漏夜命令第198师第594团于11日拂晓渡江。

第198师师长叶佩高即命覃子斌率所部第594团作为渡江先头部队按时渡江。之后中国远征军相继渡江，形成一个现代版的“五月渡泸”。

中国远征军的“五月渡泸”计划是国民政府军委会军令部拟定由蒋介石核批的，卫立煌仅仅是执行者。其时军令部部长为徐永昌，熊斌、杨杰为次长，其计划是否出于偶然巧合或蒋介石、徐永昌、熊斌、杨杰等人的“诸葛情结”，不得而知。一般而言，每年5月的滇西，雨季即将来临，不利于行军作战。但这一计划是当时形势发展的必然。

当美国的军事装备源源不断运送到云南后，美国总统罗斯福多次要求屯兵云南的中国军队反攻滇西，配合缅北反攻。蒋介石出于种种考虑，迟迟不肯答应。双方意见相持不下。

1944年3月8日，日军正式发起英帕尔（英法尔）战役，企图攻占英国以及盟军在印度的战争物资供应基地英帕尔，夺取战略物资，从而实现其解脱孟拱河谷以及缅北的困境的“围魏救赵”之计策。

英帕尔危机使英国首相丘吉尔着急，引起了罗斯福也着急的连锁反应。丘吉尔欠中国的理，不敢当面要求蒋介石做什么。罗斯福却是自认为有情在中国，要求蒋介石做事。

蒋介石自有他的考虑，因而故伎重施，对罗斯福要中国马上从云南发兵的要求顾左右而言他。这一下罗斯福按捺不住脾气了，于1944年4月4日给蒋介石发了一件类似“哀的美敦”的电报，其内容如下：

罗斯福总统致蒋介石委员长：

目前日军对英法尔发动进攻，目的在于切断印中联系，打击通华物资路线。倘若攻势得手，日军下一目标，无疑为缅北之X部队，继而阁下之云南Y部队。

英军现在所抵抗者，亦即打击贵国补给线之威胁。缅甸与阿拉干海岸皆在激战，而萨尔温江前线尚无动静，致使日军转用其56师团以攻击史迪威孟拱方面之部队，威胁美国缅北长距离之突击队。

对阁下美式装备之Y部队，不能进击已被削弱之敌第56师团，余实难想象；纵令一个薄弱师团的炮弹能在怒江江畔干扰贵军，但亦无力阻止贵军之进击。

我方过去装备、训练阁下之Y部队，即为此种时机使用。

假若Y部队不用于协同作战之目的，则空运装备、提供训练教官等我方呕心沥血之广泛支援，将毫无意义。

蒋介石不是不出兵，而是在等待机会。既然罗斯福都把话说到这个份上，再推延下去就会伤害中美的感情，不利于反法西斯统一战线。再说，中国驻印军正酣战孟拱河谷，也需要东线中国远征军的配合，牵制和夹击日军。于是，蒋介石同意出击滇西，着军令部制订有关计划。

军令部的效率很高，一份关于中国远征军Y部队出击的作战计划于4月19日呈送到蒋介石的办公室。蒋认真审阅，稍做修改就签发批准。其内容如下：

一、以策应中国驻印军攻击密支那之目的，着以第53军（第116师、第130师）为第一线，第54军（第36、第198师）为第二线，于栗柴坝、双虹桥间地区，超越防守部队，渡河攻击当面之敌，向固东街、江苴街之线进击，相机攻占腾冲。各部队作战准备限4月底前完成，待命开始攻击。

二、第一线攻击部队对于渡河攻击之准备，应绝对秘密隐蔽，力求出敌意表。

三、攻击部队对少数敌所盘踞之坚固据点，仅留必要兵力围攻或监视，其余仍向攻击目标超越前进，勿为其所牵制、抑留。

四、攻击步骤：

第一步，渡河攻击开始，第一线攻击部队（第53军）即以一部利用栗柴坝、双虹桥间各渡口一举强渡，于怒江西岸占领桥头堡阵地，掩护主力渡河。

第二步，第一线攻击部队主力渡江成功后，即极力进占当面高黎贡山通陇川江谷地之各要道口，掩护第二线攻击部队（第54军）渡河，并继续向桥头、林家铺之线进出，务求于高黎贡山西侧获得尔后攻击所要之展开地域。

第三步，第53军攻抵桥头、林家铺之线后，即占领有利阵地，一面构筑阵地，一面为而后攻击前进准备，等待第54军到达，再向固东街、江苴街之线攻击。

第四步，攻占固东街、江苴街之线后，即构筑工事固守，并依状况调整部署续向腾冲攻击。

五、原任怒江东岸防守各军（第6军、第71军、第2军）之第一线师，应各派一营以上兵力加强怒江西岸游击活动，牵制当面之敌，并破坏敌交通线，使攻击部队易于进展。

六、当我攻击部队攻击进展至固东街、江苴街各附近之线，而敌第56师团以其主力集中于腾北，企图向我攻击部队反击时，我第2军应相机以一个师之兵力由三江口以北地区渡河，乘虚奇袭龙陵，以策应腾冲之攻略。同时，第71军应以一个团之兵力由惠人桥附近渡河攻击，以期与我腾北攻击部队合围腾冲之敌而歼灭之。

七、滇康缅特别游击区所部，应集中力量袭击片马、拖角并相机向密支那挺进。

八、空军须派有力部队协助地面部队之攻击，并集中力量轰炸芒市、龙陵、腾冲、固东街、瓦甸街等地之敌及其间之交通线。

九、第20集团军辖53、54军两个军，由霍总司令揆彰负责指挥，担任攻击，而以第53军为第一线攻击部队，第54军为第二线攻击部队。

十、第11集团军辖第2、6、71三个军，由宋总司令希濂负责指挥，担任怒江第一线防务。

十一、第8军开滇西后，归远征军直辖，控制祥云附近地区，为总预备队。

计划当中是要“以第53军为第一线攻击部队，第54军为第二线攻击部队”，卫立煌对两支部队反复衡量比较，认为第53军为东北军，该军官兵历来有一种认为自己受排挤、受歧视的想法，士气和武器装备与第54军比较会低配一些，让他冲在第一线会被误解为要借日军之手消灭异己，故于4月29日将以上方案调整为“第54军为渡江第一线兵团，第53军为渡江第二线兵团”。

怒江是中国西南地区的大河之一，古称泸水，发源于青藏高原的唐古拉山南麓。入云南省后折向南流，流入缅甸后称萨尔温江，最后注入印度洋的安达曼海。进入云南境内以后，怒江奔流在碧罗雪山，雪山最高处海拔4000米，江面海拔在2000—800米，山谷幽深，危崖耸立，水流在谷底咆哮怒吼，故称“怒江”。

第 594 团面对怒江，毫不畏惧。他们分批登上每艘一次能运载一个步兵班的美国橡皮艇于 5 月 11 日拂晓悄悄西渡，到了对岸，没有遇到日军阻拦。第 594 团立即向围攻预备第 2 师游击营的日军扑过去，优势的火力压得日军抬不起头，更谈不上有招架之力，日军纷纷溃退。

团长覃子斌命令所部占领附近高地，在土官寨、北斋公房、冷水沟一带实行警戒。然后带领部分部队返回江边，掩护大部队渡江。

第 54 军各部按预定时间在 12 日拂晓前全部渡江完毕，后兵分两路：第 198 师主攻北路，为右翼军；第 36 师主攻南路，为左翼军。两军齐头并进。

第 198 师进展顺利。其第 594 团在预备第 2 师游击营配合下，仅用几个小时就攻克邦瓦寨。其第 592 团在团长陶正纲率领下在强大炮火支援下，也一举攻克小横沟及灰坡。

5 月 14 日，一场激烈的血腥战斗在灰坡展开。日军不甘心灰坡被中国军队控制，派遣了大量兵力向灰坡反扑。双方相互拼杀，互有伤亡。中国军队第 3 营企图迂回包抄日军，路上却与派出迎击的日军遭遇，双方近乎肉搏，伤亡惨重。美军联络官见形势不妙，就近躲藏，用无线电与驻保山的美军第十四航空队联络。中午时分，三架美机前来助战，对日军反复轰炸、扫射，中国军队的地面部队同时向日军炮击，并乘机出击，日军尸横遍地，狼狈逃走。战后发现，死亡日军中有一名副联队长。

5 月 20 日，第 594 团和第 592 团从西、东两个方向夹击盘踞在冷水沟的日军。

冷水沟守敌为日军第 56 师团第 148 联队一部，该联队中有第 1 大队大队长吉原少佐建立的“战神冲锋队”，武士道精神十足，骁勇善战。

素有“老虎爷”之称的覃子斌生于1892年，湖南大庸县关山岩乡三潭坪人。1913年毕业于云南讲武堂，身经百战，资历很老，连长、营长、团长各当了9年。他作战勇敢且又有智慧，关心爱护士兵，但脾气暴躁，为人正直，不懂得讨好巴结上司，所以仕途不顺。他想压压日军的嚣张气焰，决定拿他组建的“华夏敢死队”与吉原少佐的“战神冲锋队”对决。

这场战斗当然更血腥更惨烈。双方都冒着对方猛烈的炮火冲锋陷阵。中国远征军从战术上赢日军一着。中国远征军的东西夹击使日军左右受敌，且在兵力上中国远征军也多些。“战神冲锋队”见到东线中国远征军节节西逼，心理上恐慌了不少，亡命的气势也减退了。覃子斌率领的“华夏敢死队”是真正的“敢死”，置之死地而后生，国仇家恨一齐化为坚强的战斗意志，终于把“战神冲锋队”打败，并干净消灭之。这一仗，击毙日军200多人，并俘虏了不少日军。

廖定藩率领的第593团向桥头进攻。桥头是日军在北斋公房往西的第一个纵深据点。日军依仗拼刺技术好，与中国军队近战肉搏拼刺刀。第593团在战斗中曾吃了亏，牺牲了第1营营长张程甫。后来，中国军队扬长避短，尽量不与日军展开肉搏战，当敌人端着刺刀扑来时，用手枪射击敌人。手枪射击出手快，能有效杀伤冲在附近的日军，桥头在5月16日当天被第593团攻克，这场战斗歼敌300余人。

据守瓦甸的日军派一个大队向桥头第593团反攻。中国军队坚决抵抗，在日军强力攻击下，中国军队伤亡惨重，第3营营长吴跃恒牺牲。中国军队只好撤出桥头核心阵地，退守外围阵地。

5月29日，第592团和第594团合力进攻北斋公房。日军龟宿在坚固工事中，以密集火力阻击。日军堡垒既构筑得坚固又隐蔽得很巧妙，中国军队各种火器均不能将其摧毁，伤亡惨重。

覃子斌再次把他的“华夏敢死队”派上去。他还要自己带队冲锋，被第 1 营营长鲁砥中阻拦了。中国军队的冲锋队被堡垒里的日军居高临下，看得一清二楚。日军的火力网没有任何死角，在冲锋中，鲁砥中及敢死队被日军猛烈的火舌舔倒。

覃子斌眼见鲁砥中及敢死队全部阵亡，一时冲动起来，竟跃出战壕，自己冲锋上去，不到半分钟，同样也被日军从堡垒喷射出来的弹雨击中。他的一条腿被炸断，一双手也被子弹击中，但是他要求士兵背着他，仍然亲自率队作战，最终攻占了北斋公房。战后，他被送到后方医院，由于伤势严重于 6 月 2 日牺牲。此时，他升任第 198 师少将副师长的任职通知还在传递的途中。

增援第 198 师，预备第 2 师渡江作战

第 198 师过江后，独当右翼军，在取得很大进展的同时遭受重大的伤亡，牺牲了团长覃子斌，营长鲁砥中、张程甫、吴跃恒，第 593 团被敌包围，持续攻击力已开始丧失。5 月 20 日，卫立煌命令预备第 2 师增援第 198 师。

预备第 2 师是较早在滇西投入对日作战的部队。两年前，预备第 2 师到达滇西怒江东岸后即奉命西渡作战。曾在腾北橄榄寨与日军激战七昼夜，伤亡 600 多人。后预备第 2 师退守龙川江上游一带，腾冲之敌出动 8000 多人马北上围攻。预备第 2 师坚决顶住，经过激烈的攻防战斗，打退各路日军的进攻。预备第 2 师还在腾北动员民众，建立抗日政权，惩处汉奸，消灭四出骚扰民众的日军小股部队，直到第

36 师跨江增援，预备第 2 师留下游击营在龙川江以西，其主力才东渡驻地休整。

顾葆裕接到卫立煌命令时，马上命令全师从驻地栗柴坝出发。栗柴坝离怒江不远，只隔一条山脉，但翻过一条山脉有时就得花半天时间，即朝发夕至。

预备第 2 师渡江的顺序是：第 6 团、第 4 团、第 5 团。5 月 25 日，第 6 团到达灰坡，第 4 团到达大竹坝。5 月 26 日，第 5 团开始渡河，后面跟着顾葆裕率领的师指挥部。第 5 团和师指挥部渡河后驻西东街。

预备第 2 师各部就位后，卫立煌命令该师迅速增援桥头。师长顾葆裕把所部 3 个团分成 3 路攻击前进：第 4 团团长吴心庄率第 4 团冲向空树河，第 5 团团长李颐率第 5 团冲向燕家山，第 6 团团长方诚率第 6 团冲向平顶山。

奔向目的地，从地图上看距离很短，但要在空气稀薄寒冷异常的高黎贡山穿行爬走，要穿密林，爬高山，过悬崖峭壁，道路艰难险阻，行走困难重重，生命的陷阱时时在脚下。不少官兵就牺牲在行军的路途中。

吴心庄是个精明能干的团长，平时很重视战士的管理教育和训练。来滇西近两年，特别是两年前西渡怒江到腾北与日军作战，已初步摸熟了这一带的气候特点和地形，休战期间，要求所部要加紧训练以适应即将到来的战斗要求。功夫不负有心人，他的第 4 团进展比较顺利，很快就占领了大河头，并以一部挺进茶山河。

第 5、6 团稍慢点，直到 5 月 30 日，才到达桥头外围的外围，与退守在这一地区的第 593 团取得联系。稍做休整，并进行分工。6 月 1 日，第 6 团向日军发起攻击，廖定藩也率第 593 团策应作战。第 5 团则从小白峰向敌进攻，遭到据守坚固工事的日军的阻击。

6月2日，第6团占领界头，向桥头挺进。经过两天的激战，第6团的一部攻入桥头。日军仍坚守桥头，桥头敌我态势犬牙交错。

6月7日，吴心庄率第4团由大竹坝南调增援，桥头的形势呈现出有利于中国远征军的势头。但日军也不甘愿丢失桥头，6月10日，日军500余人由北而来增援桥头，袭击第6团侧背。同时，又有一股400多人的日军由南而来，扑向桥头。桥头地区的中国远征军遭到日军南北夹击，为了避免不利形势，决定走为上策，第4团缓缓退出桥头阵地。

日军在桥头得逞后，气焰十分嚣张，移兵进攻马面关。这支进攻马面关的日军先锋部队在水井坡附近遭到预备第2师第6团的迎头痛击。日军第56师团长又增兵分三路向马面关进攻。这三路人马在进攻途中与预备第2师第5团遭遇。李颐面对敌军数量数倍于我的形势，知其不可为而为之，指挥所部迎敌。日军人多势众，气势汹汹，进攻凶猛，第5团渐渐抵挡不往，只好撤退。日军乘势而进，马面关得而复失。

6月13日，第54军三个师均集中到右翼来，从不同地点向日军进攻：预备第2师向马面关进攻；第36师主力对桥头进攻；第198师向北斋公房进攻。

各处日军顶不住中国远征军的强大攻势，纷纷向后撤退。预备第2师配合第36师连续攻克桥头街、朱家寨、周家寨等据点，夺得日军仓库十余座。之后，预备第2师主力留桥头休整，其第4团渡过龙川江，登上西岸。6月17日，向空树河、茶山河及沙腊河之敌猛攻，守敌已无斗志，勉强招架几下，便向光明方面溃退。吴心庄派第3营乘胜跟踪追击，至光明与敌对战，几天后，击败日军，占领光明。

吴心庄亲率第1、第2营向固东搜索前进。6月20日，进击固东。固东之敌见中国远征军攻势凶猛，不敢恋战，弃固东向南溃逃，固东遂被攻克。

卫立煌获此消息，欣喜万分，致电嘉奖顾葆裕，同时要求预备第2师第4团在固东、顺江街一带构筑工事，防止日军反扑，也为掩护主力部队准备攻击腾冲。

阴登山战斗，新编第28师知耻而后勇

根据军委会的作战计划，第11集团军所辖的第2军、第6军和第71军三个军为防守军，当攻击军第20集团军过江后，各师“应各派一营以上兵力加强怒江西岸游击活动，牵制当面之敌，并破坏敌交通线，使攻击部队易于进展”。为紧密配合已过江以攻克腾冲为目标的第20集团军和攻击密支那的中国驻印军的行动，国民政府军委会于5月22日不失时机地命令宋希濂的第11集团军转入攻击，迅速渡过怒江，向龙陵、芒市方向发起进攻。

从惠通桥一带渡江向龙陵前进，必经松山，松山有日军

第11集团军正在渡江

据守。松山卧滇缅公路要道，东距惠通桥10多千米，西距龙陵20多千米，是惠通桥至龙陵的咽喉之地。松山位于龙陵腊勐乡，由阴登山、大小松山、大哑口、滚龙坡、长岭岗等大小10多个山头组成。方圆约25平方千米，主峰大松山海拔2267米。松山山峦重叠，丘陵起伏，山势陡峭，攀登极难。旧龙陵县志称：“高山夹箐，地险路狭，马不能并行。”

松山战场全景（右一山头为子高地、右二山头为阴登山、中后部山梁为滚龙坡、左边山梁为竹子坡）

自1942年5月日军侵至怒江西岸后，松山的战略位置就变得尤为重要，占领松江，就不仅牢牢控制了滇缅公路，而且掌握怒江战场的主动权，进可攻，退可守，并与龙陵、腾冲形成掎角之势。

早在日军在太平洋上屡吃败仗之后，松山就被日军战略专家深谋远虑地设想为支撑滇西和缅甸日军防卫体系的重要据点。日军第15军司令部专门从缅甸调来一支工兵部队，为保密起见，日军不就地取材，征用中国人，却舍近求远从泰国、缅甸征集大批民工昼夜施工，苦心经营，年余始得完成。松山工事完全按照永久性作战需要构筑，极为复杂坚固，甚至连坦克车也能在地堡里运行。

占据松山之敌为日军南进中的精锐的第56师第113联队，是一个加强联队，兵力虽不足3000人，却配有战车、山炮、工兵、医院，甚至带有军妓，组成一个能独立作战的建制部队。为了检测松山堡垒工事的抗炸力，日军还动用飞机重炮对自己修筑的堡垒工事进行轰炸，结果是被炸的堡垒工事安然无恙。

在松山上的日军第113联队本部

为了保密起见，惨无人道的日军在堡垒工事工程竣工之后，把民工700多人赶到松山南岭下哒垭沟村，谎称要送他们回家，然后用重机枪和机关枪扫射，将他们全部杀害。中国驻印军攻克松山后，收殓尸骨688具，挖坑集体埋葬，竖碑“千人坟”。

中国驻印军对松山敌情不甚了了，以为守敌不多，只要使用少数部队把它看住，不让它下山袭扰就行，大部队则往龙陵、芒市目标前进。宋希濂一直没有看好新编第28师，对新编第28师在中国远征军第一路军时期的溃败表现耿耿于怀，所以把该师一分为二，派遣第82团和第83团攻打松山，第84团暂归第88师师长胡家骥指挥。

新编第28师似乎与“刘氏”有缘分，前任师长为刘伯龙，现任师长为刘铸军（刘又军）。刘铸军是黄埔一期的老大哥，与宋希濂同期又同队。年龄大宋希濂五岁，但一向沉稳低调，老成持重，这种性格使他成不了黄埔一期毕业生中的佼佼者。他为何从驻守陕西的第34集团军补训师师长调到滇西任新编第28师师长？是否因宋希濂担任过第34集团军副总司令又与他是同期同队同学，被宋希濂援引过来？目前没有找到相关证据。国民革命军分为甲、乙、丙师三种等级，补训师充其量为丙级，野战师则为甲级，从补训师到野战师，对有进取心的人来说，是一种重用。军人以服从命令为天职，刘铸军不与宋希濂的这种调配计较，服从了这种安排。

1944年6月4日清晨，刘铸军率第82团和第83团由打黑渡及七道河渡江。松山日军发现有中国军队渡江，立即用山炮对江面进行零星炮击阻吓。布置在怒江东岸、惠通桥附近高地上的第11集团军直属榴弹炮以及第71军直属山炮营立即朝敌发炮方向压制，日军只好停止炮击袭扰。

部队登岸后即向松山前进。首当其冲的是松山组成部分的阴登山，阴登山南翼是竹子坡，它处于最前沿，在隔江中国军队炮兵的射程里内。当驻防竹子坡日军对中国军队渡江实施干扰时，已被还击的炮火打得很惨。新编第28师又有一种复仇的准备，官兵上下同仇敌忾，英勇杀敌，日军抵挡不住，狼狈向腊勐方向逃窜。

新编第28师的先头部队是黄文徽率领的第82团，过江后往前猛冲猛打，一口气打下了竹子坡。部队刚打扫完战场，阴登山及松山的日军炮火便轰击过来。东岸中国军队炮兵发现后，立即延伸炮火，加大射程，以排山倒海之势向日军阵地压制过去。空军也随后呼啸而来，扔下一批批炸弹，炸得日军阵地浓烟滚滚，硝烟弥漫。

第82团乘机发起进攻。眼看日军阵地已被炮火摧毁，几个露出地面的碉堡也一样瘫痪，攻击途中的中国军队官兵非常高兴，忽然，前面的岩石缝和山体的石头、土草堆往外剥落，冒出几支机枪枪管。几乎是同时，火舌往我冲锋官兵舔来。中国军队猝不及防，顿时倒下许多士兵。原来日军在山上不起眼的地点构筑不少暗堡，外表伪装得很巧妙。

天渐渐地暗了下来，刘铸军命令部队暂时停止进攻，在竹子坡宿营。黄文徽一想起下午那些活生生的士兵倒在日军暗堡的火力下，心情就不能平静，便召集本团部分军官开会，研究第二天的作战方案。会议正在讨论如何发挥已赶到竹子坡的军直属炮兵营的作用时，突然响起了一阵有节奏的枪声，黄文徽意识到是日军偷袭，马上宣布休会，持枪各就各位，准备战斗。

经了解是第7连李排长带领一个班巡逻时，遇到约一个小队的日军前来偷袭。其时正值午夜时分，山间小路两旁凹凸不平，草木丛生，漆黑一片，日军突然闯出来，用刺刀袭击中国军队的巡逻班，企图达到偷袭目的。走在前面的士兵被日军捅了一刀，发出惨叫声便向后倒去，被身后的李排长用右手搀扶住。那个捅我尖兵的日军军官又突然向李排长猛刺，李排长只见一条黑影蹿到，凭军人的直觉知道遇袭，下意识地往左一闪，把受伤士兵丢在一边，随即用右手抓住日军步枪的枪口，同时用左手打开冲锋枪上的保险。日军军官在争夺步枪中扣动扳机，打出一发子弹，将李排长右手的小指和无名指打断。李排长仍忍住剧痛用右手紧握日军的步枪，同时左手举起冲锋枪，抵住日军官的胸部，打出一梭子弹，然后乘日军军官倒下露出前面的空间又扫了个扇面。那日军军官的胸膛被李排长打得稀巴烂，那扇面的射击扫倒了六名日军。偷袭的日军眼看偷袭不成，带头的军官又被击毙，中国军队的火力又那么凶猛，赶紧逃之夭夭。

6 月 5 日，黄文徽和董惠分别率领所部进攻阴登山和腊勐。凌晨，第 82 团以第 3 营为阴登山主攻部队。途中遭到日军炮兵袭击，部队不能从正面攻击，只得沿山洼跃进至山麓，然后攀藤附葛而上，费了九牛二虎之力才抵达山顶缓坡下。缓坡面光秃秃的，因日军已将这一带的树木砍去构筑工事，好在缓坡下有一片密林，可以隐蔽，不然到达这里的第 3 营官兵必定成为山顶日军的靶子。

中国军队的进攻部队已靠近山顶，支援进攻的炮兵停止了炮击。第 3 营开始往上冲锋，进至光秃秃的缓坡时遭到日军三面暗堡密集交叉火网的阻击，几十名官兵就这样被打倒在缓坡上。第 3 营营长不信邪，再次组织冲锋，还是无功而返，又伤亡了几十名官兵。部队只好在缓坡下密林中熬夜，等待第二天天亮再发起攻击。

日军故伎重演，又是在过午夜时，从阴登山南侧山谷潜下，再从山下偷偷攀爬上来，企图背后偷袭第 3 营。第 3 营认为后方有自己的大部队为后卫而没有提防。日军杀死第 3 营的两名哨兵后，进至营部附近。因机枪连是随第 3 营上山的，其班长聂正容正在给机枪弹匣装填子弹，没有提防，被从背后潜蹑过来的日军用刺刀暗杀。聂班长的惨叫声被附近的王保成排长听见，他端着冲锋枪跑过去问："怎么回事呀！"闻声赶到的吴俊臣连长二话不说，端起冲锋枪往前先打出一梭，然后喝道："还问什么？快打！"王保成才意识到遇敌偷袭了，并开枪阻击和报警。王保成端起冲锋枪往前猛打，吴俊臣捡起聂班长的机枪也一起开火，打得偷袭日军抱头鼠窜，狼狈逃散。

6 月 6 日，第 82 团再次发起对阴登山的攻击。黄文徽认为要攻克阴登山，摧毁山上日军暗堡是关键，决定在选定的位置使用火箭筒和火焰喷射器，配以机枪和迫击炮，压住日军火力，然后步兵跟上。这一招果然有效，火箭筒兵和火焰喷射器兵在炮火掩护下前进到选定的位置，对准日军暗堡的射击孔发射火箭筒和喷射火焰，暗堡里的日军不是被炸死就是被烧死，中国军队冲上了阴登山。

日军不甘心失败，其他山头的日军炮火向阴登山上日军失去的阵地猛烈轰击，败退下阵地的日军配之以援兵又进行反攻，阴登山得而复失。

6月7日，黄文徽让第3营退下休整，亲自带第1营和第2营进攻阴登山。由于日军的固定工事已被摧毁，现构筑的阵地是临时工事，战场不允许更多兵力展开，黄文徽挑选部分官兵作为先锋部队投入战斗。先锋部队经过一阵激战，突破日军部分阵地。由于突入日军阵地的部队不多，在日军组织反冲锋下，中国军队的先锋部队抵挡不住，被日军赶出阵地。

这时黄文徽率大部队赶上来，中国军队再发起冲锋。日军再也抵挡不住中国军队强大的攻势，被全部消灭。

日军很顽强，当中国军队冲上阵地，打扫战场抓俘虏时，竟有日军军妓赤裸裸跳出战壕向中国军队投手榴弹，甚至抱住中国军队士兵乱抓乱咬。有的日军受伤致残了不肯投降，操刀剖腹自杀。

阴登山战斗非常血腥，一条仅几十米的战壕里，因敌我反复争夺，竟躺满了双方官兵的尸体，流出的血能淹没打扫战场战士的脚板。

董惠率领的第83团进攻腊勐，其进展较为顺利。守敌数百名坚持到中午，终因伤亡惨重，仓皇向阴登山撤退。第83团乘胜前进，又占领了淘金河以南几处高地，切断了通往大坝的公路。

第 82 团在 6 月 8 日向松山的另一个山峰大垭口进攻。战事同阴登山一样艰苦，战局一时陷入僵持。这时中国远征军司令长官部才意识到之前的判断和决策是错误的，之前误认为松山之敌不多，可以用少量兵力牵制并攻取，并将大部队开赴龙陵，现在终于明白了攻克松山的重要性和攻克松山的艰巨性。如果不能攻克松山，那么，进攻龙陵是不可能的。因为龙陵与松山之敌会相互策应，没有拿下松山，进攻龙陵的部队侧背受敌，而且，龙陵前线的后勤运输线没法开通。卫立煌命令宋希濂的第 11 集团军解决这个问题。

宋希濂决定投入更多的兵力攻打松山。

6 月下旬，鲁岂愚率领的第 84 团从龙陵调回归建，随后宋希濂又调新编第 39 师第 117 团参战。第 117 团团长江望山率所部赶到松山，加入攻打松山的行列。四个团投入松山战斗，虽然发动了几次进攻，但几乎没有什么进展。雨季一来，作战更艰难了，特别是攻山战斗。宋希濂向司令长官部建议，撤下新编第 28 师休整补充，另调部队接防。

新编第 28 师虽然没有攻克松山，但在近一个月的战斗中表现得英勇顽强，不怕牺牲，是一支能战斗的部队。进攻松山战斗，新编第 28 师伤亡 1600 多人，付出了巨大的牺牲。从松山之险和松山日军守备兵力看，不是一个新编第 28 师就能解决的，后来的战事充分说明了这一点。新编第 28 师在松山战斗中的表现是无愧的，遭受的损失是难免的也是值得的，它以血的代价为司令长官部摸清了敌情，又占领了部分前沿阵地。

攻克松山，第 8 军损兵八千

卫立煌采纳了宋希濂的建议，调司令长官部直属部队第

8 军接防松山。卫立煌这一决定是合理的。中国远征军所属有六个军和其他直属部队，这 6 个军即第 11 集团军的第 2、第 6、第 71 军，第 20 集团军的第 53、第 54 军和司令长官部直属部队第 8 军，从序列看是三个相对独立的集团建制。第 20 集团军作为攻击军，渡江出兵最早，它承担着从高黎贡山由北向南直取腾冲的战斗任务。第 11 集团军原为防守军，现也转为攻击军，从惠通桥以下的怒江地段西渡，承担着扫除怒江下游西岸一带直取龙陵、芒市等地的战斗任务，原松山攻取任务也属于该集团军。通过战斗得知松山之敌之多和战事之艰巨不亚于攻取腾冲、龙陵等日军重要据点后，将攻取松山的战斗任务分配给作为中国远征军预备队的第 8 军是唯一的方案。

第 8 军所属 3 个师即荣誉第 1 师、第 82 师、第 103 师，现分别驻防于不同的地区。荣誉第 1 师的第 1、第 2 团在镇安街，第 3 团第 3 营守卫保山机场；第 82 师担任保山西部江防；第 103 师驻祥云至弥渡一带。第 8 军军长何绍周为时任国民政府军委会军政部部长何应钦的侄子，军政部是国民政府军委会即最高统帅部里的一个重要部门，执掌着全国军队的人员、物资、武器筹办和分配等大权。鉴于何绍周这一特殊身份，卫立煌采取先礼后兵的方法，以商量的口吻向何绍周传达司令长官部的命令，何绍周对这道命令大发牢骚。后来，服软不服硬的卫立煌火了，以“军人以服从命令为天职”教育了读过中外两所军校的何绍周，何绍周才同意出兵。

其实，第 8 军有的部队已陆续参加龙陵、松山方面的战斗。从现有资料看，最早投入战斗的是荣誉第 1 师第 2、第 3 团。第 2 和第 3 团于 6 月中旬参加龙陵方面的战斗。第 103 师第 307 团也于 6 月下旬加入松山方面战斗，攻打松山西侧的滚龙坡。

7 月5 日之前，第 8 军的主力集结于松山地区，担任主攻部队的位置如下：

第一，荣誉第 1 师第 3 团配置在大松山，第 2 团配置在阴登山。

第二，第 82 师第 246 团配置在滚龙坡，第 245 团配置在腊勐。

第三，第 8 军、第 5 军之炮兵营配置在竹子坡，炮兵第 7、第 10 团配置在怒江东岸大山头地区，负责对我步兵实施炮兵支援。

第四，其他各部为预备队，原地待命。

7 月5 日，第 8 军攻击部队对松山、滚龙坡日军阵地同时发起进攻。主攻部队为荣誉第 3 团，其尖兵一度冲上松山主峰的子高地，尚未与日军打过照面便被来自不同方向的日军隐蔽工事的迫击炮和机枪打得败下阵来。

从 7 月 5 日至 7 月 23 日，第 8 军发起四次进攻，攻击了大垭口和滚龙坡的若干高地，但遭到日军隐蔽工事的火力的射击和反扑，第 8 军伤亡惨重，第 307 团尤为严重，最后阵地得而复失。硕果仅存的是日军大垭口与滚龙坡的交通被中国军队切断，为以后攻击部队扩张战果创造了较好的条件。

松山战事的旷日持久使最高统帅部既揪心又不满，蒋介石严令卫立煌督促第 8 军克日攻克松山，密令如下：

> 保山远征军长官司令部卫长官。密。限即刻到第 8 军。松山攻击战旷日持久，影响反攻腾冲、龙陵战役。故必须限期克服松山。如违限不克，该军军长以下各级部队长一律按贻误戎机论处，不得徇情。
>
> 蒋中正签字

蒋介石发怒了，要杀人了。对攻克松山有点漫不经心的何绍周终于认真慎重起来了。他召集各师各团研究如何尽快拿下松山，要求各将领积极思考，畅所欲言，献计献策。第82师副师长王景渊提出要改变战术，不要从正面硬攻。在中国军队既得阵地向日军阵地方向挖交通壕，将进攻的阵地延伸到日军阵地，尽可能接近敌人阵地，然后把炮兵阵地向前推移至敌阵地近处，摧毁其表面阵地，再进行坑道作业，在敌地下堡垒之下进行爆破或用火焰喷射器消灭之。

王景渊提出的这个建议被卫立煌以及第8军长官所认可，第8军制定了以王景渊提出的方法为核心的进攻战术。

1944年7月26日，中国驻印军对松山发起全面攻击，不过，已改变从正面地表冲锋的方式，取而代之的是掘壕推进的方式：由步兵挖掘交通壕，逐步抵近日军阵地。攻击部队的分配是：第307团攻击滚龙坡，第308团攻击无名高地，第309团和荣誉第3团攻大垭口，第82师攻松山顶峰子高地。各师团同时发起进攻，不分昼夜，步步逼近，日军堡垒一个一个地被摧毁，日军一股一股地被歼灭。持续至8月2日晨，滚龙坡主峰被攻占，山上的残敌于两天之后全部肃清。这种进攻虽然速度慢了些，但部队减少伤亡，又能达到攻克目的。

滚龙坡是松山日军与龙陵的联结点，其被中国驻印军攻克，意味着松山之敌与龙陵日军的交通联系被切断，松山日军惶恐不安，芒市的第56师团师团长松山佑三连声大叫：“不好，不好！”

在熊绥春亲率第103师主力攻击滚龙坡的同时，其第309团由团长陈永思率领，和荣誉第3团一起攻击大垭口之敌。大垭口处在松山腰部，左得松山子高地控制，右与滚龙坡成掎角之势，对大垭口的进攻，受到了松山子高地的火力钳制和滚龙坡的侧击。第309团和荣誉第3团仰攻大垭口，困难重重，伤亡很大，两度进攻，毫无进展。8月4日滚龙坡攻克后，第307团沿山脊进逼大垭口，第309团和荣誉第3团从正面攻击，第82师以一个团从右夹击，经过一周的激烈战斗，于8月10日才攻克大垭口，歼灭大垭口大部分日军。

滚龙坡和大垭口被拿下后，中国驻印军更加接近松山主峰子高地。子高地只有一两亩地大小，四周有十几个高高低低的小山包相连，互相依托。自从攻击松山以来，子高地虽经中国驻印军飞机、重炮不断轰击，建筑在天然石洞及其轰炸死角的堡垒却丝毫无损。如此看来，必须采取坑道作业，在子高地的地下挖掘坑道，接近地下中心，然后爆破。

中国驻印军从山底部的两侧各挖一个高1.2米、宽1米的坑道。战士们放下枪支，抄起铁锹协助工兵轮流作业。在这种狭窄逼仄的坑道作业，行动不便，又闷热异常，战士本着现在多流汗多劳累，就能尽快消灭敌人的信念，拼命作业，不到十天，两条坑道及炸药室已经挖掘完毕。

炸药是从加拿大空运到印度，再由印度转运到保山机场，然后用车送到怒江江畔，由民工和工兵营的战士背上山的，足足有10吨。何绍周军长对这项爆破工作非常重视，于8月19日亲自上山到工兵指挥所检查准备工作。他对坑道作业爆破破敌的提倡者王景渊非常满意，看到连续近旬泡在这项工作而疲惫不堪的王景渊，非常过意不去，上山检查时专门给王景渊带来了慰问品以示关怀，还问及爆破时会不会伤及我方官兵等。

8月20日上午9时30分，中国驻印军工兵指挥所的工兵按动电钮引爆。在安全地带的中国驻印军官兵感到大地骤然间剧烈地摇晃两下，只见一股黑色烟柱突然从子高地冒起，直冲云霄，没有巨大的爆炸声，只有低沉的轰鸣声。爆炸使子高地出现两个漏斗式的大深坑，一个直径约30米，深度约15米，另一个直径约40米，深度约15米。子高地之敌被炸死71名，全被埋在土里，4名幸存者被俘。

松山子高地主堡爆破的情景

子高地爆破成功后，其他的日军阵地都比子高地低，基本上是俯攻，从高处往低处打。长岭岗主要有大寨、黄家水井、马鹿塘等据点。从子高地爆破后到松山完全被攻克的17天里，战斗仍然很艰苦很激烈。日军不但据守据点，还不断组织反扑，企图夺回他们失去的阵地。

第309团团长陈永思在大寨山3号高地抵抗日军的反扑时为了重新夺回阵地，手持冲锋枪带头冲锋，在激战中受了重伤。其职由第103师补充团第1团团长王光炜代理。王光炜也是一条硬汉子，身先士卒，夺回失去的阵地，自己也身负重伤。第309团这样一拼，仅剩将士20名，无力再战。所剩官兵归由荣誉第3团团长赵发毕指挥。

9月4日，荣誉第3团攻克了大寨山1号和2号高地，全团仅剩24人，无力再发动进攻。

第309团失去战力后，攻击大寨山3号高地的任务由第82师第245团承担。9月7日，团长曾元三亲自督战，全团官兵前赴后继，终于把3号高地拿下。

第307团于9月2日深夜向黄家水井进攻。经一昼夜激战，仅占领边缘堡垒一座，而且几乎耗尽兵力。第246团派一个加强连，师部搜索连也同时加入第307团作战，才又组织起进攻，突入黄家水井，又占领堡垒两座。

团长程鹏对该团几天来的战绩感到不满、自愧。9月4日午夜，他集合队伍，慷慨激昂地宣誓："今晚若不能占领黄家水井全部阵地，天明后我在兄弟们面前自裁，请师部再派有能力的团长来率领弟兄们继续作战！"全体官兵的情绪被团长调动起来，空前激昂，跟随程鹏再次向黄家水井及其他日军阵地进攻。在战斗中，程鹏身负数伤仍不肯退，广大官兵被他的精神所感染，英勇冲锋，奋勇杀敌。第二天拂晓，完全占领了黄家水井。

第308团在团长文安庆率领下主攻马鹿塘。由于马鹿塘的日军很顽强，战事进展缓慢，在第245团和荣誉第3团协助下，于9月7日晚，全歼守敌600余名。

松山之战，中国驻印军共消灭日军3600余人，第8军自损8000余人，伤4000余人。

攻克松山的胜利立刻打破了怒江战场的僵局，大批增援部队和后勤供应可以畅通无阻地从滇缅公路运往龙陵，有力地支援龙陵地区的战事。

攻打腾冲，霍揆彰指挥作战

第20集团军在肃清高黎贡山之敌后，于1944年6月23日奉中国远征军司令长官卫立煌之命，继续向腾冲之敌展开攻击。

7月2日下午，先头部队预备第2师第4团第2营营长骆鹏率部赶到腾冲县和顺乡，消灭了乡公所所在地中天寺正要烧毁村落和胁逼村民跟他们走的日军。随后大军云集和顺乡，预备第2师最早到达，其师部驻张家宗祠。霍揆彰率第20集团军总司令部驻和顺乡图书馆，第54军军部驻上庄杨宅，第53军军部驻小西娘娘庙，第36师师部驻上庄钏宅，第198师师部驻寸家湾亚元巷寸宅必美大院。各军各师之团、营、连部散驻和顺乡各村巷、各姓宗祠、民居、学校，几乎家家户户住有部队。沦陷两年多来，饱受日军蹂躏的和顺乡人民盼星星，盼月亮，终于盼来了政府军队，他们热烈

腾冲县和顺乡图书馆

欢迎，主动腾房子供大军住宿，帮助大军忙这忙那，毫无怨言。大军对民众又非常和蔼客气，充分信任，民众即便是出入设有层层岗哨的集团军总部和顺乡图书馆，也很方便。整个古村呈现出一片欢腾热闹的景象。

腾冲为滇西重镇，古称“腾越”，是三国时孟获的首府，大盈江流经城西，龙川江则从其东面流过。城区为狭长而曲折的盆地，四周均为高山。腾冲城高 5 米，墙厚 2 米，呈正方形，各边长 2 千米，下砌巨石，上筑青砖，坚固难摧，易守难攻，日军在此经营两年，堡垒林立，坑道相通，形成一座坚固的要塞。更兼有城外四座大山拱卫，东有飞凤山，西有宝凤山，南有来凤山，北有蜚凤山，“四凤求凰”。腾冲日军守备队队长重康美大佐率领其号称“黑风队”的第 56 师团第 148 联队坐镇于此，更使攻取腾冲困难重重。

攻克腾冲城必须先拔掉“四凤山”。几天之内，飞凤山、宝凤山、蜚凤山相继被攻克，只剩坚固的来凤山。

7 月 8 日，中国远征军集中兵力攻击来凤山。据日军战史载：“7 月 8 日，第 36 师自西，预备第 2 师自西南及东向来凤山、礼仪台阵地（腾冲城外东南侧）开始了大规模的威力侦察。”

来凤山日军的钢筋混凝土堡垒为扫清射界，把山上的植被砍伐殆尽，日军堡垒一览无余，这样反而有利于中国远征军的炮击和轰炸。敌堡垒几乎被中国远征军空军和炮兵摧毁，但遇轰炸躲藏在坑道里的日军既顽强又狡猾，一旦中国远征军空袭、炮击停止，步兵接近日军阵地前沿时，他们便迅速跑出来，凭借有利地形地物阻击，中国远征军伤亡惨重却无明显进展。

第 54 军战报载：“13 日里，顾师展开完毕。7 时雾散，开始射击。继而该师李团乃向象鼻子、文笔坡，吴团向文笔

反攻前由美军飞机拍摄的腾冲古城全景

塔、营盘坡攻击。至11时许，第一线部队均迫近敌阵，李团一部以工兵将象鼻子第一道铁丝网破坏后冲入敌工事，与敌肉搏，夺敌轻机枪一挺。但我向文笔坡行攻击之部队，因受敌火阻击未能前进，致攻入象鼻子部队陷于孤立。敌以文笔塔炮兵及机枪集中向我攻入象鼻子部队猛烈射击，并行逆袭，我伤亡重大，攻势陷于停顿。同时，顾师左翼攻击文笔塔、营盘坡部队，因地形暴露，敌火猛烈，终难接近。”

攻取腾冲战事被阻滞于来凤山，霍揆彰对此非常着急。7月16日，他召集该集团军师长以上将领于城北第36师师部驻地护珠寺开会，讨论攻克来凤山问题。同时请美军第十四航空队加强空中轰炸，配合步兵作战。会后，霍揆彰将刚运到第20集团军的火焰喷射器优先配发给预备第2师使用。霍揆彰对预备第2师师长顾葆裕说：“顾师长，他们都说你预备第2师游击打惯了，不能打硬仗。今天我特优先配发五具火焰喷射器给贵师，希望你在一周内攻占来凤山，否则将

正在机场待命的美军第十四航空队战机

军法从事。”

顾葆裕见霍揆彰把话说到这个份上，更不敢怠慢。特别是7月25日，同是陈诚系统的第20集团军副总司令兼第54军军长方天因指挥作战不善被霍揆彰报请司令长官部免去第54军军长之职，换上了第54军副军长阙汉骞，更使顾葆裕感到了肩上担子的分量。他要求本部官兵要全力以赴，尽快拿下来凤山。

7月26日，对来凤山的总攻开始。预备第2师所有官兵好像突然变了样，个个生龙活虎，勇往直前。经过一天半的激战，于7月27日中午11时30分许，全歼来凤山日军，攻克了来凤山。预备第2师阵亡官兵189人，负伤194人。狂妄骄傲的日军曾在山上文笔塔墙壁写下诗句：“腾冲要塞算来凤，象鼻营盘左右拱。文笔形成钢铁垒，何妨诸葛显神通。”中国人民反侵略雪耻辱的钢铁意志是会显神通的，再强大凶残狂妄的敌人都会被这种钢铁意志所摧毁。第6团团长方诚读着日军如此狂妄的诗作，觉得日军太可笑了，其所谓钢铁堡垒，只在中国军队攻击的顷刻之间便被摧毁。

阙汉骞升任第54军军长，他捷足先登，比黄埔四期生的佼佼者如胡琏、张灵甫之辈早一个月登上军长宝座，似是黄埔四期生任军长的第一位，意气风发，把第54军指挥所搬到来凤山山顶，居高临下指挥攻城，暗下决心，要用更好佳

将领们视察光复后的来凤山

绩报效长官对他的恩垂和眷顾。

阙汉骞身材高大魁伟，军中人称“阙大个”，喜欢书法，每天都写，不用墨纸，行军到一地刚安顿下来，即由勤务兵准备好一张桌，站着写，写了由勤务兵擦掉又写。他有题字的习惯，但在腾冲暂未找到他的墨迹。

至中国远征军将腾冲城包围之时，城内日军共有 2000 余人。其中，部署在城区南半部及英领事馆阵地的有第 2 大队主力，城区西北部及拐角楼阵地有 3 个步兵小队，城区东北部及饮马水阵地有 4 个步兵小队，在城中门附近阵地有联队本部及预备队。

7 月 28 日，藏重廉美大佐接到松山佑三师团长的命令，死守腾冲至 10 月底，等待援军。

与此同时，卫立煌也给霍揆彰下达命令：速占腾冲。卫立煌这道命令与下达给第 8 军何绍周的克日拿下松山的命令，几乎是同时发出的。

7 月 29 日，霍揆彰下达攻城命令：集团军决以主力围攻腾冲城内之敌，一举而歼灭之。第54军附迫击炮一营向南门至西门、北门至东门之线攻击。第53军以第116师附迫击炮一营、军山炮营向东门至南门之线攻击。第130师防守马垒、上下勐连。霍揆彰还通令部队："先入城占领据点，待于立稳脚跟而继攻克城墙者，总部资洋10万元，并制赠荣誉旗一面；又有功勋官长，准报请军委会核奖或颁发勋章。"

正在研究地图的霍揆彰

8月2日上午10时，美军飞机飞临腾冲城助战，对城内日军阵地进行猛烈轰炸。12时，中国远征军地面部队开始攻城。下午4时，第53军第116师第348团在东南城角被空军炸开的10多米宽豁口处，击退敌之猛烈反扑，其第9连42名官兵率先登城成功，与日军在城墙上僵持。下午5时30分许，第36师第107团第2连连长刘恩宪率第1、2排在西南角瓦砾中攀上城垣，经奋战攻占敌堡垒三座。因城墙上敌火网浓密，连长刘恩宪当即阵亡，其余33名官兵亦相继伤亡，该连第3排因敌火力封锁，未能继续登城。

腾冲城墙由坚硬巨石砌成，美军空军的每颗500磅的炸弹扔在城墙被巨石反弹到离城几十米开处的地方爆炸，不能有效破坏城墙。后来美军地勤人员想出一个解决问题的办法：他们在炸弹上绑上磨尖的钢条，这犹如给炸弹安上了“刺刀”。炸弹从飞机上扔下时，“刺刀”就会牢牢地“钉”在巨石间缝里，引爆后炸毁城墙。至8月5日，腾冲西、南、东三面城墙先后被炸开13处豁口，但日军据守残破城墙拼死不退，中国远征军攻城部队前赴后继猛攻，战况至为惨烈。

日军战史载：“8月6日19时（当地时间17时），美军飞机32架来袭，地面之中国军同时开始猛烈炮击，向南门及两北角攻来。凄惨的近战在狭窄的地区执拗地反复着。中国军可以反复攻击，而守兵则无力更换。随着伤亡的增加，反击力量急剧下降。”

8月13日，美军出动18架战机对城中心大堡垒群俯冲投弹，在东城门洞指挥作战的藏重康美大佐及其手下共32名官兵，均被炸塌的城门掩埋毙命。藏重康美死后，接替其职的本应是第2大队大队长日隗太郎少佐，但由于日隗太郎在高黎贡山战斗中被炸掉一条腿而无法接任，于是第33军司令部指定调到联队部的第9中队中队长太田正人大尉担任守备队长，指挥后续作战。

从8月2日至8月底，中国远征军对腾冲城发起四轮攻击，仅占领城区的一半。霍揆彰坐不住了。8月30日，他发出严电，曰：“……目下困据城内之敌，能作战者不过300余人，我围攻部队之兵力与火力依最低限度计算，亦在敌十余倍上。纵令残敌如何顽强，工事如何坚固，安有不能一举歼灭之理？而对日稽延，大功未成者，全在我各级指挥官无必胜之信念与必死之决心耳。言念及此，能无惭悚？”

战场上的霍揆彰

各部队长接到霍总司令这份电报，其自尊心受到极大的刺激，但没有埋怨长官不能体恤手下。固然日军顽强善战，其工事坚固牢靠，但也不是坚不可摧的，再加把劲吧，用实际的行动回应长官的责备。

9 月 13 日，第 20 集团军集中全力，向腾冲残存之敌发起第五轮攻击，也是最后的攻击。第 54 军从西城区转向东城区，配合第 53 军攻击日军最后阵地。战斗从清晨开始至第二天午后，卒将东城日军据点全部清除。日军守备队队长太田正人大尉，将第 114 联队队旗焚毁后自杀。早在二十多天前，太田正人大尉眼看城内守军只剩 600 余人，其中伤员 100 余人，对守城已失去信

预备第 2 师第 5 团团长李颐灵柩（和顺中天寺）

心，他曾向第56师团发电：“城内被围得死死的，无法再忍受士兵一个个被杀掉，请允许我们冲出城，开展游击战。”但松山佑三坚决不同意，要他死守。

自从预备第2师调到滇西两年多，李颐经历战斗无数。来凤山攻克后，预备第2师作为预备队守卫来凤山。后来因战事需要，预备第2师又投入攻击腾冲城的战斗。腾冲城即将全部收复时，李颐率部攻打城中一院落，遭到该院落日军的顽强抵抗。因这院落里的敌情不明，李颐搬来竹梯，爬上侦察，被日军狙击手发现开枪击中而殉国。1944年11月，国民政府追赠李颐为陆军少将。

腾冲光复后，预备第2师为李颐设立灵堂奠祭。滇西名人、辛亥革命元老李根源给李颐的挽诗是：“杂声震地城门东，小李将军殄寇凶。一战功成死何恨，英灵长为护腾冲。”

龙陵之战，张绍勋表功心切误报军情

龙陵是滇西地区的交通枢纽和战略支撑点，与腾冲一样，四面环山，中间是一个开阔的丘陵地，滇缅公路从城中穿过。龙陵沿滇缅公路向北20多千米可达松山，向南25千米是芒市、130千米是瑞丽。此外，还有公路通向腾冲。龙陵是中国远征军进出滇西和缅甸的必经之地，龙陵之敌也是拦路虎，必须拿下。

龙陵守敌有第56师团工兵联队和第113联队第3大队部分兵力，以及刚从缅北增援而至的第2师团第29联队第2大队，总共900余人，指挥官是守备队队长藤木隆大尉。日军利用龙陵四周的山地和城内的民宅等建筑物，设置了坚固的防御工事。还有重要的一点是，龙陵毗邻日军第56师团司令部芒市，与其成掎角之势。龙陵一旦有险情，日军一定会来救援，且不到半天即可赶到。

1944 年 5 月 25 日，中国远征军司令长官卫立煌突然改变了之前的部署，实施新的方案，下达命令：第 20 集团军继续在高黎贡山猛烈攻击以迷惑日军；第 11 集团军所属的三个军则沿怒江东岸秘密活动，分头渡江，对松山、龙陵之敌发起大规模进攻。

中国远征军运输队往龙陵战场运输给养

部署的变更来自于形势的变化。中国远征军之前的作战部署，即第 20 集团军为攻击军，第 11 集团军为防守军的军事计划已经泄露而被日军掌握。日军认为松山、龙陵暂时不会受到中国军队大规模攻击，高枕无忧，便将其精锐的第 56 师团主力全部集中在高黎贡山一线，利用险要地形阻击第 20 集团军，致使第 20 集团军攻击艰难，伤亡惨重。

日军掌握了中国远征军的作战部署的消息不久被中国方面的情报部门获悉，卫立煌连夜召集霍揆彰和宋希濂商讨对策，他们一致同意紧急变更作战部署，由第 11 集团军立即过江，向松山、龙陵方向攻击，实施“围魏救赵”之策。为慎重起见，卫立煌带着变更的计划直飞重庆面谒蒋介石，当面陈述并呈请批准。蒋介石担心阵前变更部署会引起混乱，产生不良效果。卫立煌给蒋介石立下军令状：“若失败，愿受军法处置!”

宋希濂遵照“秘密运动”的命令，交代各部队长，所有军车均在夜间闭灯行驶。各部队严格遵守，取得了很好的效果，直到渡江发起攻击时，日军才有所发觉，但为时已晚。

5 月 30 日前，第 11 集团第 71 军第 87、88 师和新编第 28 师，第 6 军新编第 39 师以及第 2 军的部分部队渡江完毕，分左右两翼向芒市和龙陵方向进攻。第 71 军第 87、88 师和新编第 28 师以及新编第 39 师为右翼，第 2 军王凌云部为左翼。右翼部队留新编第 28 师的第 82、83 团攻打松山，其他部队绕过松山向龙陵进攻。

6 月 4 日，第 88 师在胡家骥率领下占领了蚌渺，第 87 师在张绍勋率领下向猛兽推进。6 月 6 日，进抵龙陵东南老户蚌、太平子、长岭岗、麦子地、陡岩子一线，新编第 28 师第 84 团在鲁岂愚率领下占领了马放桥，切断龙陵—芒市公路。

6 月 8 日，第 87 师和第 88 师的主力部队开始向日军重兵防御的龙陵东南郊阵地进击，力图抢占猛连坡（猛岭坡），异常激烈的战斗打成了拉锯战，猛连坡阵地九次易主。第 88 师第 263 团团长傅碧人亲临一线参加战斗，身负重伤，犹不肯下火线，全团官兵伤亡 500 余人，直到下午 5 时才将该阵地完全攻克。

此后两天中，第 87、88 师在猛连坡大捷的鼓舞下，分路向龙陵城外的日军发起猛攻。第 88 师攻克广林坡、老东坡、风吹坡、三关坡；新编第 33 师杨宝谷部攻克云龙寺。

第 88 师攻克的以上“四坡”中，以老东坡阻力最大。

老东坡是在龙陵县城东郊的一座高山，三面皆是陡峭高坡，只有东北方面有一段稍缓的山坡。此山与县城间掘有“之”字形交通壕保持联系，控制着通向龙陵的公路。所以攻占龙陵之前，必须先占领此山。

第88师上下齐心，克服了气候条件不利、粮弹接济不上等困难，终于在6月9日晚上攻下老东坡。

第87师第260团先拿下龙陵东北方向的战略要点大坝，该师的其他部队得以长驱直入，随之是郝场、文笔坡和龙陵老城。

第88师拿下老东坡后乘胜前进，向龙陵城区进军，10日黎明之前已进入龙陵城区。

第87师占领了龙陵旧城，第88师进入龙陵新城区。这两支兄弟部队一支在先，一支在后，一支是完成时，一支是进行时，但在这里，第87师却因不了解龙陵地形和表功心切，犯了一个极大的错误，不但该师师长张绍勋犯了谎报军情之罪，也连累了宋希濂，使宋希濂受到长官和军界同仁的指责。

第87师于6月9日晚夜袭老龙陵城，一举成功。师长张绍勋不知龙陵有新旧城之分，新城才是必攻之地，就迫不及待地向宋希濂报捷。

宋希濂对第87师攻击龙陵城一举成功感到高兴，但龙陵重镇以第87师一师兵力轻而易举拿下，又使他感到有违常理。他便打电话给第88师指挥部。第88师师长胡家骥率部队攻城，不在指挥部，电话由副师长熊新民接听。熊新民回答宋希濂说：“本师已进入龙陵城区，正向市区纵深搜索扫荡。”

宋希濂这时更感到奇怪，怎么第88师也攻克了龙陵城？他进一步问熊新民：“贵师与87师会师了吗？”熊新民回答：

"情况不明，正由通讯连连接电话联系。"

宋希濂认为不管哪个部队先进城，总之龙陵已被攻克，可以直接先向重庆最高统帅部报捷，再报告卫立煌。

宋希濂部已收复龙陵的捷报一到重庆，蒋介石甚为高兴，也迫不及待责成新闻媒体立即报道。重庆国民政府中央广播电台马上播放这特大喜讯，《中央日报》连忙发"号外"报道这胜利消息。外电及其他新闻媒体也援引和转载。中外爱好和平和反法西斯的人们兴高采烈。

其时，豫湘战场中国军队屡屡战败，这胜利的消息的确能鼓舞士气和振奋人心，增强国人抗日必胜信心。

老天与宋希濂和张绍勋开了个玩笑。即在6月10日，龙陵新区里隐蔽在建筑下层的日军暗堡工事对疲惫不堪、正在四处"号房"休息的第88师官兵开火，中国军队猝不及防，暴露在日军火网中，死伤惨重，随后日军从暗堡工事冲出，组织反扑，第88师组织不及，建制混乱，形成不了战斗力，不久便败退出城。

第87师在龙陵旧城也遭到同样的命运。从腾冲驰援龙陵的日军先头部队首先赶到，与龙陵旧城守敌里应外合。第87师抵抗一番就败下阵来，狼狈逃出城外。6月13日始，从腾冲、芒市、象塘来援的连同龙陵周围的日军5000多人马向龙陵一带的中国军队猛攻，并沿缅滇公路进攻，企图解救松山之敌。中国军队虽遭新败，但不气馁，顽强地顶住日军的疯狂进攻，除丢失了龙陵城外围的些许阵地，往松山方向的阵地则死死守住，不让日军越雷池一步，使龙陵和松山之敌遥望阻隔的高山而兴叹。

宋希濂鉴于龙陵日军增加，即将麾下的第2军之第76师、第9师各一部调往龙陵，一切准备就绪，自己亲临前线指挥。6月28日，中国军队发起进攻。第87、88、76师和荣誉第1师各派出一个团，分四路向龙陵外围阵地突击，连克猛连坡、长岭岗、尖山寺、广林坡、老东坡、头道坡、红土坡等日军据点。日军抵挡不往，惊慌败退。中国军队乘势进占龙陵外围全部日军据点，收复第一轮进攻时的原有阵地。日军龟缩至龙陵城区。

战事稍停，善于总结经验的宋希濂召集前线各师部队长开会，总结检讨前阶段战斗经验。总结检讨中，与会者一致认为：第87师与第88师所犯的同一个错误，即部队攻进城后没有搜索扫荡城中之敌，没有部署警戒和防止敌人反攻的措施。第87师错误更多，即部队连进攻方向都搞不清楚，将古城当新城；不与友军联系又急于表功，虚报军情。

胡家骥和张绍勋都是黄埔五期步科毕业生，只不过不同队而已。胡家骥因自己的失误引咎辞职，其职由熊新民继任。张绍勋的心理压力更大，部队损失是一个重要方面；另一方面是因自已急于表功，虚报军情，导致宋希濂根据自己的报告上报，后来龙陵失守，蒋介石责怪于宋，外界对宋也激烈抨击，使宋尴尬无比。他觉得上对不起长官，下对不起袍泽，决心自裁，以谢天下。自裁之前，张绍勋留下遗书三封：一封致宋希濂总司令，向他道歉，说自己急于表功、误报军情，以致让长官受累；一封致全师将士，勉励继续奋勇杀敌；一封留给妻儿，安排后事。

张绍勋用手枪自戕，所幸子弹未中心脏，抢救及时得以脱险，送后方医院治疗。另一种说法是，在日军反扑时，张绍勋见本师伤亡惨重，无法挽回颓势而自戕，因手抖打偏而挽回一条命。

张绍勋的师长职务后由该师副师长黄炎继任。第87师和第88师师长继任者均为黄埔六期毕业生，前者湖南益阳人，后者湖南常德人，常德与益阳邻近，是湖南老乡。

第11集团军易帅，黄杰为龙陵战役做总结

当日军在滇西与中国远征军进行拉锯战时，其在缅甸战场的形势也大为不妙。日军在1944年3月发起的英帕尔战役遭到惨败，7月间从印度边境退入缅甸中南部，撤退途中病死饿死数以万计，遗尸满路，其惨状堪与1942年中国远征军第一路军队败走缅北丛林相比。回到缅甸目的地后，日军统计战死、病死和饿死以及失踪达5万多人。在孟拱河谷战役，日军也屡战屡败，陷入困境，失败只是时间问题。

日军十分讲究责任追究制。日本缅甸方面军司令官河边正三和第15军司令官牟田口均因战败被撤职。新上任的日军缅甸方面军司令官为木村兵太郎，他认为在缅北已无法阻挡中国驻印军的攻势，现在唯一的希望是在怒江西岸挡住中国远征军的攻势，以阻断中国和印度的地面联络。于是，木村兵太郎把刚从马来西亚赶到缅甸的第2师团主力紧急派到滇西，增强第33军的兵力。第33军司令官本多政材准确领会了缅甸方面军司令官木村兵太郎的意图，于7月上旬制订了代号为“断作战”的计划，其要点如下：

第一，军将主力集中于芒市周围，在龙陵方面击灭云南远征军之主力后，前出怒江一线，切断中印联络路线。

第二，第56师团要长期保持目前态势，在扣住云南远征军的同时，准备今后的攻势。

第三，第2师团首先集结在南坎附近，构筑工事，以佯攻欺骗敌人。待主力集中完毕后，利用夜间一举跃进芒市方面，与第56师团一起准备今后攻势。

第四，在第56师团和第2师团准备完毕后，尽快攻击龙陵周围。

本多政材这个“断作战”计划，充分体现在“断”字上，就是要切断滇缅路，阻止中国驻印军和中国远征军会合。

“断作战”计划聚焦龙陵，龙陵必定要成为这阶段的重要战场，双方主力云集于此，一场更血腥的大战不可避免。

日军方面的兵力有：龙陵地区的守军，从缅北归建的第56师团第146联队，从日本本土和台湾地区派来的充实到第56师团的2000多名补充兵，原在遮放作为机动兵力的第56师团一部约1000人，正昼夜兼程向南坎、芒市、龙陵之线进发的第2师团主力共两个半联队。本多政材则把第33军指挥部从缅甸境内前移至芒市。

中国远征军的兵力有：除了原来四个师，先后又增加了第5军第200师、第54军第36师和荣誉第1师。

卫立煌非常重视龙陵战事，据第71军直属山炮营第2连上士通信员、美军派驻第71军炮兵联络指挥部准尉王树勋回忆：1944年6月28日，卫立煌携同第71军军部少将姚梓繁和两名中央社的战地记者从保山马王屯到龙陵前线进行全面视察。

当晚11时前后，集团军司令部便将卫长官阵地布战的结果形成文件，指派专人分别送达各部队，主要内容为：

一、多方勘察，不惜一切代价地将敌在龙陵城筑有的各个重炮暗堡摧毁，以造就攻克龙陵的优势，加速对龙陵的攻克和固守。

二、不论何时何地遇到老百姓耕牛不准宰杀。

三、不论官兵，其伤在头部或腹部者，应及时送黄草坝，再用军用飞机转送保山抢救，除此均在战地野战医院治疗。

四、再不许互拉兵员补充本部兵额，对逃兵处决须经集团军审核，再经长官部批准。

五、捕获的汉奸、间谍，查明属实就地枪决。

从7月中旬至9月中旬，先后到达的中日双方部队以龙陵为核心在其周边一带展开激烈的争夺战，敌我双方你来我往，我来你往，互有胜负。其间，中国军队有的部队损失惨重，如新编第39师控制着龙（龙陵）芒（芒市）公路，它是日军由芒市向龙陵增援的必经之地，新编第39师首当其冲，至9月5日，全师仅存官兵100余名。

又如老东坡及其山顶营盘山的争夺战。前期，老东坡被中国远征军第88师攻克，后来日军反扑，老东坡又失守。8月下旬，新一轮的老东坡争夺战又拉开序幕。刚开始是敌守我攻。担任攻击部队的是新编第28师副师长、代师长王治熙率领的该师三个团。8月28日下午2时，新编第28师开始发起攻击，董惠率第83团，鲁岂愚率第84团，从左右两翼展开，攻击前进。黄文徽率第82团跟进。下午6时，新编第28师占领了老东坡和营盘山。不料，第84团防守的阵地当夜被日军偷袭，再次失守。王治熙大怒，命令鲁岂愚若不在四天内夺回阵地将被就地处决。9月3日下午2时，新编第28师再次发起进攻，下午6时占领了阵地。经过近一周的争夺战，新编第28师伤亡较重，只好退出战场休整。

9月15日，战局发生了变化。第200师投入战斗，第36师也从腾冲赶来，这两支生力军投入战场，在龙陵外围的日军抵挡不住，军心动摇，纷纷败退入龙陵城。

为了显示治军严厉和用人公正，蒋介石于1944年9月调宋希濂到重庆陆军大学受训，其职由第11集团军副总司令兼第6军军长黄杰代理。

黄杰受任于龙陵战事不顺之际，奉命于敌我相持之中，丝毫没有常人提拔升官的快乐。他觉得肩上的重担沉甸甸的，责任重大，一点马虎不得，否则会出大事，自己也会受惩罚，六年前坐牢的往事历历在目。

1938年5月21日，兰封战役拉开战幕。黄杰时任第8军军长，隶属第一战区（司令官程潜）第2兵团（司令官薛岳）的指挥序列，担任永城、夏邑、砀山一带的守备，以阻击商丘方面西犯的日军。第8军刚到归德，日军即从兰封（今兰考）附近渡黄河南进，开封吃紧，危及郑州。战局骤变，原部署也改变，第8军改为守备归德，归驻亳州的汤恩伯指挥。

6月6日，日军开始围攻归德，黄杰率第8军英勇抵抗。第8军损失惨重，又孤军无援。6月10日下午，黄杰万般无奈之下，几次用无线电与在郑州的蒋介石联系，拟报告归德战况和请示下一步事宜，电联未通。后联通了亳州的汤恩伯，汤同意第8军收缩战线向柳林河附近靠拢。

6月11日拂晓，归德全线被日军突破，第8军陷于东、北、南三面包围中。黄杰和汤恩伯的无线电联系亦中断，黄杰命第187师坚守归德三天。第二天，黄杰率军部及第40师后撤，亦命所辖第24师后撤。

归德撤军之后，经请示，黄杰的计划得到上级同意。6月12日，蒋介石从汉口发来电令着第8军撤至平汉路西襄城整训。不久，蒋介石下命令将黄杰撤职查办，罪名为擅自撤出归德。

后汤恩伯向蒋介石报告归德撤军经过，并主动承担责任，黄杰才免予查办，但被撤去第8军军长职务。黄杰为此被关进监狱近半个月。

黄杰一上任就非常用心，他决心减少伤亡，尽快结束龙陵战事，给龙陵战役写个完好的结束语。

黄杰马上召集各部队长，展开战术大讨论。他提出一个问题：为何中国远征军兵力数量不亚于日军，武器装备优胜于日军，却在进攻中付出如此重大伤亡？难道仅仅是日寇顽强吗？这问题的核心是战术，他要求各部队长讨论。

黄杰视察龙陵前线

各部队长根据渡江以来作战的经历及其战斗伤亡惨重的事实热议，提出许多宝贵的意见和建议，最后黄杰进行梳理总结，其经验教训及对策如下：

一、失败经验教训：一是轻敌冒进。全军官兵杀敌报国心切，得到了美械装备，又有了步、炮、空联合作战的新战术，便以为在装备上先进，火力上优胜，战术上翻新，就稳操胜券，忽视了对具体地形、具体战术的研究和总结运用，以致轻敌冒进。二是日军认真观察，努力思考，较快摸透我方作战规律。经过几次战斗，日军通过观察，甚至是血的教训，摸清了中国远征军的进攻作战规律。根据这种步、炮、空联合战术的作战方法，当中国远征军飞机、大炮轰击时，堡垒或阵地工事里的日军便转移到下层掩蔽部，等飞机远去，炮击停止，日军再从地下钻出来，对阵地之前的中国远征军步兵，使用猛烈的火力进行射杀。因为步兵进至敌阵地前 50 米内，中国远征军飞机、大炮便不能轰炸炮击。

二、对策。一是要改变过去呆板的步、炮、空联合作战的方法，采用虚虚实实、真真假假的打法来迷惑敌人，以多次轰炸疲劳日军后，步兵再发动进攻。二是要以不规律的炮

第 11 集团军攻打龙陵城并占领高地

击诱杀敌人，即每次炮击时，步兵按规律进展，当炮击停止后，步兵并不发动冲锋，而在原地等待几分钟，估计日军已从掩蔽部钻出，炮兵再度开火，使日军不及退避而被杀伤。如此反复数次，甚至十数次之后，步兵突然发动冲锋，使日军防不胜防。三是要把隐蔽在建筑物内堡垒工事里的日军，尽可能地引出城来消灭，避我巷战之短。

黄杰将战术讨论的情况报告卫立煌，卫立煌十分赞许。卫立煌还将前线新的作战办法告知美军联络官，要求美军联络官通知美国第十四航空队，要全力全天候地配合中国远征军的作战需要。

这些新的作战办法的正确性在随后的战场上得到了很好的验证。

1944 年 10 月 29 日，中国远征军在黄杰指挥下向龙陵发起第三次进攻。预备第 2 师攻下篱笆坡，第 36 师攻下三关坡，第 87 师攻下锅店塘坡，第 88 师攻下文笔村、赵家祠堂等处，荣誉第 1 师进入城区。

攻打市区之敌，荣誉第1师对有日军坚固堡垒的建筑物，采取用飞机或炮轰击和近距离爆破的办法。日军被困在堡垒里，中国远征军围而不攻。有的日军堡垒被中国远征军炮击掀起的泥土、瓦砾等物掩盖，里面的空气几乎不能流通，日军再也待不住了，被迫冲出来和中国远征军一拼死活。这正中中国远征军下怀。日军一出堡垒，中国远征军即从左、中、右三方面向敌射击。这种缓慢的耗敌法在龙陵城内持续了五天，直到11月3日才把据守龙陵城的日军大部歼灭。日军龙陵守备队队长小室钟太郎切腹自杀。

中国远征军开进龙陵城

清除龙陵城内残敌的同时，第88师在熊新民率领下沿途追剿向芒市方向逃窜的残敌，连续攻克团坡、张金坡、南天门、放马桥一线的日军阵地，到11月11日，龙陵全境之敌全被肃清。

回龙山一战定局，陈明仁蜚声中外

龙陵战役结束后，黄杰率第11集团军在第20集团军配合下乘胜追击，挥师沿着滇缅公路向中缅边境地区迅猛进攻，决心将日军残余部队彻底消灭在滇西的芒市、遮放和畹町一带，早日与中国驻印军会师。

中国远征军进军比较顺利。11 月 20 日拂晓，全部占领芒市；12 月 1 日，攻克遮放。

遮放既下，中国远征军继续南进。可能进军的速度不够快，让急于见到远征军和驻印军会师的蒋介石着急了。12 月 21 日，蒋介石下令："着远征军迅速攻击畹町之敌，限期占领。"

12 月 25 日，第 11 集团军下达了进攻畹町作战命令，要求友军第 53 军从左翼由龙川江西岸迂回畹町以南；第 6 军由西北向畹町攻击；第 2 军向畹町东南进攻；第 71 军为预备队。12 月 26 日，中国远征军在攻击畹町之北的回龙山遇挫。

回龙山位于畹町之北，遮放之东南，山势险要，系畹町的天然屏障。日军在山上修筑了坚固的工事，凭险固守，中国远征军几次强攻均未奏效。中国远征军从龙陵往南杀来，部队有一定的伤亡，连日行军作战，未及休整，疲惫不堪。黄杰想起了刚继钟彬提拔为第 71 军军长的陈明仁，调他率第 71 军攻打回龙山。

陈明仁当上军长是熬出来的。陈明仁也是较早当上中将师长的黄埔一期生，1933 年，任第 80 师中将师长。但他只懂得打仗，常常顶撞上司，故仕途曲折。他曾被贬为第 2 师师长黄杰的参谋长，后国民革命军组建预备第 2 师，他调任预备第 2 师师长。预备第 2 师原由贵州保安团编成，军事素质较差。但在陈明仁领导下，预备第 2 师迅速改变了旧貌，战斗力明显提高，曾在武汉会战的九江战斗中初露锋芒，受到蒋介石的表扬。

陈明仁对预备第 2 师情有独钟，曾为预备第 2 师番号被撤销奔走呼号，使预备第 2 师重新恢复番号。1941 年冬，预备第 2 师奉令开往云南，驻在昆明附近。当时另配有两个师和一部分炮兵归他指挥，论兵力相当于一个军的编制。国民政府军委会军政部却不将陈明仁提为军长，反而以陈明仁的部队军服质量差、军容不整和陈明仁穿士兵服参加重要军事会议为由，把陈明仁明升暗降为第71军副军长。陈明仁对此很不服气，找了路过昆明的蒋介石理论。在对话中，陈明仁实话实说，被蒋介石认为不讲尊卑，“顶撞和侮辱领袖”，要将他解到重庆惩办。这下子更激怒了陈明仁，他当场责问蒋介石：“我没犯罪为何要惩办?”并当场将中将领章扯下扔在蒋介石面前的办公桌上。经龙云、关麟征说情，蒋介石没有惩办陈明仁。陈明仁过后冷静下来，也认为自己脾气不好，顶撞领袖，实属有错，去找蒋介石认罪。他以为蒋介石要么拒见，要么会将他训斥一顿。不料，蒋介石却把陈明仁顶撞自己之事当作没有发生过，并对陈明仁勉励有加，这使陈明仁更加惭愧，对蒋感激涕零，回去屈就第71军副军长。

龙陵战役中的陈明仁

陈明仁是一位敢于攻坚克难的黄埔虎将。他在第二次东征攻打惠州城时，英勇善战，首先登城而崭露头角。在抗日战争中的几场战斗，他也表现不凡，得到蒋介石的嘉奖和同行的赞许。如今他熬出头了，终于当上军长，他暗暗下决心要亮一手给战友、部下及盟军看看。其时第71军在腾冲、松山、龙陵等战役中损失严重，正待休整。陈明仁不在乎这点。在第11集团军指挥所里，当美军联络官问及何时可以拿下回龙山时，陈明仁当即立下军令状：部队一天到达，一天接防，一天攻下回龙山。并提出要求：攻击当天，所有炮兵和空军必须由他统一指挥。

1945 年 1 月 8 日，陈明仁率第 71 军到达攻击位置，从第 9 师和第 200 师等部队手中接防阵地。陈明仁详细了解回龙山的敌情。其时，日军一个残缺的联队，以回龙山为中心，在三台山一线构筑坚固工事，形成环形防御阵地，控制着滇缅公路。陈明仁决定施行调虎离山和声东击西相结合的计策。

1 月 10 日早晨，陈明仁首先命令将手中掌握的 70 门大炮分出 30 门向三台山开炮，进行火力准备。同时出动 10 多架飞机在三台山上空盘旋轰炸。半小时后，命令佯攻部队向三台山发起进攻。日军以为中国远征军主力在三台山方面，便将其主力迅速转移到三台山方面。当日军主力离开回龙山后，中国远征军的一支部队悄悄地穿插到回龙山和三台山之间，切断日军彼此的联系。然后，陈明仁命令回龙山方面的 20 多架飞机出动，轮番轰炸回龙山高地，随后 40 多门大炮也向回龙山高地射击。紧接着步兵跟进。战至下午 4 时，第 88 师占领了回龙山主峰，后四处出击，扫荡残敌，并向三台山转进，与其他部队合击三台山之敌。当天，回龙山、三台山 800 余敌人被歼，100 余残敌向畹町逃窜。

此役有盟军观战和助战，他们交口称赞这一仗是“一部军事指挥艺术的杰作”，陈明仁不愧是“杰出的中国名将”，陈明仁因此蜚声中外。他自己对此役也颇为满意，认为是生平又一得意之作。九天之后，畹町被中国远征军攻克。1945 年 1 月 27 日，中国远征军和中国驻印军会师芒友。他们经过近三年的浴血奋战，发扬百折不挠和艰苦卓绝的精神，用热血和生命书写了中国远征军远征异国气壮山河的胜利篇章。

第八章　伟哉壮哉，中国远征军

掩卷静思——中国远征军第一路军失利之因

尽管中国驻印军的缅北反攻和中国远征军的滇西反攻取得辉煌的胜利，达到了中国最高统帅部的战略目的，但他们之前的中国远征军第一路军的失败是中国军队挥之不去的阴影。

中国远征军第一路军共有十万之众，其中有中国军队第一支装甲部队，有不少能征惯战、与日军多次交手的部队，名将更是不乏其人，具有坚强意志和报国之志的将士比比皆是。可是中国远征军第一路军坚而不久，败得很快，败得很惨。

关于中国远征军第一路军失败的原因，人们已做了许多探讨，得出了很多很有见地的见解，像作者署名为逍遥先生的《抗日战争期间中国远征军两次入缅作战评析》，黄汉光先生的《中国远征军滇缅战场抗日作战评价》，“宜宾零距离”网站“军事观察”栏目的《中国远征军入缅作战的历史背景》，网友沙龙“军事栏目”的《中国远征军对二战的影响》等，还有像中国远征军当事人杜聿明、郑洞国、孙立人、廖耀湘等人的回忆总结，等等。这些都给后来者的归纳总结以有意义的启发。

中国远征军第一路军入缅作战失利之因笔者认为有以下几方面：

第一，英国“老牌帝国主义”观念和自私自利习性作怪，为了一国一己利益不惜背信弃义，导致中国远征军在缅甸战场上失利和军事意图难以实现。

中国远征军入缅作战是响应英国的要求，与英国共同保卫缅甸，抵抗日军的侵略，同时符合中国人民抗日战争的民族利益，保护中国抗战物资供应交通线滇缅公路免遭日军的破坏。但是，缅甸是英国殖民地，当中国答应派兵进入缅甸作战时，英国又害怕缅甸失控，失去缅甸这个殖民地。早在1940年，日军不断南进，威胁到英国在东南亚的势力，英国开始考虑与中国的军事合作，这才有中印马考察团之行和李默庵赴密支那考察编练中英抗日突击队之事。之后，英国既未对中英共同防御着手准备，亦未同意中国军队入缅布防，使中国远征军失去了充分准备防御的时间，直到日军已攻陷马来西亚、新加坡、荷属东印度、菲律宾、泰国、香港等国家和地区兵临仰光之际，英国才给予明确的态度。但为时已晚，难以挽回颓势。仰光失陷之时，也是英军在北非战场吃紧之际。英国的战略是“先欧后亚”，决意放弃缅甸，确保印度，而中国的战略意图是收复仰光，确保滇缅公路畅通。但英国驻缅军还郑重其事地与中国方面制订共同防御和打击日军北犯的作战计划，当中国远征军忠实履行协议，不计牺牲阻击日军时，英国军队却为保存实力，退守印度，无心战斗，导致中国远征军右翼失守，掎角之势不存，让日军全力以赴攻击，失去了左右翼牵制日军、中路集中兵力围歼进攻之敌的有利时机，军事意图落空。

第二，多头领导导致领导班子成员矛盾重重，指挥系统零乱，难以集中落实作战计划。

在缅甸战区，作战部队有中国远征军第一路军、英国驻缅军、美国志愿队飞行队等，作战指挥机构有盟军中国战区最高统帅部、国民政府军委会参谋团、中国远征军第一路司令长官部、英国驻缅军总司令部。谁来统一指挥中英美盟国的军队？谁来统一指挥中国远征军？始终没有一个明确的、固定的、让中英美三方主要领导心悦诚服的说法。蒋介石为了掌控中国远征军，同时又顾虑到与英、美的关系，对亚历山大、史迪威、罗卓英、林蔚、杜聿明等高级指挥官都曾授予过全面指挥权，结果形成多头指挥，多个中心，最后是每个被授予指挥权的人的权威都受削弱受挑战，没有办法形成权力中心。这样还让中国远征军的指挥官们之间产生矛盾，特别是史迪威与拥有实权的杜聿明之间的矛盾尤为尖锐，这必然会导致指挥混乱、军令不一，决策难以集中，作战计划落实阻力重重。杜聿明不听从史迪威的命令，率第 5 军主力选择野人山热带原始丛林地区作为退却路线，就是一大实证。

当日军攻占腊戍、密支那等地，切断中国远征军回国退路后，史迪威命令中国远征军向西转移到印度，这是正确的指挥。史迪威在接他的飞机到来后，拒绝上飞机，并命令驾驶员海恩斯把他的一组参谋人员带到印度去组建一个临时司令部，自己则率领指挥部及各种勤杂人员 115 人徒步跋涉 16 天（一说 20 天），全部安全到达印度。新编第 38 师师长孙立人违抗杜聿明命令，在紧要关头率师主力果断突围，安全撤退到印度，保存了实力和基本的建制，得大于失。杜聿明却听从蒋介石从重庆发来的指示，令第 5 军主力在野人山热带雨林中行军，遭受了惨重损失。

第三，中国远征军顶层对敌情不明，设计失策，军力分散，导致无法实现作战计划和被敌分割包围，各个击破。

中国远征军顶层领导第一个作战目标是要在同古集结雄厚兵力，对先期到达缅甸，孤军冒进的日军第55师团进行包围作战，在对手主力增援之前将敌消灭，然后兵锋向西，与英军合围日军第33师团。从计划本身来看，没有什么不合理的地方。但实际情况却出乎意料，中国远征军第5、第6、第66军三个军迟迟未能在预定位置集结。中路同古方面，杜聿明指挥的机械化第5军原打算以第200师在正面，新编第22师、第96师为左右两翼合围歼灭日军第55师团。但当第200师已在同古与日军第55师团激战多日，新编第22师和第96师均未能赶到预定的位置。更糟糕的是，当日军增援部队第56师团、第18师团迅速加入第55师团作战时，中国远征军顶层领导以及在同古前线战斗的第200师竟然对敌情浑然不觉，使第200师反而陷入包围，孤军奋战，最后以重大伤亡为代价突出重围，幸免全军覆灭，但也遭受巨大损失，导致陷入被动。日军在同古击退中国远征军后，第56师团隐蔽而迅速移师东线侧翼。中国远征军曾在罗衣考、棠吉、雷列姆等地与日军交战，竟不知道对手是日军第56师团，它的战斗力足顶中国远征军的三个师。更可笑的是，中国远征军使用的军用地图居然没有标示从罗衣考、棠吉、雷列姆东线有一条公路可通腊戌，这条公路可供机械化部队运兵。日军正是利用这条公路发挥他们机械化部队的优势，奔袭腊戌，切断中国远征军归国之路，并夺取中国远征军的后勤供应基地。

第四，中国远征军的常规武器装备逊于敌方，严重影响战斗力和士气。

中国远征军第一路军辖三个军九个师，除了第 5 军和第 66 军新编第 38 师的武器装备比较好，其他部队的武器装备都逊色于日军。最致命的是中国远征军没有配备空军，中国空军在缅甸战场数量为零。只有少数英美盟军飞机在与数量巨大的日军飞机拼杀。《陈纳德回忆录》称，1942 年 3 月，“敌人在缅甸南部和泰国的基地分布着 14 个纵队，有飞机 420 到 500 架。与之相对的盟军只有 30 架可实战的战斗机和十几架布伦海姆式的轰炸机”。总之，中国远征军没有制空权。第二次世界大战处于机械化战争时代，常规作战的标准样式是空军与地面机械化部队结合，战争的基本规律即双方都是现代化坦克部队，没有制空权的一方必败。缅甸战场机械化程度与欧洲战场相比还有一段距离，大多数情况下，陆军交战仍以步兵为主，但制空权同样很重要。在对方没有密集强大的防空炮火的条件下，飞机可飞临对方阵地上空狂轰滥炸，来去自如，如入无人之境。飞机上扔下的炸弹以及机关枪的扫射能把对方阵地的火力摧毁，将其守备人员炸伤炸死，让自己的步兵攻击无阻碍，快速达到战斗的目的。飞机的狂轰滥炸，大量杀伤对方，也会让对方的官兵感到恐惧，产生怯战心理，削弱战斗力和战斗意志。

第五，中国远征军各部队战力参差不齐，有的部队长指挥无方，官兵战斗意志不强。

中国远征军三个军九个师的官兵素质和战斗经历各不相同。第 5 军第 200 师的官兵素质较高，战斗力强，新编第 22 师、新编第 38 师、第 96 师也不错，有些部队的素质及其战斗意志就比较差。第 6 军部署在东线，担任中国远征军左翼防护。第 6 军部署其所属暂编第 55 师沿毛奇公路担任主要防御，师长陈勉吾对日军在毛奇方向暗中集结兵力完全没有察觉，也没有认识到该师在防御地段的重要地位，疏于戒备。日军突然发动攻击，暂编第55师溃不成军，放开正面，回避战斗，丢失了关键阵地。第49师驻防地点过于分散，又缺乏机动部队，未予以及时救应，致使各守军被一一击破。第6军在战场东线迅速溃败，使战局出现严重后果。第66军的新编第28师和新编第29师本来战斗力就一般，其出国参战行动迟缓，军长张轸也缺乏主动性和预见性，在本军防守的区域，不善于借险要地形设防，未在重要城镇关卡设置重兵把守，而是逐次使用兵力，遇强敌便丧失战斗意志，以致有些部队望风而逃，一溃千里，使日军进入云南境内，连克畹町、遮放、芒市、龙陵要地，四天之内前进300千米。

第六，后勤保障乏力，交通运输跟不上，严重影响了远征军的军事行动。

后勤保障是保证战争能顺利进行的重要一环，交通运输是其重要内容。根据中英共同防御协定，中国远征军进入缅甸作战，应由英方提供铁路、公路运输车辆，并供给油料和部分食品。但是英方没有履行协定，中国远征军先头部队抵达同古时，后续部队由于没有运输车辆和油料，一直无法动弹。日军当时就已获悉“第200师已进驻同古附近，而其余部队主力尚未从云南进入缅甸”。由于运输没法及时支持，致使战线拉长，第5军置于300千米路程上，兵力不能集中，既不能攻，也不能守，焉谈得上聚歼日军先头部队？同古保卫战、彬文那会战、棠吉攻坚战都曾遇到因后勤跟不上而影响军事行动的问题。

第七，在异国作战，地形不熟，水土不服，无法实现“兵因地利而制权”的目的。

缅甸位于中南半岛西部，高山遍布，河流纵横交错，属热带雨林季风气候，受太平洋、印度洋气流双重影响，干湿季分明。其地形、气候对于绝大多数中国远征军将士来说，是一个全新的生态环境。部队进入这种环境，会因地形不熟和水土不服而影响士气和战斗力，继而失去驾驭战场的主动性和主导性。

第八，民众基础缺失，受骗缅民不断袭扰，严重暴露和影响中国远征军军事行动。

1812年英国开始入侵缅甸，逐步把缅甸变成它的殖民地。英国野蛮凶残地统治缅甸人民，缅甸人民对英国殖民主义者刻骨仇恨。日军侵入缅甸后，对缅甸人民进行“仇英”“仇中”的政治欺骗，许多缅人信以为真，助纣为虐，帮助日军刺探情报，袭扰中国远征军，破坏交通运输，等等。当中国远征军处于劣势，战场上失败溃逃时，缅人对中国远征军的加害与对英军的加害是一样的，甚至有过之而无不及。陈纳德回忆说：“当地的缅甸人像恶狼似的袭击着撤退的英国队伍。他们从丛林里发动攻击，把掉队的士兵干掉，抢掠并烧掉外国人的财产。他们发泄着在英国人统治80年中所积蓄的仇恨，沉浸在杀人放火的狂欢之中。”前期的缅人对待中国远征军的将士何尝不是这样呢？中国远征军处于异邦缅甸，几乎没有民众基础，又常处于缅人的敌视和骚扰下，其处境更加艰难，严重削弱了战斗力。

中国远征军第一路军失败原因的分析与总结，仁者见仁，智者见智，可能还有更有道理、更有见地的分析与总结。

中国自近代以来，遭受列强侵略，政治制度腐败落后，国家积贫积弱，列强一向瞧不起中国，联合中国抗日，是迫不得已，要求中国派兵到它的殖民地，它怎么会与你诚心合作，勠力同心，平等相待去抗日呢？这个时候与英国合作显然不妥。此谓天时不利。20世纪40年代初，世界法西斯势力最为猖獗，中国人民抗日战争正处于最为艰难的阶段，中国军队的装备及部队素质都落后于日军，中国自顾不暇，哪还有余力出国征战？此谓天时不利。

中国战时军事指挥当局官僚作风，缺乏深入细致的调查研究，对敌情不甚了了，连作战区域的地形地物也一知半解，没有做到知彼知己，又在人地生疏，气候水土全然不适的异国他乡作战，此谓地利不利也。

中国远征军顶层指挥系统庞杂混乱，多头领导，指挥权责混乱不清，顶层领导者之间矛盾重重，国家利益关系也夹杂其间，各有打算、各有想法，此谓之人和不利也。到异国作战打击法西斯侵略者，没有被异国民众认可，理解为正义之师，反而被视为侵略军而遭敌视，得不到民众的理解、拥护和支持，此也谓人和不利。

功在人类——中国远征军在世界反法西斯战争中的历史地位

中国远征军抗日战争是中国人民抗日战争的重要组成部分，也是世界反法西斯战争的组成部分。它与中国人民其他方面的抗日战争比较，更具有代表性。长期以来，西方有些学者对中国人民抗日战争在世界反法西斯战争中的作用是低估的，甚至是视而不见的，更不用说中国远征军了。英国军事历史学家利德尔·哈特在其被视为权威著作的《第二次世界大战战史》的“缅甸战场”部分里，几乎没有提及中国远征军。历史的真相永远不会被埋没，事实终究是事实，被歪曲的、被扭曲的终究会被公正的人们理顺和澄清。中国远征军抗日战争对于世界反法西斯战争有着深远的影响和重大的作用。

第一，中国远征军入缅作战，以牺牲自我和顾全大局的精神，英勇抵抗入侵缅甸的日军，掩护英军安全撤退到印度，缠住日军使之未能侵入印度，使英国能把防守印度的部分兵力和最先进的武器装备转移投入北非战场，并最后取得北非战场的胜利，进而扭转欧洲战场盟军艰难抗战的局面，最后改变欧洲战场反法西斯战争的趋势。

中国远征军出兵缅甸前夕，英军与德军隆美尔指挥的"非洲军团"在北非对决之战激烈进行。紧接着几个月里，英军在"非洲军团"频频攻击下，溃不成军，连失布鲁加港、班加西、昔兰尼加、托布鲁克等战略要地。德国凯塞林第四航空军团几乎毁灭了英国地中海空军基地马耳他，英军在北非丧失了制空权。1942 年 7 月，德军已越过埃及边境，直逼英军在北非的最后一道防线——阿拉曼防线。

在英美"先欧后亚"战略意图下，原定用于缅甸战场的现有的和根据租借法案由美国提供的坦克、重炮和飞机全部由美国紧急运输调往北非，北非战场形势顿时逆转，德军顿失制空权。在决定北非战场命运的阿拉曼会战中，英军发挥飞机和重炮优势，有力地打击德军。后以北非为跳板，不失时机地发动西西里登陆，打击德意日轴心国"柔软的腹部"，迫使正在苏联库尔斯克会战中节节胜利的德军撤出部分兵力到意大利和巴尔干西部另组军团，抗击英美联军。德军在库尔斯克战场的分兵改变了苏德战场的形势，使有利形势朝着苏军逆转，最后苏军取得库尔斯克会战的胜利。若没有中国远征军在缅甸的抗战，英军就没有办法在北非从容应战，取得在武器装备上优胜于德意联军的条件，最后打败北非德意联军，并影响欧洲战局。

第二，中国远征军入缅作战以及后来的反攻缅北和滇西反攻粉碎了日本、德国法西斯会师中东的战略意图，实现了盟军在远东地区的战略目标。

日本大本营在发动太平洋战争后，计划从缅甸进军印度、锡兰，进而与德军会师中东，使德、日、意法西斯势力汇成一片。日军侵占仰光后，立马向缅甸北进，即遭到中国远征军的强有力的阻击。在同古日军的先头部队还差点遭到中国远征军的围歼。后来，因种种原因，日军能得逞于一时，进展顺利，东北方向一直打到中国滇西怒江东岸，但其四个精锐师团第 18 师团、第 33 师团、第 55 师团和第 56 师团均陷入缅甸、滇西与中国远征军以及其他部队的战争泥潭中，不能脱身，更无力发起向缅甸、滇西之外地区的侵略战争，更谈不上向西经略一步。这样，其欲与德军会师中东的战略意图就胎死腹中。后来，日军缅甸方面军兵力拥有第 15、28、33 军七个师团（第 15、31、33 师团，第 54、55 师团，第 18、56 师团），方面军直辖部队三个师团（第 2、49、43 师团）以及独立混成旅第 24、105 旅团，其第 33 军的第 18、56 师团和方面军直辖部队的第 2、49、53 师团一部直接与中国远征军和中国驻印军作战。但这么多的部队被缠在以缅甸为中心的地区，动弹不得，这使英美盟军得以抽出身来，集中重兵在其他地区与日军及其他法西斯国家的军队作战。中国远征军在缅甸、滇西的行动、坚持、守望以及胜利，其实，正是盟军求之不得的，使它们在远东地区的战略目标得以实现。

日本侵略中国导致抗日战争爆发，战争爆发以来一段比较长的时期里英美等国对于中国人民抗日战争基本是隔岸观火，并采取“绥靖政策”，企图把日本的侵略战争战火引向东亚的其他大国。后来日军不断南进，英国才发觉其势力受到日军的威胁，美国也觉得这样发展下去其在太平洋西部的利益也要受到损失。直到这时，英美才感到中国人民抗日战争的作用。太平洋战争爆发后，英国和美国从日本的实力研判，单靠英美力量要打败日本是不可能的。而且英美的全球战略是“先欧后亚”。因此，英美在东方战场只能采取防守策略，要有人帮助撑着。英美看中了已与日本交战多年的中国，要中国坚持抗战牵制日军主力，消耗日军兵力和资源，以阻止日军西进印度和夺取澳大利亚以及太平洋其他地区，待欧洲战争结束后，再利用中国的人力和基地转入对日本的进攻。中国远征军入缅初战遭到挫折，但是从整个战略角度来看，它已初步实现了盟军在远东的战略意图。这对整个盟国的全局利益来说，可谓失之东隅，收之桑榆。

缅甸失守后，中国完全被日封锁，给盟军实现远东战略目标造成不利的影响。在这种情况下，盟军理应尽快打通援华交通线，保证对中国战略物资的供给，以便中国继续同日军作战。可是，盟军的英美却一头冷一头热，英国不断“踢皮球”，出难题，出尔反尔，使反攻缅甸计划热心者史迪威不断碰壁，其计划难以实施。早在 1942 年 7 月，史迪威就已经制订了反攻缅甸方案，要求中英美同时出兵收复缅甸，既让中国获得物资援助，又可获得由中国向日本反攻的路径。美国政府已认识到：“欲迫日投降，必须攻入日本本土；欲攻入日本本土，必须利用中国基地和人力；欲利用中国基地和人力，则必须打开中国通路，充实中国之军备。”所以，“水陆夹攻收回缅甸之战，并非亚洲之隅，实系欧洲与太平洋之全局”。但是，傲慢又短视的英国认为收复缅甸只是为保卫印度；收复缅甸，不必借助中国。英国的这种观点其实是别有用心和心怀鬼胎的。他们对自己感觉良好又自不量力，总认为：“中国并非战时必不可缺之伙伴，中国战后之强盛，或即大英帝国远东厄运之开始，维持中国战场虽亦不恶，但若因此便须大耗英国的物质与兵力，则似或不值。”

因此，1943 年 1 月英美两国巨头在摩洛哥卡萨布兰卡会议上讨论通过的收复缅甸的“安纳吉姆”计划，到了德黑兰会议时几乎全部告吹。

尽管英国怀有私心，不支持不配合反攻缅甸，但中国远征军还是根据盟国制订的反攻缅甸计划，于 1943 年春夏之交开始实施反攻缅北计划，并从滇西配合反攻，并于 1945 年年初收复缅北和打通滇缅路。在反攻中，中国驻印军和中国远征军歼灭了日军有生力量（基本上全歼第 18 师团和第 56 师团，重创第 2 师团和第 33 师团，并消灭了第 49 师团、第 53 师团和独立混成第 24 旅团各部），牵制了日本缅甸方面军的预备队，配合了盟军在太平洋战场及其他战场的对日作战，为同盟国最后战胜日本奠定了基础，完全实现了盟军在远东的战略目标。

第三，中国远征军出师缅甸保卫和打通了滇缅方向的国际交通线，保证了中国正面战场的战争持续能力，使中国抗日战场成为东亚抗日的主战场，牵制和消灭了日军，有力推动世界反法西斯战争的胜利。

中国远征军入缅作战先是保护了滇缅公路，使外援的战争物资得以不断地输入中国国内，后来中国驻印军反攻缅北又开辟新的交通线，继续将外援的战争物资运入中国国内。据统计，从开辟的中印公路“进入中国境内的车辆，平均每天有 80—100 辆，运输到境内的物资达 5 万余吨、1 万车次”。中印公路的开辟还附带铺设了一条时为世界最长的由印度加尔各答经孟加拉阿萨姆穿越缅北直通昆明的管径 6 英寸、长约 3000 余千米的输油管道，使油料源源不断输入中国。这些外援物资大大维持和增强了国民党军队战力，大大缓解了中国抗战的艰苦情形，从物质上强劲支持了国内战场的最后反攻。

中国远征军在缅作战，牵制了企图从西南进攻中国大后方一举击败中国的日军，对国内抗战局势起到一定捍卫和保障作用，避免了国民党正面战场的崩溃，稳定了国内抗日局面，也鼓舞了中国抗战军民的斗志。曾几何时，中国军队在豫湘桂战场屡战屡败，中国驻印军和中国远征军却在缅北、滇西节节胜利，捷报频传，两个战场形成鲜明对比。中国驻印军和中国远征军的胜利消息是何等鼓舞人心！中国战场作为东亚抗日的主战场中国军队坚持抗战，其意义重大。它消灭和牵制大量的日军，给予盟军在其他战场极大的减负，这对推动世界反法西斯战争的胜利的作用是巨大的。

提到中国远征军在世界反法西斯战争中的历史地位，若引用张维为在《澄清关于“自由、民主、人权”的认知盲点》一文的一段话也是恰当的。张维为说：“我们今天看到的一个比较文明的欧洲实际上是侥幸才保存下来的。这种侥幸包括了希特勒的纳粹德国还没有发明原子弹，包括了俄罗斯民族和中华民族为世界反法西斯战争所做出的巨大民族牺牲。中国人民艰苦卓绝的八年抗战，以3000万人伤亡的巨大民族牺牲捍卫了自己的独立，同时也帮助捍卫了欧洲文明。如果当时的中国政府，像一些欧洲‘民主’国家那样在法西斯进攻面前纷纷投降的话，日本法西斯早就可以轻易地拿下中国，然后与德国分进合击拿下苏联，再以中国和苏联的巨大资源为后盾称霸世界，欧洲文明还能保留多少？”最近，英国牛津大学中国研究中心主任拉纳·米特指出：“中国的抗日战争在二战中扮演了非常重要的角色，但西方对中国的角色仍知之甚少，这令我感到吃惊。”“如果中国在1938年屈服，那么此后几十年，亚洲的格局可能会完全不同，甚至不会有今天的亚洲，日本可能会借此称霸亚洲。”

其实，谈到中国在反法西斯战争中的重要作用，时任美国总统罗斯福早就指出："假如没有中国，假如中国被打垮了，你想一想有多少师团的日本兵可以因此调到其他方面来作战？他们可以马上打下澳洲，打下印度……他们并且可以一直冲向中东……和德国配合起来，举行一个大规模的夹击，在近东会师，把俄国完全隔离起来，割吞埃及，斩断通过地中海的一切交通线。"

通过以上张维为和米特的看法以及罗斯福的观点，中国远征军，中国人民抗日战争，世界反法西斯战争的逻辑关系不就一目了然了吗？但是，时至今日，中国人民为世界反法西斯事业所做出的巨大民族牺牲，在西方还远远没有得到承认，更何况中国远征军呢？这值得中国人民以及公正的人们的深思和奋起呼吁，还中国人民及远征军将士一个公道！

中流砥柱——中国远征军中的黄埔生将领之作用

从以上我们可以看到，中国远征军第一路军、中国驻印军和重组的中国远征军等部队序列中，团级（包含少数副团级）以上干部黄埔军校正期毕业生居多，据不完全统计，中国远征军第一路军有 58 人，其中军级干部 3 人（杜聿明、甘丽初、成刚），师长 6 人（戴安澜、廖耀湘、彭璧生、吕国铨、刘伯龙、马维骥）；中国驻印军有 62 人，其中军长以上 2 人（郑洞国、廖耀湘），师长 6 人（李涛、李鸿、胡素、唐守治、龙天武、潘裕昆）；重组的中国远征军有 96 人，其中集团军总司令 3 人（宋希濂、霍揆彰、黄杰）；集团军副总司令 3 人（黄杰、梁华盛、方天），军长 8 人（黄杰、史宏烈、钟彬、陈明仁、方天、阙汉骞、何绍周、李弥）；师长 15 人（张金廷、陈克非、杨宝谷、顾葆裕、张绍勋、黄炎、胡家骥、熊新民、刘又军、李志鹏、熊绶春、汪波、高吉人、罗友伦、廖慷）。三支部队的团以上干部黄埔生将领总共216人（已扣掉两次投入战场，即第一路军后留印度参加中国驻印军或回国参加重组的远征军的重复计算数）。不管是从三支部队团以上干部总数看，还是从在部队中的职位看，黄埔生将领都举足轻重，占了很大的比重和很重要的位置。

1938年6月，国民政府军委会武汉行营会议决定，改原以师为战略单位为以军为战略单位。从1939年年初起，国民政府军委会废除兵团、军团两级，并决定废除旅级，部队实行“三三制”，即一军三师、一师三团、一团三营，以此类推。团级以上干部可谓是部队中的重要干部，其部队长位高权重，他们制订和实施作战计划，指挥部队作战，在部队中举足轻重，是战场上最为重要的力量。其他团级以上军官或担任参谋幕僚为部队长出谋划策，运筹帷幄，掌管司令部内务及其部队训练；或担任助手参赞戎机，与主官共赴战场，督阵指挥，替补主官率部冲锋陷阵；或主掌其他兵种部队，配合支撑步兵，共赴战场，一起杀敌；或协助主官在有关部门负责其他后勤管理工作，维护部队工作的正常运转；等等。他们也是战场上重要的指挥力量和不可或缺的配角。

总之，在经济文化落后的近代中国，中国远征军中团以上的黄埔生将领以他们得天独厚的军事综合知识和丰富的战争战斗经验，在中国人民抗日反侵略战争中借用他们捷足先登的指挥平台，发扬“亲爱精诚、团结合作、卫国爱民、不怕牺牲”的精神，在收复缅甸、反攻缅北和反攻滇西等战斗中，发挥了一般军人无法取代的作用，为战争的胜利做出他们应有的贡献。

在战场上，中国远征军中的黄埔生将领表现出爱国豪情壮志，其巨大的感染力和煽动力激发了广大官兵的爱国热情，使他们在战场上不畏强敌凶寇，英勇作战，视死如归。

在战场上，中国远征军中的黄埔生将领以身作则，爱国坚强，有进无退，不怕艰难，敢于献身，不仅影响战局朝着有利方向发展，而且也激励着广大官兵的战斗意志，使他们与长官一样，勇敢顽强，英勇杀敌。

戴安澜、胡义宾、凌则民、柳树人、陈海泉、李颐等均为师团部队长，亲临前线，身冒矢石，在战斗中英勇牺牲。闵季连、李竹林、张剑虹、唐铁成也相继在前线后方为国捐躯。李弥在松山战役受何绍周的委托，亲临前线指挥作战，连续几昼夜泡在前沿指挥所，废寝忘食劳作过度，战斗结束后已筋疲力尽，浑身乏力，是被卫兵架着从松山走下来的。团长这一层级的部队长如吴心庄、李颐、方诚、周藩、赵发毕、王光炜、田仲达、廖定藩、黄文徽、董惠、麦劲东等都是亲自冲锋陷阵，许多人负伤不下火线，还率部继续战斗。

他们的身先士卒感动了广大官兵，广大官兵也不甘落后，不怕牺牲，奋勇杀敌，许多官兵也与他们长官一样牺牲在战场上。

部队长以身作则，冲锋在前，给部下带来的是无尚的勇敢和无畏的力量，战斗力的提升是显而易见的，从而也推动了胜利的早日到来。

在收复缅甸、缅北反攻和滇西反攻等战斗中，正是这群黄埔生将领指挥作战，在战斗中以身作则，勇敢顽强，激励和影响中国远征军广大官兵，才出现了宋希濂所介绍的情景："向筑有坚固据点的敌人施行攻击，伤亡累累，但是官兵前赴后继，奋勇直前，绝不退缩。当时在场的美国联络参谋组组长吴德上校对我说：'困苦的精神和作战的勇敢，都是世界上少有的。'"

正是这群黄埔生在战斗中充分发挥先锋模范作用，中国远征军广大官兵在他们鼓舞和带动下，才充分表现着骁勇善战、不怕牺牲的英雄气概，破灭了日军不可战胜的神话，用佳绩向世界展示中国军队具有较强的作战能力。在同古之战中，戴安澜为坚守同古城立下遗嘱，誓要战死沙场，全师上下均效仿之。第200师的顽强抵抗，使日军认为："第55师团自代库北进以来，在屋敦（鄂克春）还是第一次与强敌相遇。"松山战役中，由于日军经营时间长，中国军队先后发起九次攻击，轮替了四个师的部队参战，最后以伤亡万余人的高昂代价全歼守敌，其战斗之惨烈，被对手认为是第二次世界大战亚洲战场上的"玉碎之战"。

中国远征军的顽强作风和骄人战绩曾获得盟国的高度评价，被盟军认为是一支"世界上少有的军队"。

曾经参加缅北作战的美军上校布朗这样说道："中国军队是我看到的最勇敢的军队，我必须向他们脱帽致敬。"他还表示"我愿意追随他们到任何地方"。

作为缅北战役总指挥的史迪威将军也赞赏中国驻印军是"世界上最好的士兵"。

1944年11月的美国《皇冠》杂志曾这样评价："中国军队是世界上最优秀的军队，缅北战役表现出中国军队忍受无限艰难的伟大，是世界任何军队都望尘莫及的。"

中国远征军中的黄埔生将领为中国军队赢得这些正面的评价居其首功!

中国远征军黄埔生将领简介表

1．中国远征军第一路军

姓　名	籍　贯	出生年份	期别	职　务	抗战后主要经历（部分在抗战中牺牲）
杜聿明	陕西米脂	1904 年	1	中国远征军第一路军副司令长官、第 5 军军长	徐州“剿总”中将副总司令，被中国人民解放军俘虏，特赦，后任全国政协常委，1981 年病逝
甘丽初	广西容县	1901 年	1	第 6 军军长	桂林绥靖公署副主任，新中国成立后，率残部继续抵抗，1950 年 10 月被中国人民解放军击毙
张　朴	云南云陇	1900 年	4	司令长官部政治部督察专员	退役，加入农工党，任武汉市政府参事，1968 年病逝
陈采夫	湖南临澧	1905 年	3	司令长官部美军顾问组组长	湖南第四区保安司令官，参加湖南和平起义，任湖南省水利厅副厅长，1958 年病逝
萧毓麟	广东梅县	1904 年	3	军委会驻远征军司令长官部观察组副组长	粤东师管区司令，1949 年赴台，1956 年逝世
王晏清	湖南永兴	1910 年	6	司令长官部参谋处处长	第 45 军第 97 师少将师长，1949 年率部起义，任南京市政协副主席，1992 年病逝
林荫根	广东蕉岭	1905 年	3	司令长官部副官处处长	广东第八区保安司令，1950 年去世
侯　腾	湖北黄陂	1907 年	6	司令长官部联络处处长	台湾“国防”大学校长，1958 年赴美，1963 年病逝

（续表）

姓　名	籍　贯	出生年份	期别	职　务	抗战后主要经历（部分在抗战中牺牲）
张洁之	四川彭山	1910 年	6	独立第 7 团团长	新编第 5 军第 22 师师长，1947 年在吉林与中国人民解放军作战，兵败自杀
罗友伦	广东梅县	1905 年	7	第 5 军参谋长	台湾“总统府”上将战略顾问，1994 年逝世
欧阳春圃	江西吉安	1905 年	7	第 5 军参谋长	青年军第 26 师代参谋长
车蕃如	贵州贵阳	1910 年	7	第 5 军参谋处处长	贵州绥靖公署参谋长，赴台
李汉萍	湖北汉阳	1908 年	6	第 5 军参谋处处长	徐州“剿总”第二兵团司令部少将参谋长，被中国人民解放军俘虏，1972 年去世
张剑虹	安徽凤台	1902 年	3	第 5 军少将高参	1942 年 6 月在野人山殉国
吴惕园	湖南安化	1901 年	4	第 5 军副官处长	陆军总部第二总库库长，亲共被捕，1963 年在长沙病逝
戴安澜	安徽无为	1904 年	3	第 200 师师长	1942 年 5 月 26 日在缅北茅邦村牺牲
高吉人	陕西靖边	1902 年	4	第 200 师副师长	第 5 军军长，赴台，1979 年病逝
李毓南	湖南资兴	1903 年	5	第 200 师副师长	青年军第 208 师师长，赴台，1974 年逝世
郑庭笈	海南文昌	1906 年	5	第 598 团团长	第 49 军军长，在辽沈战役被中国人民解放军俘虏，后任全国政协第七届委员

（续表）

姓　名	籍　贯	出生年份	期别	职　务	抗战后主要经历（部分在抗战中牺牲）
柳树人	贵州安顺	1906 年	5	第 599 团团长	1942 年 5 月 18 日在缅北牺牲
麻心全	湖南永绥	1905 年	8	第 600 团团长	赴台，陆军中将，1965 年逝世
黄景升	江西石城	1911 年	8	第 598 团副团长	1942 年 3 月 22 日在鄂克春牺牲
陈辅汉	湖南新化	1902 年	7	第 598 团副团长	第 5 军第 46 师少将师长，所部在淮海战役被歼
廖耀湘	湖南邵阳	1906 年	6	新编第 22 师师长	第九兵团中将司令官，在辽沈战役被俘，后任全国政协第四届委员，1968 年病逝
李　涛	湖南邵阳	1901 年	6	新编第 22 师副师长	新编第 6 军中将军长，在辽沈战役被中国人民解放军俘虏，1957 年逝世
刘建章	湖南邵阳	1907 年	6	第 64 团团长、师参谋长	新 6 军副军长，1950 年由港赴台
陈膺华	湖南宝庆	1912 年	8	第 65 团副团长 第 66 团团长	第 86 军第 293 师师长，在平津战役被中国人民解放军俘虏，1960 年病逝
胡义宾	江西兴国	1906 年	3	第 96 师副师长	1942 年 7 月 2 日在七里通牺牲
蔡　略	湖北监利	1910 年	6	第 96 师参谋主任	第 96 师副师长，1945 年病逝
凌则民	湖南平江	1911 年	6	第 288 团团长	1942 年 4 月 21 日在也真牺牲

（续表）

姓　名	籍　贯	出生年份	期别	职　务	抗战后主要经历（部分在抗战中牺牲）
陈启銮	浙江临海	1917 年	13	第 288 团代团长	少将高参，1949 年 6 月在家乡被俘，1990 年在香港病逝
戴戎光	江苏阜宁	1904 年	6	第 96 师炮兵团团长	江阴要塞司令部少将司令，1949 年起义，1965 年逝世
黄　翔	湖北长阳	1904 年	7	第 5 军游击支队司令	第 92 军军长，参加北平和平起义
胡献群	江西南昌	1905 年	6	第 5 军装甲团团长	陆军总司令部副参谋长，赴台，1966 年逝世
萧平波	湖南浏阳	1907 年	6	第 5 军机械化骑兵团团长	中央军校步兵科少将总队长，1949 年 12 月率部起义，任江苏省政协文史委副主任，1985 年逝世
洪世寿	安徽巢县	1906 年	3	第 5 军汽车团团长	
文蔚雄	湖南醴陵	1905 年	4	第 5 军补充旅炮兵主任	第一兵团副参谋长，参加长沙和平起义，任湖北省政协委员
苏维中	江西宜春	1908 年	8	第 5 军干训大队大队长	第 88 军第 313 师师长，赴台
彭璧生	湖南蓝山	1907 年	7	第 6 军第 49 师师长	湖南零道师管区少将司令
梁　筠	江西泰和	1908 年	7	第 49 师第 146 团团长	冀热辽边区司令部副参谋长
吕国铨	广西容县	1903 年	2	第 6 军第 93 师师长	第 26 军军长，1952 年由缅甸赴台，1983 年逝世
彭佐熙	广东罗定	1900 年	2	第 93 师副师长兼政治部主任	第 8 兵团副司令兼第 26 军军长，赴台，1986 年逝世

（续表）

姓　名	籍　贯	出生年份	期别	职　务	抗战后主要经历（部分在抗战中牺牲）
李友尚	广东罗定	1904 年	4	第 93 师第 277 团团长	整编第 96 军参谋长，1948 年 4 月在山东潍县被中国人民解放军俘虏
朱谔臣	广东台山	1904 年	4	第 93 师第 279 团团长	
梁栋新	广西容县	1905 年	5	第 6 军暂编第 55 师副师长	赴台，台湾“邮政总局”顾问，1973 年病逝
李文伦	广东新会	1909 年	7	第 6 军暂编第 55 师第 3 团团长	第 18 军第 18 师参谋长
成　刚	湖南湘潭	1904 年	2	第 66 军副军长	第 102 军中将军长，列名湖南和平起义又率部叛逃，1954 年经越南赴台，1964 年逝世
刘伯龙	贵州龙里	1905 年	3	第 66 军新编第 28 师师长	第 89 军军长，1949 年被谷正伦枪杀
刘济瀛	湖南长沙	1901 年	4	新编第 28 师副师长	1949 年随西安自卫总队起义，策反胡宗南等被害
胡国泽	四川成都	1903 年	3	新编第 28 师副师长	第 365 师师长，1949 年 12 月率部在成都起义，1964 年病逝
何　卓	湖南宁远	1904 年	6	新编第 28 师副师长兼政治部主任	第 86 军第 26 师副师长，1949 年参加湖南和平起义，任呼伦贝尔盟札兰屯市政协副主席
马维骥	四川新都	1904 年	2	第 66 军新编第 29 师师长	1948 年当选第一届国民大会代表
何树屏	四川江津	1899 年	5	新编第 29 师第 86 团团长	

（续表）

姓　名	籍　贯	出生年份	期别	职　务	抗战后主要经历（部分在抗战中牺牲）
陈海泉	湖南安化	1906 年	6	新编第 29 师第 87 团团长	1942 年 5 月 2 日在缅甸古开城作战牺牲
唐守治	湖南零陵	1907 年	5	新编第 38 师副师长	赴台，“总政治作战部”主任，二级上将，1975 年病逝
何钧衡	河北沧县	1905 年	7	第 66 军新编第 38 师参谋长	国防部平津运输司令部少将副司令，1949 年参加北平和平起义，任杭州市政协委员
陈鸣人	上海金山	1909 年	7	新编第 38 师第 112 团团长	新编第 7 军新编第 38 师师长，1948 年 10 月在长春投诚，赴台，1984 年病逝
刘放吾	湖南桂阳	1908 年	6	新编第 38 师第 113 团团长	新编第 7 军少将高参，1948 年赴台，任“中央”军校第四军军官训练大队大队长，1994 年在美国逝世
李　鸿	湖南湘阴	1903 年	5	新编第 38 师第 114 团团长	新编第 7 军中将军长，1948 年 10 月长春投城，后赴台，1988 年病逝

2．中国驻印军

姓　名	籍　贯	出生年份	期别	职　务	抗战后主要经历（部分在抗战中牺牲）
郑洞国	湖南石门	1903 年	1	中国驻印军新编第 1 军军长、副总指挥	东北“剿总”副总司令兼第一兵团司令官，在辽沈战役投诚，任全国政协第七届常委

（续表）

姓　名	籍　贯	出生年份	期别	职　务	抗战后主要经历（部分在抗战中牺牲）
温佐慈	广东大埔	1906 年	4	总指挥部副参谋长	海南防卫总司令部副总司令，辞职赴澳门，后移居日内瓦，教授，1990 逝世
龙国钧	湖南长沙	1906 年	6	新编第 1 军副参谋长	新编第 7 军少将参谋长，1948 年 10 月在长春投诚，1974 年在广州病逝
刘措宜	湖南邵阳	1909 年	6	炮兵第 5 团团长	国防部第一署第二处处长，1949 年年底被中国人民解放军俘虏，后定居南京
吴渊明	江西宁冈	1908 年	8	炮兵团团长	青年军第 20 师少将副师长兼参谋长，1949 年赴台
侯志磬	广东梅县	1905 年	7	炮兵第 12 团团长	第 19 军第 45 师师长
林荫根	广东蕉岭	1905 年	3	司令长官部副官处长	广东第八区保安司令，1950 年去世
曹聚义	浙江兰溪	1909 年	6	汽车兵第 6 团团长	联勤总部副指挥，1949 年 4 月起义，任南京市政协委员，2000 年逝世
简　立			6	汽车兵暂编第 1 团团长	
黄占魁			8	汽车兵暂编第 2 团团长	
曹开谏	江苏盐城	1911 年	8	辎重兵团团长	海军第三军区司令部少将司令，赴台，“海军总司令部”副参谋长，1981 年逝世
李乐中	山东高唐	1908 年	4	工兵第 10 团团长	1948 年 9 月授少将军衔

（续表）

姓　名	籍　贯	出生年份	期别	职　务	抗战后主要经历（部分在抗战中牺牲）
赵振宇	河南商城	1912 年	8	战车营副指挥官	赴台，第 1 军第 58 师少将师长
罗永年	广东南海	1909 年	6	新编第 22 师政治部主任	鞍山市市长，1948 年 2 月在鞍山战役中被中国人民解放军击毙
赵　霞	湖南沅江	1907 年	6	新编第 22 师副师长兼政治部主任	第二编练司令部副司令，赴台
金柏源	浙江诸暨	1911 年	10	新编第 22 师参谋主任	浙江省保安司令部少将副司令
罗先致	福建连城	1904 年	7	师炮兵组指挥官	第 86 军第 284 师师长，1949 年 1 月 15 日在天津被俘
游公弼	四川资中	1911 年	9	师炮兵组副指挥官	
熊　杰	湖南湘潭	1907 年	6	第 64 团团长	第 9 兵团副参谋长，1948 年 10 月从沈阳撤走
赵　照	湖南宝庆	1901 年	4	第 64 团副团长	
傅宗良	湖南岳阳	1906 年	6	第 65 团团长	少将副军长，1948 年 10 月从沈阳撤走
李定一	湖南永兴	1910 年	9	第 65 团团长	辽沈战役被俘，赴台，马祖防卫司令部中将司令
罗　英	湖南华容	1904 年	8	第 65 团副团长	新编第 6 军第 22 师师长，1948 年 10 月在辽西被俘
汪君勃	安徽六安		6	第 66 团副团长	第 9 兵团第 12 军第 89 师少将副师长
胡　素	江西清江	1899 年	1	新编第 30 师师长	赴台，第十二兵团副司令官，1978 年病逝

（续表）

姓　名	籍　贯	出生年份	期别	职　务	抗战后主要经历（部分在抗战中牺牲）
陈绍恒	云南镇雄		广东分校	新编第 30 师副师长	第 125 军第 362 师少将，1949 年 12 月在广西灵山投诚
吴行中	贵州平坝	1908 年	6	新编第 30 师参谋长	第 19 兵团少将高参，1949 年 12 月在贵州普安起义，贵州政协常委，1995 年病逝
唐伯三	湖南常宁	1906 年	6	新编第 30 师参谋长	第 30 师代师长，1949 年被中国人民解放军俘虏
杨　毅	广东惠州	1906 年	5	新编第 30 师第 88 团团长	
王公略	江西万安	1904 年	4	新编第 30 师第 89 团团长	
陈星樵	四川营山	1903 年	8	新编第 30 师第 90 团团长	第 49 军第 79 师副师长兼参谋长
唐永康	湖南资兴	1905 年	6	新编第 30 师炮兵组指挥官	
蒋　桐	浙江金华	1915 年	10	新编第 30 师炮兵组副指挥官	
龙天武	湖南石门	1905 年	5	第 14 师师长	南京卫戍司令，赴台，1983 年逝世
许　颖	湖北沔阳	1904 年	6	第 14 师副师长	新编第 3 军第 14 师师长，1948 年 10 月在辽西被中国人民解放军俘虏
梁铁豹	湖南耒阳	1904 年	5	第 14 师参谋长	新编第 3 军暂编第 59 师少将师长，1948 年 10 月在辽西投诚，1952 年去世

（续表）

姓　名	籍　贯	出生年份	期别	职　务	抗战后主要经历（部分在抗战中牺牲）
王启端	湖南资兴	1912 年	7	第 40 团团长	赴台，第二兵团中将副司令
龚益智	湖南长沙		7	第 41 团团长	
宁　伟	湖南邵东	1909 年	7	第 42 团团长	第 14 师副师长，1948 年 10 月在长春投诚，1992 年逝世
王家峻	湖北孝感	1911 年	7	第 14 师炮兵指挥官	第 93 军高参，1949 年随张轸起义，1990 年逝世
潘裕昆	湖南浏阳	1906 年	4	第 50 师师长	新编第 1 军军长，辽沈战役后去港，发表起义声明，1982 年逝世
谢树辉	四川简阳	1903 年	6	第 50 师副师长	新编第 1 军暂编第 53 师副师长，1948 年 10 月在东北起义，1965 年逝世
王大中	四川永川	1911 年	10	第 148 团团长	第 95 军少将参谋长，1949 年 12 月在四川起义，1987 年逝世
罗锡畴	湖南双峰	1902 年	7	第 149 团团长	第 14 师少将师长，赴台，退役到马祖中学任教
黄春城	湖南邵阳	1902 年	6	第 150 团团长	1944 年密支那战役中被撤职回国，后情不详
史　说	浙江富阳	1910 年	6	新编第 1 军参谋长	新编第 7 军副军长，1948 年 10 月在长春投诚，任上海市政府参事室主任、全国政协第七届常委，1994 年病逝

（续表）

姓　名	籍　贯	出生年份	期别	职　务	抗战后主要经历（部分在抗战中牺牲）
文小三	湖南沅江	1908 年	6	新编第 30 师副师长	新编第 1 军副军长兼新编第 30 师师长，在辽沈战役被中国人民解放军俘虏
邓士富	广东汕头	1900 年	2	新编第 38 师副师长	新编第 7 军暂编第 61 师，1948 年 10 月在长春被中国人民解放军俘虏
彭克立	湖南望城	1910 年	9	新编第 38 师第 114 团团长	新编第 7 军新编第 38 师少将副师长，1948 年 10 月在长春投诚，后赴台被捕，1988 年回大陆长沙定居，任湖南省政府参事
郭　彦	四川隆昌	1906 年	6	新编第 22 师副师长	赴台，国防部机械兵司司长，中将退役
李申之	湖南宝庆	1901 年	6	新编第 22 师炮兵指挥官 总指挥部副参谋长	联勤总部物资处少将处长，赴台
段麓荪	湖南南县	1907 年	6	第 50 师参谋长	在辽沈战役中被中国人民解放军俘虏，定居长沙，21 世纪初逝世
彭战存	江西萍乡	1902 年	4	第 14 师副师长	金门防守司令部副司令官，陆军中将，1971 年逝世
向军次	湖南石门	1906 年	5	驻印军训练处处长	国防部机械化兵司少将副司长，赴台
王公亮	四川叙永	1901 年	1	驻印军训练监督官	西南第六纵队中将司令，1949 年 12 月参加成都起义，1972 年逝世

（续表）

姓　名	籍　贯	出生年份	期别	职　务	抗战后主要经历（部分在抗战中牺牲）
景云增	河北易县	1911 年	9	驻印军军务处处长	
王志鹏	浙江黄岩	1904 年	2	驻印军军务处科长	1948 年少将退役，任上海市政府参事、徐汇区政协委员
李荫柏	湖南湘乡	1906 年	7	驻印军副官处处长	
席代瑜	湖南永州	1906 年	4	驻印军战车团团长	陆军装甲兵学校少将教育长，赴台，1978 年逝世
唐铁成	湖南永州	1905 年	6	驻印军战车训练班副主任	1944 年在印度牺牲
李汉冲	广州梅县	1908 年	7	驻印军总指挥部作战参谋	福建省第三“清剿”区指挥官，1949 年 5 月在闽西起义，任广东省林业厅副厅长，1972 年病逝
柏　园	湖南宁远	1903 年	8	驻印军军事代表团成员	1945 年赴台，要塞炮兵学校少将班主任，1972 年逝世

3．重组的中国远征军

姓　名	籍　贯	出生年份	期别	职　务	抗战后主要经历（部分在抗战中牺牲）
宋希濂	湖南湘乡	1906 年	1	第 11 集团军总司令	华中“剿总”中将副总司令兼第十四兵团司令，1949 年 12 月在四川被中国人民解放军俘虏，作为战犯接受改造。任全国政协第七届常委，1993 年病逝
黄　杰	湖南长沙	1901 年	1	第 11 集团军代总司令	赴台，“国防部”部长，国民党中常委

（续表）

姓　名	籍　贯	出生年份	期别	职　务	抗战后主要经历（部分在抗战中牺牲）
钟　松	浙江松阳	1900 年	1	第 2 军副军长	第 5 兵团副司令官，赴台，“行政院”侨务委员，后定居荷兰，1981 年病逝
张金廷	山东高密	1905 年	3	第 2 军副军长，第 9 师师长	华中“剿总”第十三绥靖区副司令长官，赴台，1978 年逝世
陈克非	浙江天台	1903 年	5	第 2 军第 9 师师长	第二十兵团司令，1949 年 12 月在成都起义，任湖北省政协常委，1966 年逝世
朱学孔	四川邛崃	1902 年	5	第 9 师副师长	“国防部”政工局人事室主任，赴台，1995 年逝世
蒋治英	湖南新田	1905 年	6	第 9 师参谋长	第 2 军第 9 师师长，1949 年 12 月劝说陈克非起义，任湖南省政协委员，1989 年逝世
李剑霜	山东广饶	1901 年	3	第 9 师第 25 团团长	第 2 军第 164 师长，1949 年 12 月在云南镇雄起义，任山东省政协委员，1971 年逝世
邱　健	广东郁南		7	第 9 师第 26 团团长	第 15 军第 64 师少将师长，1949 年 12 月在四川起义，任四川省人民政府参事
刘　平	湖南湘潭	1908 年	4	第 76 师师长	第 15 军军长，1949 年 12 月在四川郫县起义，任湖南省政协副主席，1962 年病逝
张正非	浙江仙居	1905 年	6	第 2 军第 76 师副师长	

（续表）

姓　名	籍　贯	出生年份	期别	职　务	抗战后主要经历（部分在抗战中牺牲）
杨宝谷	湖北沔阳	1906 年	4	第 2 军新编第 33 师师长	赴台，马祖守备区司令部副司令官，1974 年病逝
任同堂	山东广饶	1906 年	6	新编第 33 师参谋长	第 6 兵团参谋长，1949 年 10 月在福建福清投诚，赴台
史宏烈	江西南昌	1902 年	1	第 6 军军长	华北“剿总”军法执行部主任，赴台，1970 年逝世
傅亚夫	江西渝水	1908 年	6	第 6 军参谋长	第 96 军副军长，赴台，“总统府”第二局局长
顾葆裕	江苏松江	1906 年	4	预备第 2 师师长	第 124 军军长，赴台，台湾陆军总司令部伞兵总队总队长，1958 年逝世
彭　劢	湖南长沙	1910 年	7	预备第 2 师副师长	第 14 兵团参谋长，劝宋希濂转向未果辞职回乡，1952 年被错杀
熊起厚	贵州麻江	1908 年	8	预备第 2 师参谋长	第 19 兵团少将参谋长，1952 年由缅甸赴台
吴心庄	江西进贤	1905 年	6	预备第 2 师第 4 团团长	
李　颐	湖南醴陵	1908 年	6	预备第 2 师第 5 团团长	1944 年 9 月在腾冲城牺牲
方　诚	安徽潜山	1910 年	8	预备第 2 师第 6 团团长	定居大陆，21 世纪初逝世
龚贤湘	湖南益阳	1898 年	3	新编第 39 师副师长、代师长	第五编练司令部高级参谋，1951 年春被镇压
王多年	辽宁凤城	1913 年	10	第 87 师团长	赴台，三军联勤总司令，三军大学校长
江望山	湖南湘乡	1907 年	6	新编第 39 师第 117 团团长	

（续表）

姓　名	籍　贯	出生年份	期别	职　务	抗战后主要经历（部分在抗战中牺牲）
钟　彬	广东兴宁	1900 年	1	第 71 军军长	川湘鄂边区绥靖公署中将副主任兼第十四兵团司令，1949 年 9 月在四川被中国人民解放军俘虏，12 月底在北京自杀
陈明仁	湖南醴陵	1903 年	1	第 71 军副军长、军长	湖南省政府代主席，领导湖南和平起义，中国人民解放军上将，1974 年病逝
冯宗毅	湖南湘乡	1909 年	6	第 71 军参谋长	1947 年 5 月在吉林大黑林子被中国人民解放军击毙
向凤武	湖南龙山	1900 年	4	第 71 军第 87 师师长	第九兵团第 71 军军长，1948 年 10 月在黑山被中国人民解放军俘虏，1959 年逝世
张绍勋	广东廉州	1909 年	5	第 71 军第 87 师师长	第 122 军军长，1949 年 10 月在大庸被中国人民解放军俘虏，1971 年逝世
黄　炎	湖南益阳	1907 年	6	第 71 军第 87 师副师长、师长	1948 年在辽沈战役被中国人民解放军俘虏
谢淑周	湖南新化	1907 年	6	第 87 师副师长	第 122 军第 217 师师长，1949 年 10 月在湘西被中国人民解放军俘虏
王信文	湖南长沙	1904 年	6	第 87 师参谋长	西北行辕军垦处少将处长，1949 年 9 月参加新疆起义，任新疆自治区人民政府参事
胡家骥	湖南湘乡	1901 年	5	第 71 军第 88 师师长	第 50 军军长，1950 年 5 月到香港定居

（续表）

姓　名	籍　贯	出生年份	期别	职　务	抗战后主要经历（部分在抗战中牺牲）
熊新民	湖南常德	1904 年	6	第 88 师副师长、师长	第一兵团少将副司令官，参加湖南和平起义，任湖南省政协委员
彭　锷	湖南湘乡	1907 年	6	第 88 师副师长	第 71 军军长，赴台
易　瑾	湖南大庸	1910 年	7	第 88 师参谋长	第 124 军第 60 师师长，1949 年 12 月在四川起义
傅碧人	湖南涟源	1906 年	6	第 88 师第 263 团长、师参谋长	第 118 军第 298 师少将副师长，1949 年 12 月在四川郫县起义，任武昌区政协副主席、湖北黄埔军校同学会副会长，1998 年逝世
刘又军	广东兴宁	1901 年	1	第 71 军新编第 28 师师长	国防部中将部附，1949 年移居澳门
王治熙	湖北云梦	1906 年	6	新编第 28 师副师长	第 6 编练司令部少将高参，1949 年 12 月在昆明起义
黄文徽	湖南湘阴	1908 年	6	新编第 88 师第 82 团团长	新 8 军第 88 师师长，1948 年 10 月在锦州被中国人民解放军俘虏
董　惠	湖北云梦		7	新编第 28 师第 83 团团长	第 118 军第 54 师师长，1949 年 12 月在四川郫县起义
吴　涛	湖南宜章		6	第 71 军辎重团团长	第 71 军第 87 师师长，1949 年 12 月在广西大塘被中国人民解放军俘虏
霍揆章	湖南酃县	1900 年	1	第 20 集团军总司令	第 11 兵团中将司令官，赴台，1953 年病逝

（续表）

姓　名	籍　贯	出生年份	期别	职　务	抗战后主要经历（部分在抗战中牺牲）
梁华盛	广东茂名	1902 年	1	第 20 集团军副总司令	东北“剿总”副总司令兼沈阳防守司令官，赴台，后经商，1999 年病逝
方　天	江西赣县	1903 年	4	第 54 军军长，第 20 集团军副总司令	赴台，“国民大会”主席团主席、国民党中央评议委员会委员
魏汝霖	河北满城	1907 年	6	第 20 集团军参谋长	上海师管区司令，赴台，任中国文化学院教授
张　纯	湖南湘乡	1907 年	5	第 20 集团军参谋长	赴台，台湾预备兵团司令部副司令官，1983 年病逝
宋卿湘	湖南新田	1904 年	3	第 53 军第 116 师副师长	第 53 军新闻处长，1948 年在沈阳投诚，1959 年病逝
李寿千	山东维县	1905 年	3	第 53 军第 130 师副师长	
阙汉骞	湖南宁远	1902 年	4	第 54 军军长	第 54 军军长，赴台，台湾防守副总司令，1972 年病逝
郑挺锋	广东文昌	1907 年	4	第 54 军副军长	第 21 兵团副司令长官，赴台，澎湖防卫代司令，1961 年病逝
刘廉一	湖南长沙	1909 年	6	第 54 军参谋长	第 67 军军长，赴台，“总统府”参军，退役经商，1975 年病逝
李志鹏	江西雩都	1908 年	5	第 36 师师长	第 23 军军长，1951 年赴台，后赴美，1968 年病逝
熊正诗	贵州瓮安	1904 年	6	第 36 师副师长	第 122 军参谋长，1949 年 12 月辞职经商，任贵州遵义市政协委员，1978 年病逝

（续表）

姓　名	籍　贯	出生年份	期别	职　务	抗战后主要经历（部分在抗战中牺牲）
闵季连	四川奉节	1896 年	5	第 36 师副师长兼政治部主任	1942 年 5 月 29 日牺牲于惠通桥东
胡翼烜	江西新安	1908 年	6	第 36 师参谋长	赴台，金门防卫司令部警备第 2 师师长
谷　宾	湖南耒阳	1907 年	6	新编第 36 师第 106 团团长	
李定陆	湖南临澧	1908 年	6	第 36 师第 108 团团长	第 9 兵团新 3 军少将参谋长，在辽沈战役被中国人民解放军俘虏
麦劲东	海南琼山	1904 年	7	第 36 师第 107 团团长	第 32 军第 255 师师长，赴台，“国防部”高参，1966 年逝世
杨培德	湖南常德	1908 年	6	第 198 师副师长	第 94 军副军长，参加北平和平起义
廖定藩	湖南湘潭	1906 年	10	第 54 军第 198 师第 593 团团长	第 54 军第 291 师中将师长，1949 年 4 月 21 日在江苏丹阳与中国人民解放军作战，阵亡
何绍周	贵州兴义	1903 年	1	第 8 军军长	第 19 兵团司令，1949 年 12 月往港，后到巴西经商，1976 年在美去世
李　弥	云南腾冲	1902 年	4	第 8 军副军长、军长	第 6 编练司令部司令，先逃缅后赴台，1973 年病逝
石建中	热河凌源	1913 年	10	第 8 军副官处处长	第 8 军副军长兼第 42 师师长，1950 年 1 月在云南石屏与中国人民解放军作战，阵亡

（续表）

姓　名	籍　贯	出生年份	期别	职　务	抗战后主要经历（部分在抗战中牺牲）
王景渊	贵州贵阳	1910 年	12	第 8 军第 82 师副师长	第 49 军军长，1949 年 12 月在贵州水城起义，任贵州省政协副主席，1989 年逝世
曾元三	贵州松桃		7	第 82 师第 244 团团长	第 39 师第 103 师师长，1949 年 10 月在广东三水起义
田仲达	湖南古文	1906 年	6	第 82 师第 246 团团长	第 9 军副军长兼第 3 师师长，1950 年 1 月在云南建水起义
熊绶春	江西南昌	1907 年	3	第 8 军第 103 师师长	第 14 军军长，在淮海战役被中国人民解放军击毙
谭国铎	湖南宁乡	1907 年	6	第 103 师参谋长	
陈永思	四川西昌	1912 年	10	第 103 师第 309 团团长、副师长	第 249 师师长，1949 年 12 月在贵州普安、金沙起义。任贵州省政协委员，1981 年病逝
王光玮	贵州遵义	1908 年	7	第 103 师第 309 团代团长	第 328 师副师长，1949 年 12 月在贵州普安、金沙起义
汪　波	湖南新化	1906 年	3	第 8 军荣誉第 1 师师长	第 8 军副军长，1951 年由缅甸赴台，1971 年病逝
周开成	湖北潜江	1905 年	5	荣誉第 1 师副师长	第十三兵团第 8 军代军长，1949 年 1 月被中国人民解放军俘虏，任湖北省政府参事室参事
方济宽	安徽太湖	1902 年	5	荣誉第 1 师副师长	第一兵团中将政治部主任，在锦州被中国人民解放军俘虏，1965 年病逝
潘华国	湖南南县	1906 年	5	荣誉第 1 师副师长	第七编练司令部中将副司令官，赴台，1998 年逝世

（续表）

姓　名	籍　贯	出生年份	期别	职　务	抗战后主要经历（部分在抗战中牺牲）
李桢干	湖南安仁	1903 年	6	荣誉第 1 师第 1 团团长	第 8 军教导师师长，1950 年 1 月在云南元江被中国人民解放军俘虏
周　藩	湖南酃县	1910 年	5	荣誉第 1 师第 2 团团长	第 64 军副军长，在淮海战役投诚，任湖南株洲市政协副主席
赵发毕	贵州		9	荣誉第 1 师第 3 团团长	
蓝啸声	广东大埔	1907 年	4	司令长官部少将高参	第 12 军副军长，赴台，“国防部”高参，1982 年逝世
邱行湘	江苏溧阳	1908 年	5	司令长官部副官处处长	整编第 26 师师长，在洛阳被中国人民解放军俘虏，任江苏省政协委员，1996 年逝世
陈世光	广东兴宁	1907 年	3	司令长官部少将训导处处长	东南军政长官公署少将高参，赴台
吴锡照	湖南平江	1908 年	6	司令长官部后勤处处长	交警局参谋长，1949 年 12 月在成都起义，1968 年逝世
吕钦璜	浙江永康	1902 年	6	司令长官部炮兵指挥部	浙北师管区司令，1949 年 5 月在杭州起义，任民革浙江省委顾问，1992 年逝世
郑　琦	浙江鄞县	1907 年	7	司令长官部炮兵第 7 团团长	
胡克先	四川成都	1907 年	6	司令长官部炮兵第 10 团团长	吴淞要塞区防卫司令，赴台，1963 年逝世
廖活民	广东惠州	1898 年	4	司令长官部重迫击炮第 2 团团长	第 53 军少将炮兵指挥官，1949 年赴港，1979 年病逝

（续表）

姓　名	籍　贯	出生年份	期别	职　务	抗战后主要经历（部分在抗战中牺牲）
周　鑫	江西波阳	1900 年	3	司令长官部工兵指挥部参谋主任	国防部工程司副司长，1949 年 12 月在昆明参加起义
廖　慷	广东兴宁	1905 年	3	司令长官部直属部队第 200 师师长	第 31 军军长，赴台，“国防部”中将部附
熊笑三	湖南长沙	1905 年	6	第 200 师副师长	第 5 军中将军长，1951 年由港赴台，1987 年逝世
吕省吾	福建晋江	1905 年	7	第 200 师参谋长	第 325 师师长，闽南警备司令，赴台，后经商
叶　敬	福建顺昌	1905 年	7	第 200 师第 598 团团长	
陈常健	海南文昌	1900 年	3	司令长官部驻滇干部训练团副教育长	1946 年加入三民主义同志联合会，1951 年回国任南京中山陵园管理委员会委员，1971 年在南京病逝
叶　剑	广东梅县	1904 年	5	昆明后勤司令部税警大队长	广东第六“清剿”区指挥所主任，1949 年秋赴港，1982 年逝世
李奇中	湖南资兴	1901 年	1	远征军新兵征补师管区司令	去军职与中共联系从事策反，任国务院参事室参事，重新加入中共，1989 年病逝
郑　坡	浙江奉化	1902 年	2	滇康缅特别游击区总指挥	“国防部”少将部附，赴台
李竹林	湖北长阳	1906 年	7	兵站部参谋长	1943 年在滇缅边界牺牲

主要参考资料

1. 广东革命历史博物馆等编著:《中国远征军中的黄埔军人》，社会科学文献出版社，2014 年。

2. 《中国古今将帅名典》，香港华夏出版社，2001 年。

3. 《解放军俘虏击毙、起义投诚的国民党高级将领录大全》，铁血社区网。

4. 《黄埔军校研究》第一辑，广东人民出版社，2006 年。

5. 《黄埔军校研究》第二至四辑，中山大学出版社，2007—2009 年。

6. 戚厚杰等编著:《国民革命军沿革实录》，河北人民出版社，2001 年。

7. 杨牧等主编:《黄埔军校名人传》，河南人民出版社，2005 年。

8. 中国第二历史档案馆编:《中华民国史档案资料汇编》第五辑第一编军事（一），江苏古籍出版社，1994 年。

9. 郭汝瑰等主编:《中国抗日战争正面战场作战记》，江苏人民出版社，2001 年。

10. 日本防卫厅防卫研究所战史室著，天津市政协编译委员会译:《缅甸作战》，中华书局，1987 年。

11. 《抗日战史》，台湾“国防部”史政编译局编译出版。

12. 杜聿明：《中国远征军入缅对日作战述略》，《文史资料选辑》第八辑，中国文史出版社，1986 年。

13. 郑建邦等整理：《我的戎马生涯——郑洞国回忆录》，团结出版社，1992 年。

14. 余韶：《挫辱而归的第一次远征》，《远征印缅抗战》，中国文史出版社，1990 年。

15. 宋希濂：《远征军在滇西的整训和反攻》，《远征印缅抗战》，中国文史出版社，1990 年。

16. 郑庭笈：《第 200 师入缅抗战经过》，《远征印缅抗战》，中国文史出版社，1990 年。

17. 何均衡：《转战中印缅战区的新编第 38 师》，《远征印缅抗战》，中国文史出版社，1990 年。

18. 王景渊：《血战松山》，《远征印缅抗战》，中国文史出版社，1990 年。

19. 陈一匡：《松山攻坚战》，《远征印缅抗战》，中国文史出版社，1990 年。

20. 史说：《从八莫之役到凯旋回国》，《远征印缅抗战》，中国文史出版社，1990 年。

21. 曹聚义：《无悔地闯过一个世纪——曹艺文选》，中国华侨出版社，2009 年。

22. 王治熙：《忆松山、龙陵战役》，《黄埔》2012 年第 3 期。

23. 王树勋：《滇西抗战龙陵战役亲历记》，凤凰资讯网。

24. 陈立人：《国殇（第五部）——中国远征军缅甸、滇西抗战秘录》，团结出版社，2013 年。

25. 方知今：《血战滇缅印——中国远征军抗战纪实》，解放军出版社，2005 年。

26. 张秀章编著：《蒋介石日记揭秘》，团结出版社，2010 年。

后　记

泉州是著名的侨乡，在东南亚谋生的泉州籍华侨有许许多多，笔者的一位姑父生前就在缅甸仰光谋生几十年，终老于此。“仰光”、“野人山”、“中国远征军”等零散的词语及其故事，笔者在孩提时代就有所耳闻，不过，那时因年龄、知识和年代等原因的限制，没有特别留意，更没有任何想法。后来通过学习和研究黄埔军校史以及黄埔军人资料，笔者发现了不少黄埔军校毕业生有着中国远征军的经历，一个中国远征军中的黄埔生将领的话题逐渐地浮现在脑海中。在广东人民出版社编辑林冕的推动下，笔者决定进一步搜寻中国远征军中黄埔生将领的有关资料，并给予归纳梳理，动笔加工成书。

黄埔军校毕业生以其得天独厚的优势在当时中国政府的常规军国民革命军中独占鳌头，成为中国远征军的领导骨干和基干，是理所当然的。因历史以及海峡两岸中华儿女隔断等原因，虽然在中国远征军（包括驻印军）供职团以上干部是个动态，不可能有份固定完整的名单，但是一个基本完整的名单至今还没有，这不能不让人感到遗憾。（也许是笔者孤陋寡闻或努力不够。）笔者尽最大的努力，搜寻考证发现了210多名中国远征军中黄埔生团级以上干部（包括少数副团级以及代理团长的干部），但还是远远不够完整。显而易见，第6军，第66军的新编第28师、新编第29师，第2军的第9师、第76师、新编第33师、新编第39师，第53军，第54军的第198师，第71军的第87师、第88师等部队的团级部队长几乎是空白。这有待我辈及有关人士继续努力，尽早填补这个空白。拙著记叙的重点是中国远征军团级以上干部中的黄埔军校正期生，团级以下的黄埔军校正期生和黄埔军校召回培训生以及其他校友，他们与正期生团以上干部一样有着英勇突出的表现，因题材和篇幅原因，恕不能一一记叙。

在完成拙著过程中，笔者参考和引用了不少文献资料，中国远征军中的黄埔生将领之一曹聚义将军的女儿曹景滇大姐提供了许多很有价值的资料，在此特向辛勤编写这些文献资料的作者和曹景滇大姐表示衷心的感谢！同时，还要感谢帮助搜寻资料和打印文稿的徐玲、江春梅、吴剑文等同志。

刘育钢

2014年9月18日